卓越教师教育精品丛书
学科教学设计与案例研究系列

中学历史教学设计与案例研究

杜　芳　刘汝明　主　编

科学出版社
北　京

内 容 简 介

本书为“卓越教师教育精品丛书·学科教学设计与案例研究系列”中的一本，对中学历史教学设计与案例进行了系统的研究。本书的主要内容包括教学设计的基本理论、历史学科教学目标的设计、历史教学内容的处理与呈现、史料教学与教学设计、历史教学过程设计的策略、历史教学中的问题设计与提问、历史教学中的图片选择与应用策略，以及历史课堂教学评价与学业评价。

本书既可作为中学历史专业教育硕士相关课程的教材，也可作为中学历史教师在职培训的研修教材，以及读者自主学习的参考读物。

图书在版编目（CIP）数据

中学历史教学设计与案例研究/杜芳，刘汝明主编．—北京：科学出版社，2013

（卓越教师教育精品丛书·学科教学设计与案例研究系列）

ISBN 978-7-03-037206-2

Ⅰ．①中… Ⅱ．①杜…②刘… Ⅲ．①中学历史课－教学设计 Ⅳ．①G633.512

中国版本图书馆 CIP 数据核字（2013）第 055131 号

责任编辑：胡云志 任俊红／责任校对：刘小梅
责任印制：赵 博／封面设计：华路天然工作室

科学出版社 出版
北京东黄城根北街 16 号
邮政编码：100717
http：//www.sciencep.com

北京华宇信诺印刷有限公司印刷
科学出版社发行 各地新华书店经销

*

2013 年 3 月第 一 版 开本：787×1092 1/16
2025 年 1 月第十一次印刷 印张：13
字数：327 000

定价：39.00 元

（如有印装质量问题，我社负责调换）

本丛书获得华中师范大学国家教师教育创新平台
教师教育理论创新与实践研究项目资助

前　言

党的二十大报告明确提出“培养高素质教师队伍”，“加强教材建设和管理”。华中师范大学作为培养高素质教师队伍的主要高校之一，历来重视对教材的建设。本书是华中师范大学“国家教师教育创新平台教师教育理论创新与实践研究项目”的成果之一，是科学出版社“卓越教师教育精品丛书·学科教学设计与案例研究系列”中的一本。本书主要介绍了中学历史教学设计的一般原理和方法，收录了近20个普通高中历史课程标准实验教科书相关重点内容的教学设计案例，力图通过这些公开发表、来自教学实践的案例，对课程改革以来的历史课堂教学设计进行总结和反思。

本书注重教学理论的适用性分析，用真实教学案例作支撑，注重科学性、实效性和操作性，力图帮助中学历史教师更好地理解历史课程的基本理念和教学要求，合理进行教学设计，注重理论与实践紧密联系，以提高课堂教学的有效性，提高历史课堂教学质量。本书适合作为中学历史教师的培训教材，也可供相关专业的研究生学习和参考。

本书是集体合作的结晶。杜芳负责全书构思、拟定提纲、修改初稿和最后审定。本书第1章由杜芳、刘汝明、蒲利萍编写，第2章由刘汝明、叶承伟编写，第3章由刘汝明、王文军、刘波编写，第4章由刘汝明、刘正涛、张尊健编写，第5章由刘汝明、罗焕东、陶涛编写，第6章由刘汝明、曾美玲编写，第7章由汪学毅、付丽枫、王晓宁编写，第8章由杜芳、方威、王晓莺编写。在本书编写过程中，得到了刘飞、代江连、李红、李琴江、李迎超、王丽杰、何军等老师的积极参与和大力支持，我们还参考引用了相关理论书籍和教学研究文章，并应用了一些网络资源，在此一并表示感谢。

最后，我们要特别感谢科学出版社给予本书的大力支持，感谢本书责任编辑的支持和帮助。

因编写时间紧迫，加之我们水平有限，本书的疏漏之处在所难免，敬请读者批评指正！

编　者

2012年10月1日

2023年8月修改

目　　录

第 1 章 教学设计的基本理论

学习目标

1. 了解中学历史教学设计与实施的基本原理。
2. 掌握历史教学设计的基本方法与程序。
3. 通过案例研析，反思历史教学设计应关注的主要问题。
4. 能举例说明历史教学设计与实施的关系。

关键词　历史；教学设计；教学实施；案例研析；教学反思

1.1 历史学科教学设计概述

1.1.1 教学设计概述

1. 教学设计的含义

现代教育技术意义上的教学设计形成于 20 世纪 60 年代。教学设计（instructional design，ID）也称教学系统设计（instructional systems design）或系统化教学设计(systematic instructional design)，其体现了教学目标、教学策略和教学评价三个要素之间的一致性，这也被称为“课程协同一致原理”。从已经出版的教学设计著作和已发表的相关文章中，我们可以看到对教学设计的认识，有两种代表性的观点。

一是史密斯和雷根在《教学设计》一书中指出教学设计“指的是把学习与教学原理转化成对教学材料、活动、信息资源和评价的规划这一系统的、反思性的过程”①；二是加涅在其著名的《教学设计原理》一书中，对教学系统设计所下的定义为“教学系统设计是计划教学系统的系统过程”②。加涅的教学系统设计原理建立在两个基本观点之上：第一，学生的“学”才是获得学习结果的内因，教师的“教”只是外因，所以应“以学论教”；第二，不同的学习结果需要不同的学习条件，即教学事件。

以上两种观点都强调教学设计是运用系统方法对教学进行具体计划的过程，这正是“教学设计”的最本质特征。也就是说，教学设计实质上是对教师课堂教学行为的一种事先筹划，是对学生能达到教学目标，表现出学业进步的条件和情景作出的精心安排。因此，“教学设计是运用系统方法分析教学问题和确定教学目标、建立解决教学问题的策略方案、试行解决方案、评价试行结果和对方案进行修改的过程；它以优化教学效果为目的，以传播论、

---

① 史密斯 P L，雷根 T J. 教学设计（第三版）. 庞维国，等译. 上海：华东师范大学出版社，2008：4.

② 加涅. 教学设计原理. 皮连生，等译. 上海：华东师范大学出版社，1999：20.

学习理论和教学理论为基础”[①]。

当代教学设计理论家认为，教学设计要解决的也是类似“旅行”的三个基本问题，即我们要到哪里去，我们怎样到那里去，我们是否到了那里。回答“要到哪里去”是一个确立目标的过程，“怎样到那里去”则是一个导向目标的过程，而“是否到了那里”却是一个评估目标的过程。因此，这三者就是以目标为本的教学设计的要素，用简单的互动反馈路线将其联系起来，构成一个简洁明了、具有很强的扩展力的模式。

其中，教学设计的理论基础是学习理论、教学理论和传播理论；教学设计的方法论基础是系统科学方法；教学设计的依据是对学习需求（包括教学系统内部和外部的需求）的分析；教学设计的任务是提出解决问题的最佳设计方案。教学设计的内涵共有五个方面：调查、分析教学中的问题和需求；确定目标；建立解决问题的步骤；选择相应的教学活动和教学资源；评价其结果。它包括对象、目标、策略、评价四个基本要素。教学设计的目的是优化教学效果。

2. 教学设计的程序

教学设计既可以针对某个学科课程进行，也可以针对某一学龄段的学习内容，或是某一单元内容，或某课时内容进行，因此，教学设计的内容非常广泛。其根本特征在于如何创设一个有效的教学系统。

完整的教学设计过程可参照“史密斯-雷根”模型（图 1-1）。

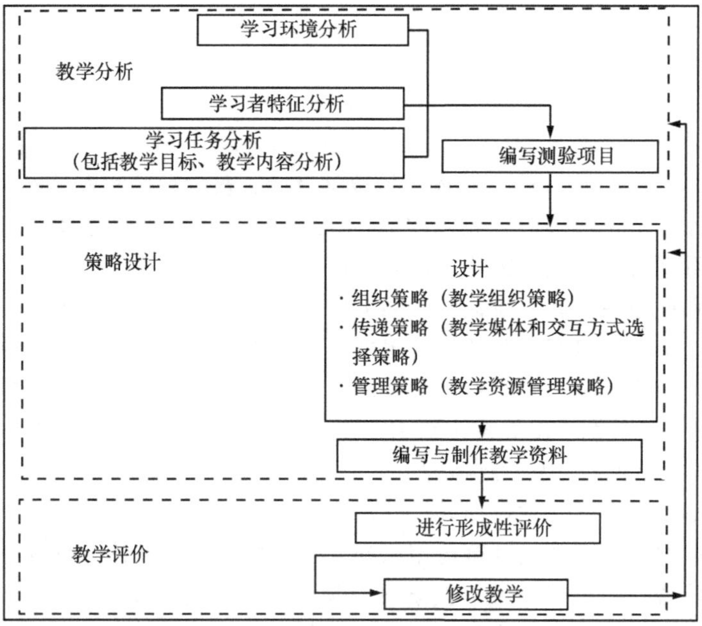

图 1-1 “史密斯-雷根”模型

资料来源：何克抗．教学设计理论与方法研究评论（中）．电化教育研究，1998，(2)：19-26

第一，教学分析。在这一活动过程中，教学设计者需要尽可能地了解学习环境，了解学

① 乌美娜．教学设计（修订版）．北京：高等教育出版社，1994.

习者本身，分析学习任务，澄清必须掌握什么，必须能做什么。设计者要解决以下问题。

(1) 学生是集中学习还是在自主的环境中学习？

(2) 学习时间是多少？

(3) 学习新内容要达到什么程度？

(4) 学生对所学内容是否有兴趣？安排什么类型的激励？

(5) 关于所学内容学生具有什么样的教育背景？

(6) 所有学生都必须达到同样的目标吗？

(7) 学生已具备的哪些知识有助于他们学习新内容？

(8) 学生必须获得什么样的知识和技能？他们需要懂得相关理论或原理吗？

(9) 如何评估学生达到目标的情况？纸笔测验就足够了吗？需要根据学生的实际来评估吗？

第二，选择教学策略。在这一活动过程中，教学设计者要确定教学材料的呈现方式，确定学习者要经历怎样的学习活动，还要确定教学的顺序和使用的媒体。而陈述性知识的教学策略、概念学习的教学策略、程序学习的教学策略、原理学习的教学策略、问题解决的教学策略、态度学习的策略、动作技能学习的策略、宏观整合学习策略又是有区别的。教学设计者要思考以下问题。

(1) 学生必须学习哪些内容？呈现的信息或内容应该隐含在怎样的活动中？

(2) 学生应该参加哪些活动？在活动中扮演什么样的角色？学生需要如何操作？哪些主题需要观看演示或直观实例？

(3) 教学需要按照什么样的顺序进行？按照自学—内化顺序、讲授—接受顺序还是探究—体验顺序？

(4) 什么样的媒体最适合支持教学？提供哪些可供阅读的材料？教科书要学生读吗？

(5) 学生应该独立学习还是小组合作学习？怎样进行分组？

第三，教学评价。设计评价时，设计者要规划一种评价教学的方法，对教学实施、教学管理、形成性和总结性评价要提前预设。设计者要思考以下问题。

(1) 教学内容准确吗？如果教学内容是原创性开发，设计上应作哪些调整？

(2) 学生应该使用哪些材料？如何观察学生？

(3) 应该提哪些问题？

(4) 如果不能按预设进行，应该对教学作什么样的修改？

教学设计是一种目标导向的系列活动。不管在哪个年级、哪个课程层次、哪个具体教学环境中开展设计，都离不开确立目标、导向目标和评估目标。所以，确定一个明确、规范的教学目标，使之既能反映学习者在学习中的变化，又能可观察、可操作、可测量，是教学设计的关键一环。教学策略是为了完成教学任务而对教学活动进行调节和控制的一系列执行过程，包括教学事项的顺序安排、教学方法的选用、教学媒体的选择、教学环境的设置及师生相互作用的设计等。教学目标要通过教学过程来实现，教学策略主要是解决教师“如何教”和学生“如何学”的问题，选择适合的教学策略是实现教学设计构想的重要途径。教学设计方案既是教学设计工作的总结，也是实施教学的依据。教学设计要考虑到预期的学习结果，这是教学效果的体现，是教师对其教学设计所产生教学效益的自我评价。当然，教师也应重视教学过程的生成性，要正确处理好预设与生成的关系。教学设计制订形成性评价计划，通过收集数据，整理、分析和归纳数据，形成评价结果。

总之，教学设计要经历"审视目标—分析任务并添加子目标—选择活动和资源—设计参与型活动—选择或开发评估学生目标完成情况的方法—教学补偿"的思考过程。教学设计过程中要具有一致性、全面性和反思性。教学设计要确保教学目标、教学策略和评价方面的相互匹配：所使用的策略（教学方法）适合于学习任务（目标），测验所测量的是学习者完成学习任务的情况（评估），即"意图和行为之间的一致性"①。

1.1.2 中学历史学科的教学设计

1. *历史学科的特点与历史学习*

梁启超先生说过"史者何？记述人类社会赓续活动之体相，校其总成绩，求得因果关系，以为现代一般人活动之资鉴者也"，② 历史就是指过去的事情及对过去事情的解释，具有过去性和不可再现性的特点。而历史学科与其他社会学科相比，又具有综合性和整体性的特点，因为它"探究和叙述的是整个社会的历史，探索各种历史现象之间的复杂联系，寻找各种复杂的社会现象相互作用的历史发展过程"。③ 所以我们可以将历史学科的特性概括为过去性、不可实验性、综合性和整体性四个方面。历史学科的特点决定了历史学习和历史学科教学设计的特殊性。

第一，历史学科的不可复原性和不可实验性，决定了历史学习的间接性。

亲身经历历史事件，从中受到教育，这种"学习"当然效果是最好的。例如，1938 年冬，年仅 8 岁的叶楠经历了桐柏山脉的四望山地区的一次抗日战斗。这是拥有冷兵器的群众与掌握现代兵器且训练有素的军队之间的战斗，结局是可想而知的。战斗结束后，当地几乎家家披麻戴孝。那号啕痛哭的声音、平躺着的排成长长队列的尸体，"震撼了我的心灵，给我留下极深刻的印象，令我万分痛惜，也引起我诸多思考，使我知道落后愚昧的国民仅靠勇气，是不能振兴家国的。那一幅血淋淋的图景，像是用镌刻刀深深地描刻在我当时还稚嫩的心底，成为时时鸣响的警号——要学习知识，特别是科学。"④ 但是，这样的"学习"在历史课堂这一特定的情景中，是不可能呈现的。历史是人类社会发展的过程，具有一去不复返的性质。它只潜存于残留的历史遗迹和文献中。我们学习的历史都是过去发生的事情，它既不能自然地重演，也不能借助实验方式使它再现。

因此，只能通过先前留下的各种材料进行间接的认识，或借助其他国家的历史作为参考，类比地认识我们要研究的某个特定的历史问题、历史现象。历史学科的不可复原性决定了历史学习的间接性。学习历史要求我们充分发挥我们的想象能力，在尽可能多地掌握历史材料（文物建筑、图画雕塑、文字记述、口碑传说和音像资料等）的基础上，较为客观地认识历史。

第二，历史学科记载的主观性、评价的多元性和时代性，决定了历史学习的创见性。

历史虽然具有客观性，但对历史的理解和阐释，只能以符合现在人们的情理体系为标

---

① 史密斯 P L，雷根 T J. 教学设计（第三版）. 庞维国，等译. 上海：华东师范大学出版社，2008：13.

② 梁启超. 中国历史研究法. 北京：商务印书馆，1993：1.

③ 叶小兵，等. 历史教育学. 北京：高等教育出版社，2004：3.

④ 叶楠. 我的中学时代·鹰乃学习. 福州：福建教育出版社，1999：106.

准。对历史允许有各种不同的解释和说明，只要是接触历史的人，都可以从不同的时代、不同的角度、不同的立场提出不同的看法。

历史学的生命在于，随着时间的推移，每一个时代都存在特有的通行观念和认识事物的概念体系。可以说，历史虽已成为过去，历史学却像太阳一样，每天都是新的。有多少个"现在"，就有多少部"历史"，就有多少种"历史学"。因此，历史记载的主观性和历史评价的多元性、时代性决定了历史学习具有创见性。

历史学习的重要媒介是历代史学家的历史记载、考古发掘的历史遗存，通过它们去认识、推断，甚至是想象历史事实、历史现象。人们对历史的感悟是没有终结的，对历史的解释在不断地改写。学习时就需要针对时代的要求，重新研究历史学习的材料，作出符合时代要求的解释。

师生在课堂历史学习中，"虽然教师的知识和能力在一般情况下要强于学生，但在有的问题上，教师不一定就比学生强，正如唐代文人韩愈所说的'弟子不必不如师，师不必贤于弟子'。所以，教师在教学活动中也应该重视学生的意见，与学生共同探讨，共同进步，教学相长，做到'在真理面前人人平等'。"① 教师对历史的理解和认识不一定就是绝对正确的。例如，学习世界史时，教师就要注意"市民"一词的内涵在不同历史时期是不同的②。在历史学习中，学生有学习的优势，他们没有受任何成见的限制，他们的视野和对现实社会的理解，在某些方面要优于有一定社会阅历和有一定认识局限的教师，这些方面的差异应成为教学的资源。

第三，历史知识的多学科综合性，决定了历史学习的差异性。

历史学科知识包含的内容极其丰富，有政治、军事、经济、文学艺术、科学技术、宗教哲学以及社会生活的各个领域。要把历史弄清楚，必须了解这些方面的知识，以及这些知识间的内在联系。历史学科的这一综合性，决定了历史学习的差异性。

学习历史既要掌握历史事件和历史现象发生的先后顺序，又要掌握历史发展过程中各个方面间纵横交错的关系。任何一个学习者不可能掌握历史的全部，只能在历史学习中有所侧重。即使在同一时代，学习者因经历不同、兴趣不同、思想方法不同和审美情趣不同，对历史的认识就不一样。

因此，在历史学习中师生只有相互配合，从各自的兴趣、经历出发，实现互补，力求最大限度地准确认识、理解和掌握历史。

2. 中学历史学科的课堂教学设计

所谓历史学习，实际上就是学生与历史的对话。在中学历史课堂教学中，要使对话富有成效，教师作为对话的促进者，就必须对学习内容和学习者进行相对深入的分析。

这里所指的历史课堂教学设计主要是针对历史学科的每课时内容而言。历史课堂教学设计是教师在对教学内容和教学对象进行认真分析的基础上，理出每个单元、章节（课）的教学目标和各知识点的学习目标，以及历史课程的知识和能力结构框架，形成完整的历史教学目标体系；同时对所需教学资源和适合学生自主学习的知识单元提出建议。教学设计是根据上述历史教学目标体系，选择教学策略和教学资源，制订历史课堂教学过程结构方案，付诸

---

① 范寅虎. 学校教育中的师生关系之我见——兼与孙喜亭教授商榷. 教育理论与实践，2001，(3)：60.

② 陈寿灿. 市民社会与人的尊严之内涵演进的统一. 浙江学刊，2011，(3).

教学实践，然后作出评价和修改。具体而言，我们在进行教学设计时，应关注以下几个问题。

第一，历史教师应从研究者的视角进行课堂教学设计。

“教师作为研究者”是时代提出的要求。基础教育历史课程改革要求历史教师要成为教学的研究者。教师只有成为研究者，才能源源不断地获得成长的动力源，才能更好地履行教育教学职责。教师成为研究者的一个重要的途径就是在日常教学工作中以“研究者”的视角开展教学设计，并从教学实践中检验教学设计，再在教后反思中改进教学设计，最后撰写教学经验总结。当教师真正确立起自身作为研究者，并在实践中从事行动研究和研究行动、改进行动的时候，教师的教育教学能力才会实现从量变到质变的飞跃。

第二，历史教师要认真研读历史课程标准，把握相关教学要求。

历史课程标准对历史教学的诸多方面进行了必要而详细的说明，如课程性质、功能、基本理念、设计思路、课程目标、内容标准、教学与评价建议、教科书编写建议及课程资源等，几乎每一个角度都对教学设计和教学过程实施提出了限定性的要求。以此作为指导，教师进行教学设计时要注意教学设计的规范性、科学性、实效性等问题。

第三，历史教师要分析历史学习内容的内在逻辑结构，通过对教学资源的合理整合，实现知识重构。

在教学设计中，一方面，要分析本课时历史知识在初中或高中历史内容中的地位和作用，建立历史知识在历史知识系统中的坐标。另一方面，分析教学的课时内容中各知识点之间的内在逻辑关系，对知识进行增删、取舍、调并，重构教学知识体系，并且知识的重新建构也要重视学情，依据学生的知识储备、学习资源和思维能力、思维习惯特点进行教学设计。“教师必须打破现有的知识框架，以原有的历史知识为基础，重新整合，突破单一学科的束缚，补充相关的知识，以形成新课标要求下的知识结构网络。教学要从课内走向课外，从教师走向学生，要把教材从‘依赖对象’更变为‘依据对象’，培养对教材二次处理和教学内容的‘自主’编排的能力。例如，在讲授《祖国统一大业》一课时，我便对教材进行了大胆的处理，形成了‘历史的回顾——港澳台问题的由来；伟大的构想——‘一国两制’的提出；成功的实践——香港澳门的回归；光明的前景——海峡两岸关系的发展’四个目录，使学生能够更好地把握祖国统一的来龙去脉，引导学生坚信‘统一是历史发展的必然，是人心所向。’”①

第四，科学设计教学活动，合理使用教学方法，实现教学方式、学习方式及评价方式的协调。

教学设计的主体部分是学生活动的设计。在设计学生的活动时，应体现活动的主体是学生，教师为学生活动提供策略支持。设计项目包括：在适当的时机引入学生活动；选择适宜的学习活动的形式；预设学生活动中可能出现的问题，制定相应的教学策略，使学生活动得以顺利进行；学生活动结束时予以画龙点睛式的点评，使学生活动发挥最大的效益。

---

① 李佳．新课程下高中历史课堂教学目标的确定及实现．和田师范专科学校学报（汉文综合版），2010，(4)：227.

1.2　历史学科教学设计的基本流程

1.2.1　历史学科教学设计的基本要素

教学设计就是教学过程的决策，是一项极富创造性的工作。完整的教学设计包括以下环节：教学目标设计、教学起点设计、教学内容设计、教学方法和媒体设计、教学评价设计、教学结构设计①。

教学设计可以从教学阶段、课程目标和课堂教学类型上进行分类，如在教学阶段上，可分为学年教学设计、学期教学设计、单元教学设计、课时教学设计等；从课堂教学类型上，可分为讲授课教学设计、探究课教学设计、阅读课教学设计、训练课教学设计、复习课教学设计等；从课程目标上，可分为以培养能力为主的教学设计、以发展情意为主的教学设计、以方法训练为主的教学设计、以历史反思为中心的教学设计、以历史“神入”为主的教学设计等。

无论哪种形式的历史学科教学设计，都包括教学目标设计、教学内容设计、教学策略设计和教学评价设计等基本要素。

在进行教学目标的设计时，教学设计者必须充分考虑学习或教学背景及其导向。所谓有成效的学习，就是能够将学习的成果成功运用于环境中的学习。教学设计者应通过各种宏观或微观的设计，不断提供适当的背景，调整教学对背景的适应性，明确学习或教学特定情景的关键因素，注意学习内容的变化，从而使教学与这些背景相适应。因此，教学目标设计就是要根据学生的实际和学习内容的分类层次来划分学习任务，设计“教”与“学”的行为与结果预期。教学目标设计要涵盖历史课程标准提出的三维目标、学习分层目标等。

传统教学中的教师一般不设计或开发教学内容，只使用现成的教学内容来编写教案。教学内容设计方面最大的问题是不能有序地呈现学习内容，对内在的联系揭示不够，或选不准重点或难点，从而偏离了教学目标。教学内容设计是学习的知识内容组织、拓展、呈现与教学方式、策略、手段、技术等有机契合。涵盖知识的逻辑顺序、教学活动的递进顺序、学生学习规律及思维活动的层次。内容设计的目的是把课程内容、教材内容、学生生活资源转换成适合课堂教学的内容。

教学策略设计是对教学方法、教学活动程序、教学组织形式、教学媒体等进行一体化的规划、设计和组合。涵盖问题设计、程序步骤、线索演进、生成性问题解决预案、师生互动等。教学目标解决的是教师要“教什么”的问题，教学策略解决的则是“如何教”。有效教学设计应周全地考虑不同的教学方法；教学设计尽管是以教师如何教为对象的备课活动，但就其本质讲，它归根结底是为了满足“怎样学”的问题，教学设计中的方法或策略，不必总是持“唯一性”的观点，非此即彼或非彼即此，可以多涉及几个方面。优秀的教师在设计教学程序时，应该考虑多套方案，以满足实际教学中出现的实际情况。

教学评价设计是在教学实践的过程中及时发现问题，提供反馈、修正，进行优化，评估学习成果，收集教学效果的反馈信息。历史教学评价可分为：课堂教学评价、单元教学评价、学期教学评价、学年教学评价等。无论哪种类型的教学评价，要实现评价功能从甄别选

---

① 钟启泉．课程与教学论．上海：华东师范大学出版社，2008：112.

拔转向促进学生的发展；评价的内容从单一的评价学生学习成绩转向评价学生各方面的素质；评价的方式方法从单纯地“打分”或“划分等级”转向定性评价、统整量化评价等多种方式；评价的过程从静态地评价结果转向动态地评价整个过程，从评价学生的“过去”和“现在”转向评价学生的“将来”等。

1.2.2 历史学科教学设计的基本流程

教学设计的流程是指完成一项教学设计的行为过程。需要解决在具体教学中应包括哪些教学环节，每个环节有什么教学活动，活动主要解决什么问题，达到什么教学目标，各环节之间有什么关系。

1. 深入分析、科学提炼历史教学目标

教学目标是教学完成后学生应达到的学习成果的一种预期状态。历史教学的三维目标包含知识与能力、过程与方法、情感态度与价值观等三个维度。教学的最终目的是学生的收获，那么教学目标的编制也必须站在学生的立场。在设计教学知识与能力目标时，应选择使用具体的行为动词作限定性表述，如“通过……学习，学生能说出……”、“通过……学习，学生能分析归纳……”、“通过……的过程，学生知道/了解/初步掌握/进一步掌握……的方法”等，三维目标的表述中，所有行为动作的主体应该是学生。三维教学目标的设计还必须具有可操作性、针对性、全面性、层次性。学生学习结果的行为描述应该尽可能是可理解的、可检测的和具体化的。三维目标要与评估标准形成对应关系（表1-1）。

案例 1-1

表 1-1 《罗马法的起源与发展》一课的教学目标设计

维度	内容（具体化）	检测与评估
知识与能力	1. 知道罗马法的概念、重要法典 2. 概述罗马法演进过程并分析演进原因 3. 分析罗马法特征 4. 认识、归纳罗马法的影响	1. 列表整理 2. 材料解析 3. 思维导图
过程与方法	1. 充分应用导学案例达到预习、材料阅读与信息提炼目的 2. 提炼材料信息，归纳、整理讨论观点	1. 预习检测 2. 小组讨论 3. 观点辩论
情感态度与价值观	1. 体会罗马法的重大历史影响 2. 认识法律与政体间的关系	概括法治建设与罗马法的关系

2. 合理呈现教学内容

教学内容是指为实现教学目标，依据课程和教材，并结合实际传授给学生的各种历史知识（信息）。需要强调的是，教科书是核心的教学资源。教学内容整合要在课程标准指导下，以教科书为核心开展。进行内容拓展时要围绕教学的核心目标和学生的实际需要进行。拓展、整合教学内容的目的，是为了方便学生的学习、理解和思考。

案例 1-2

《张居正改革》一课的教学内容设计

广东东华高级中学夏辉辉老师对《张居正改革》一课的设计思路是：

(1) 张居正其人（外貌性格、任职经历、死后待遇）；

(2) 张居正其事（从“新、难、功”三个角度分析改革内容）；

(3) 张居正其时（从三个不同维度看张居正改革的价值和意义，如图 1-2 所示）。

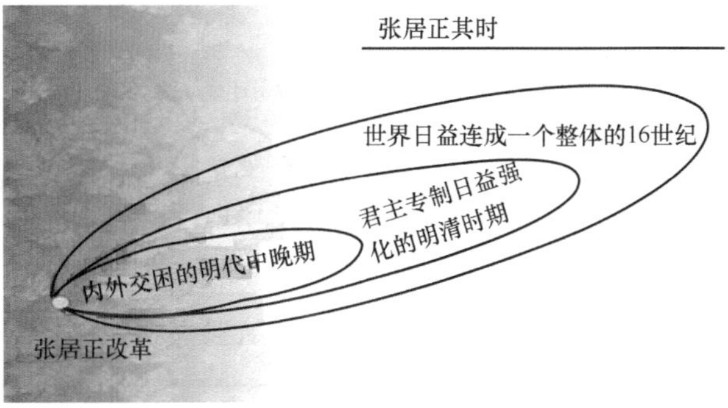

图 1-2　张居正其时

这个设计首先从学生最感兴趣的历史人物张居正其人开始，不仅能激发学生学习探究的欲望，还能通过对张居正其人轮廓的简单勾勒，帮助学生理解张居正其事。其次，对张居正改革的内容，教师引导学生从“改革之新”、“改革之难”、“改革之功”三个角度进行梳理，层层深入。最后，教师设计了一幅直观示意图，从张居正其时的三个纬度：明代中晚期、明清时期、16 世纪的世界，由近及远，由微观及宏观，帮助学生深刻理解张居正改革的意义。在这个设计中，教师特别关注了教学环节间的逻辑结构，包括史学逻辑和认知逻辑。

3. 巧妙设计学生活动

课堂结构设计实质就是设计课堂教学的程序和每个程序下的师生学习活动。课程改革强调在教学中引导学生自主学习、探究学习和合作学习，帮助学生形成终身学习的意识和能力。因此，有些内容与活动适合让学生在动手实践、自主探究、合作交流中去思考、去质疑、去辨析、去释疑。

案例 1-3

《罗斯福新政》一课的教学活动设计①

北京市 161 中学胡京昌老师设计的《罗斯福新政》一课的教学活动是：

老师虚拟了一个教学情境：全班同学模拟罗斯福“新政”智囊团，参与“新政”政策的制定和措施实施。智囊团设一位总团长，下设六位分团长，分团长分别由六个小组的小组长担任。这六个分团是：金融监管团、复兴工业团、振兴农业团、启动需求团、社会保障团和环境保护团。各分团在课下搜集判读资料，课上结合自己搜集到

① 张汉林．浅谈中学历史教学设计．www.lyjxyj.com/czjy/UploadFiles.

的资料，展示他们采取的措施及效果，最后再由总团长来统筹大家的意见，进行简短的总结。

为保证学生活动的质量，胡老师将自己的作用定位在提供“理论脚手架”，帮助学生主动完成对知识意义的建构上。胡老师以“凯恩斯主义”原理（图 1-3）为范本，用图示来搭建认识“新政”措施的理论平台（图 1-4）。

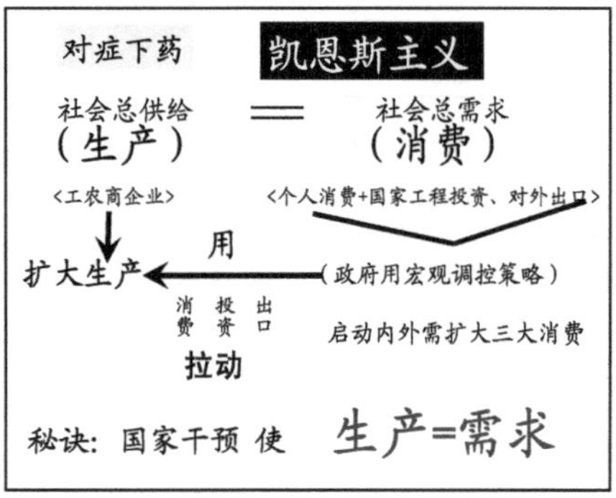

图 1-3 “凯恩斯主义”原理

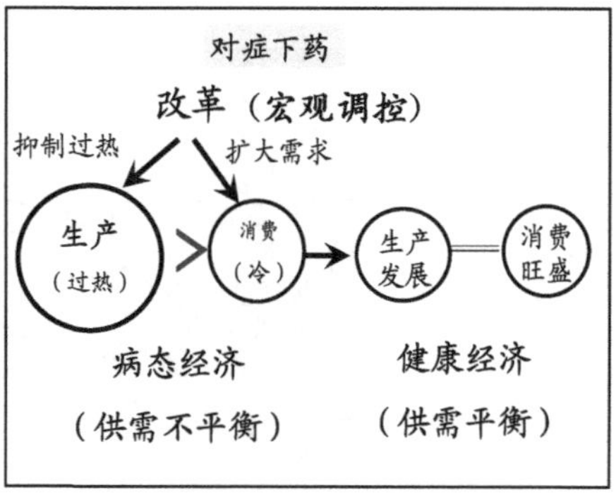

图 1-4 认识“新政”措施的理论平台

在“脚手架”的基础之上，学生模拟智囊团，分组活动，就能够对搜集到的材料和教科书知识进行有效的选择、加工和处理。

在这个案例中，教师以当今中国经济运行的相关现象导入，选择了激发学生学习兴趣的活动形式（角色扮演），预设了学生学习活动中的困难（欠缺理论深度），制定了相应的教学策略（脚手架）。由此可见，教师的职责就在于为学生活动提供支持。

4. 建构科学的评价体系

在课堂教学设计中，教师对学生的行为表现、情绪体验、过程参与、知识获取和学习结果等方面应预先设定随机评价的内容。科学的评价既可以提高学生的积极思维活动，也可以加深学生积极的情绪情感体验；既可以帮助学生养成良好的行为习惯，也有助于学生完善人格的培养。所以，积极多元的评价是激发学生求知欲望，打开学生思维之门，使学生的潜能得到有效发挥的较佳途径。评价是对学生行为和教师感受的随机描述，而不是对学生个性、品质的评定，评价方式应尽可能做到有较强的目的性和可操作性，灵活多样。

1.3 历史学科教学设计的案例分析

1.3.1 基于《商鞅变法》一课教学设计的思考

课程改革开始后，出于对新理念的追逐和对课程标准理解的偏差，课堂教学出现了“三维目标确立与目标虚化——知识技能目标不实，过程方法目标游离，情感价值观目标出现‘贴标签’现象；课程资源开发与教学内容泛化——教材受冷落，为情境而设计情境，联系实际成为装饰，搜集处理信息走形式；学生主体性发挥和教师使命缺失——重学生独特见解、忽视对文本的基本尊重，重学生自主性、忽视教师引导性，强调尊重赏识学生、忽视正面教育；教学形式多样化和教学过程形式化——对话成问答，有活动没体验，合作有形式无实质，课堂有温度无深度，有探究之形无探究之实”等问题[①]。这些问题也不同程度地存在于历史教学的教学设计中，值得我们深入探讨。

可喜的是，不少教师按课程标准的要求，积极参与课程内容的开发与整合，在历史教学设计和实施中，大量引用史料、创设学习情景，通过材料、细节来帮助学生学习相关历史知识，通过问题引导学生理解和思考。这是课程改革带来的课堂教学与设计的一大变化，是值得肯定与深入研究的。不少教师进行了积极而有益的探索。

案例 1-4

《商鞅变法》的教学设计——以故事（细节）、材料和问题为思路[②]

人民教育出版社出版的选修一第二单元《商鞅变法》分为三课，分别从改革的背景、内容、影响等三个角度介绍。教学对象是高二学生。

导入：请一个学生阅读课文：“公元前 361 年，秦孝公继位。那时，各诸侯国会盟，拒绝邀请秦国参加。秦孝公受到很大刺激，认为这是莫大的耻辱，决心发愤图强，实现富国强兵。在这样的时代氛围中，商鞅辗转来到了秦国，辅佐雄心勃勃的秦孝公进行了改变秦国乃至整个中国历史进程的变法运动。”

问题 1：秦国变法的决心来自哪里？（自上而下改革，介绍商鞅）

故事 1：魏国丞相公叔痤非常赏识商鞅的才干，公叔痤病危时，魏惠王亲自来探望，问：“您要有个三长两短的，谁能接替您呢？”公叔痤说：“商鞅虽然年轻，但是个难得的人才，可以把全部政务交给他。”魏惠王沉默不语。公叔痤让左右的人都出去，又对魏惠王说：“大王如不用他，一定杀了他，不能让他去别的国家。”事后，公叔痤把原话又告诉了商鞅，让他赶紧逃走。商鞅却不以为然，说“魏王不听你的话起用我，又怎么会听你的话杀我呢？”结果正如商鞅所预料的一样，魏惠王认为公叔痤的建议很荒唐。

问题 2：魏国丞相举荐商鞅代替自己，又建议魏王不用就杀了他，说明什么？

故事 2：商鞅通过秦孝公的亲信景监求见。第一次见孝公，他大讲“帝道”，即黄帝、尧、舜等统治经验。孝公听了昏昏欲睡，事后很生气地斥责景监：你怎么介绍这样的人？我怎么可能用这样的人呢！景监挨了训，责备商鞅。商鞅却说，我在试探他的想法呢，要求再次接见。5 天后，第二次见孝公，商鞅大谈“王道”，就是夏禹、商汤、周文王的治国方略，秦孝公耐心听下来，但不以为然。事后又责备景监，景监又责备商鞅，商鞅说，我还没说到正题呢，请再安排接见。第三次商鞅分析了当时的形势，说到战胜各国、富国强兵的话题。秦孝公对景监说，这个人不错，我还要和他谈谈。商鞅就争霸之道、富国强兵之路，再次与孝公交谈时，孝公越听越入迷，不知不觉地挪动双膝，凑近商鞅（那时还没有椅子，席地而跪坐）。两人一连谈了几天，孝公还不满足。

---

① 余文森．新课程教学改革的成绩与问题反思．课程教材教法，2005，(5)：3-9.

② 周明．《商鞅变法》的教学设计——以故事（细节）、材料和问题为思路．历史教学（中学版），2009，(3)：7-11.

问题3：商鞅为什么不直接切入正题呢？（引导想象。落点应强调：时代不一样，社会发生了很大变化，就应该选择新的政策。）

问题4：为什么秦孝公对帝王之道不感兴趣？但他还屡次接见商鞅？（引导在历史情境下思考问题）

故事3：秦孝公决心任用商鞅进行变法，但又怕舆论非议，于是让商鞅与守旧大臣们对话。大臣甘龙认为："依照民俗而施政，不费力就会成功；沿袭成法治国，官吏习惯，百姓也平安。"商鞅说："你这是凡夫俗子的言论。你这类官员可以当官守法，但是不能与你讨论变法问题。"大臣杜挚又提出："没有百倍的利益，不能改变成法；没有十倍的功效，不能更换旧器；效法古代不会有过失，遵循旧制不会出偏差。"商鞅回答说："治世不一道，便国不法古。商汤和周武王因为不遵循旧制才成就大业，夏桀、商纣因为不改旧制而亡国。违反旧制不能否定，因循守旧不值得赞美。"辩论的结果更加坚定了秦孝公变法的决心，商鞅被任命为"左庶长"，主持变法。

问题5："治世不一道，便国不法古"，这是商鞅留传后世的名言，意思是说，治理国家没有一成不变的办法，有利于国家发展就不能拘泥于旧制度。孝公安排商鞅与大臣们对话的目的是什么？这些辩论和推进改革有什么关系？（指出："治世不一道，便国不法古"成为后世改革的依据）

故事4：变法的法令拟好了，但没有公布。商鞅派人在城中人流较多的市场南门，立起一根大约6米多长的圆木，布告："谁能将此木搬到市场北门，赏十镒黄金。"一镒按照20两计算，就是200两黄金，太多了，没人相信，也就没人去试。"谁能搬，赏五十金！"有个愣小伙儿扛起木头搬到北门，没想到，立马就得到了黄金。这事能不传开吗？

问题6：《史记·商君列传》中记述了这件事。可是，这么多黄金的赏赐，秦孝公多心痛啊。司马迁说的是赏"十金"。"五十金"《史记》会不会有夸张的成分？（引发兴趣）这件事流传开来的效果是什么？

（看教材：商鞅变法内容）

问题7：这些政策使农业发展起来，秦国税收增加了。农民有哪些税收负担项目？（追问：怎么理解秦国的土地私有权？启发：你家的房屋是私有的吗？要不要每年缴税？税额多少？）

故事5：商鞅知道后说："新法不能顺利推行，就是因为上面的人带头犯法。"太子违反了什么法令，司马迁没写。太子是国君的继承人啊，总要留点儿面子，不好动刑。商鞅就严惩太子的两个老师，一个削掉鼻子，另一个脸上刺字涂墨。这无疑会产生轰动效应。第二天，秦国百姓都服从新法令了。

问题8：这个故事说明了什么？

故事（细节）6：变法还涉及政治体制改革，全国划分为31个县，县令为一县之长，配副手县丞、县尉等，所有官吏均由国君直接任免，采取俸禄制，官吏按职位高低领取薪俸。当时薪俸主要是粮食。官吏的政绩突出还可以得到国君的额外赏赐。如此，秦国建立起以国君为核心的中央集权制度。

问题 9：想想看，官吏与国君实质上是什么关系？为什么采取县制就能够建立起以国君为核心的中央集权制度？官吏怎样统治百姓呢？

故事（细节）7：商鞅在秦国全境建立社会基层组织，五家编为一"伍"，十家编为一"什"，互相监督，对不告发犯罪的、隐藏罪犯的人要腰斩。居民无论男女老少，都要登记，建立户籍，隐瞒户口，逃避赋税，严惩不贷。基层官吏的主要职责之一就是管理居民，按户按人口征收赋税。

问题 10：想一想，严密的户籍制度与富国强兵是什么关系？

故事 8：有个叫赵良的人对商鞅说："你外出时，随从的车有十几辆，车上都是训练有素的卫士，没有这些防卫措施，你就不敢出来，说明你的处境十分危险，你为什么还不急流勇退？退隐山林或许可以求得平安。"商鞅知道他反对变法，没有理会。

问题 11：计算一下，从变法开始的公元前 356 年，到公元前 338 年，已经有 18 年。改革的成效已经十分显著了，为什么还有人持反对态度？

故事 9：商鞅闻讯出逃，到边关一客栈投宿，店主称，按照商鞅颁布的法令，留宿没有通行证的人要判罪，拒绝商鞅入住。商鞅到魏国，魏国记恨他，拒绝接纳。商鞅走投无路，被迫在自己的封地起兵自卫，兵败被杀，秦惠文王还下令车裂尸体、杀灭商鞅的家族老小。

问题 12：商鞅死得很惨啊，即使那个店主让他住下，也保不住他的性命。"商鞅虽死，而秦卒行其法"，这是为什么？（读课本：新制度适合社会经济的发展，推动了秦国社会的进步，促进了经济繁荣。）

故事 10：千百年来，人们对商鞅及其变法褒贬不一。司马迁说商鞅"是个天性刻薄的人……他蒙受恶名是有缘由的。""刻薄"意思就是不近人情。王安石在《商鞅》一诗中说："自古驱民在信诚，一言为重百金轻，今人未可非商鞅，商鞅能令政必行"。教材的"学思之窗"还提供了一些人的看法，课后不妨看看。

问题 13：怎样评价商鞅？他是不是有更好的选择？

对上述案例中的教学设计，有教师认为有很多"亮点"①。一是以细节激发兴趣。所选故事注重真实性，主要取材于《史记・商君列传》，通过故事和细节，使学生感受到历史的魅力，在轻松愉快中进入学习状态。二是以问题调动思维。本课的问题设计重点突出，而且逐步深入。例如，问题 2 很有力度，能提高学生的思辨能力。三是以思维触发研究。例如，问题 6 不仅会引起学生的兴趣，而且渗透了历史重证据的意识。

还有教师认为"这种模式可以搞，材料都很易找，对普通教师来说有示范意义"。但一课时要处理这么多材料和问题，平均每则材料和每个问题只有三四分钟，学生的思维过程能不能全面展示？建议"最好能减少一些材料和问题，节约时间，有机会展示学生的思维过程"②。

当然也有教师对设计提出了自己的疑虑③。觉得"关于问题的设计要反思"—"问题和故事（细节）的结合是否有机、自然？是否符合学科特点具有科学性？""学生回答问题的预

① 陈红．感受细节魅力 感触研究乐趣．历史教学（中学版），2009，(3)：15.
② 刘正涛．对《〈商鞅变法〉教学设计》的几点看法．历史教学（中学版），2009，3：12.
③ 周莉莉，孙继业．对《〈商鞅变法〉教学设计》的几点看法．历史教学（中学版），2009，3：12-15.

期是怎样的？是否好回答？”“问题设计的意图是什么？”认为本设计中“改革的价值取向及历史影响没有很好地体现出来”。建议“设计应突出重点”，重点应放在材料和问题设计上，培养通过阅读材料并运用所学知识解决问题的能力。故事太多，这一目的不易达到，时间上得不偿失。同时，“设计时应考虑帮助学生建立知识结构”。忽视历史知识的学习，能力提高是不可能的。

1.3.2 对《城市，让生活更美好——以英美城市化为例》教学设计的实践反思

高中课程改革后，历史教科书内容以专题模块形式呈现，知识的系统性不够，为高中历史复习课带来了一些困扰。高三历史课的教学面临很多问题：复习时脱离甚至完全抛开教科书，不重视课本知识结构的巩固；将热点问题转化为理论问题，进行概念的演绎，而不从历史发展过程来解释问题；过分强调教化功能，把历史当思想政治课来复习；用一定的思维框架、观点来截取历史，抽样取证或出现时间倒错，没有把历史基本能力培养与知识结构建构、思想认识提升有机结合起来。

高三历史复习课的教学设计是课程资源的重组或者说是课程的重新开发。以《城市，让生活更美好——以英美城市化为例》一课的教学设计为例，高三复习课在进行教学设计时应关注以下几个方面。

第一，紧扣核心概念，进行发散型材料拓展，多角度构建历史事实间的关联。

城市古代就有，但城市化是工业化过程中的历史现象。在英国工业革命这部分直接讲到城市化。如果从城市化进程的角度来思考：哪些人进城成为市民？这对人口结构有何影响？城市市民的基本生活需要是如何满足的？那么，教科书中的很多内容，就可以“城市化”为核心概念来构建历史事实间的关联。

材料1 《大英百科全书》指出，英国在1801年时5000人以上的城镇只有106个，其全部人口只占全国人口的26%（有些资料的统计甚至比这个数还要低）。半个世纪后，到1851年时，全国城镇数目达到265个，城镇人口所占比率上升到54%。到1891年时，城镇数目增至622个，人口占到68%。

材料2 英国农业人口占总人口比例（钱乘旦《英国通史》），如图1-5所示。

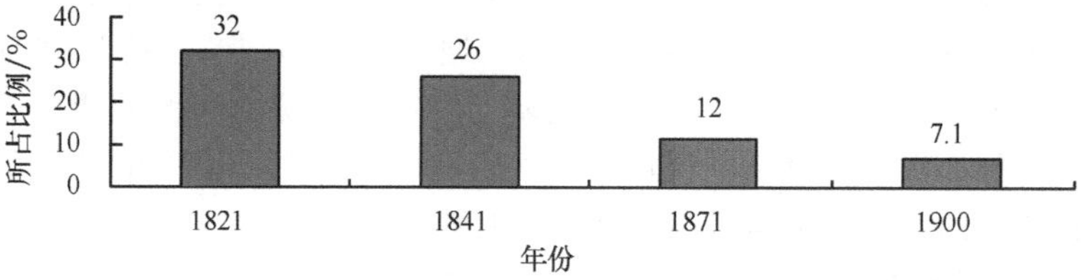

图1-5 英国农业人口占总人口比例

通过英国城镇数目迅速增加，城镇人口占总人口比例迅速增长，农村人口所占比例迅速下降，农村人口迅速减少，把英国圈地运动、工业革命与城市化进程等知识紧密联系起来。

材料3 北美和俄国的平原是我们的粮田；芝加哥和敖德萨是我们的粮仓；加拿大和波罗的海是我们的林区；澳大利亚有我们的牧羊场；秘鲁送来白银，南非和澳大利亚的黄金流向伦敦；印度人和中国人为我们种植茶叶，我们的咖啡、甘蔗和香料种植园遍布东印度群岛。我们的棉花长期以来栽培在美国南部，现已扩展到地球每个温暖地区。

材料 4　1854～1856 年，英国进出口贸易三种类型商品所占份额图（图 1-6，图 1-7）（王斯德，《世界通史》）。

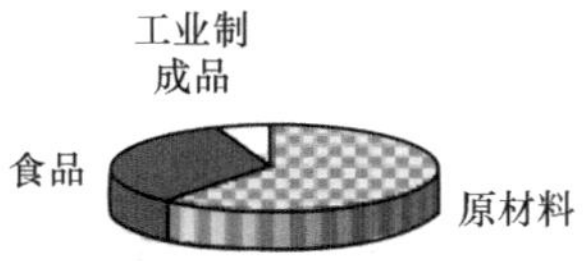

图 1-6　进口

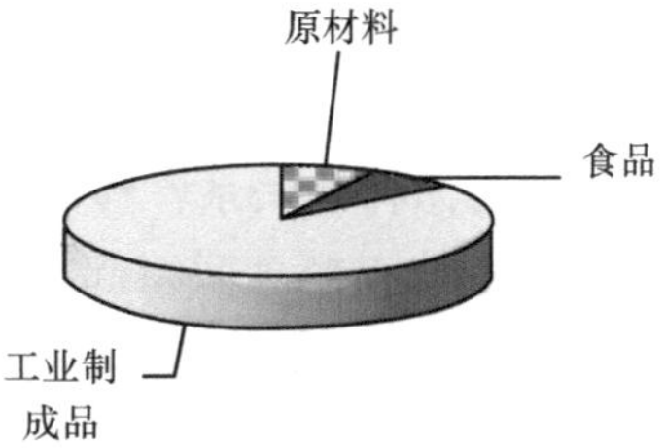

图 1-7　出口

这两则材料，把英国建立起自己主导的世界市场、实践自由主义贸易政策，与城市化和工业化紧密联系起来。

第二，围绕史学观念的更新，进行“反驳”式材料拓展，全面认识历史问题。

城市化无疑是工业化带来的重要影响之一。应用文明史观，特别是生态文明和政治文明的观念，以“英国市民的生活状态怎样？”为问题，进行反驳式的材料拓展，有利于提高学生分析、解答问题的能力。

材料 5　梅雪芹在《环境史学与环境问题》中写道：工业化之后，伦敦的工厂如雨后春笋，高大的烟囱林立，处处浓烟滚滚，能见度极低……（其他城市）正如恩格斯说的：“凡是可以用来形容伦敦的也可以用来形容曼彻斯特、伯明翰、利兹，形容所有的大城市。”……在 19 世纪后期的英国，呼吸系统的疾病，特别是肺结核、支气管炎、肺炎和气喘等，已成为非常严重的公共健康问题……1873 年、1880 年和 1892 年，伦敦相继发生由燃煤造成的毒雾事件，先后夺去 1800 人的生命。

材料 5 说明随着英国的工业化和城市化，市民生活的环境较差，公共健康问题突出。这样的教训，告诉我们要注意处理好环境保护与发展的关系。

材料 6　英国议会改革和法制建设（整理自阎照祥的《英国政治制度史》和高德步的《世界经济通史》），如表 1-2 所示。

表 1-2　英国议会改革和法制建设

年份	内容
1832	工厂法通过，对工人的劳动安全、卫生、福利做了规定
1832	议会制度改革，重新划分选区，降低了选民的财产资格，取消“衰败选区”；重新确定下院席位，对选区设置、选举名额进行重新调整分配；工业资本家取得政治权利
1834	《济贫法修正案》通过，不再无条件为有工作能力的人提供救济，贫困劳工只能通过工作得到救济
1836	宪章运动提出实现普选权等六项主张
1842	通过矿业法，禁止雇用妇女和不满 10 岁的儿童从事井下劳动
1867	第二次议会制度改革，降低选民的财产资格限制，使工人阶级大部分得到选举权
1875	颁布了健康法
1870～1907	英国颁布 7 项教育法，实施义务教育，并对学生提供食品及医疗保健
1875～1909	先后有 5 个住房法出台，重点解决工厂宿舍及工人居住区的住房和环境问题
1884～1885	第三次议会制度改革，再次降低选民的财产资格限制，农业工人和矿工也得到选举权；男子普选权基本实现。按人口分配议席的原则确立

材料6与人教版教科书选修二第四单元“英国议会制度改革”、选修二第七单元“英国宪章运动”紧密相关，有助于理解英国“渐进式发展”道路。

第三，结合复习内容结构上的“盲点”，进行还原性材料拓展，深入理解历史特征。

美国是一个从农村发展到城市的国家，是个移民国家。文化多元是美国历史的一大特点。移民与美国城市化有怎样的关系？移民又是如何成为城市居民的？设计把“移民”、“美国发展”、“城市化”几个核心概念联系起来，形成问题链，填补学生知识上的“盲点”，提高学生阅读提取信息的能力和解答问题的能力。

材料7 ［美］卡恩斯在《美国通史》中指出：到1860年，自由州的26%的人口居住在城镇（2500人以上）或城市（8000人以上）。在东北工业州这个比例还要高。而1840年，这个比例只有14%。(同期相比，南方都市人口增长只从6%增长到10%)

材料7说明相对英国而言，种植园奴隶制度严重阻碍美国城市化。

材料8 ［美］布林克利在《美国史》中写道：19世纪美国人口迅速增长，为不断发展的工业体系输送了大批劳动力。这时人口增长很快，大多向西移民，大多定居在城镇。欧洲来的移民中，1790年只有1/30的人住在城市，1820年是1/20，到1840年这个数字则是1/12。

材料9 《剑桥美国经济史：漫长的19世纪》记载美国城市人口比例（图1-8）。

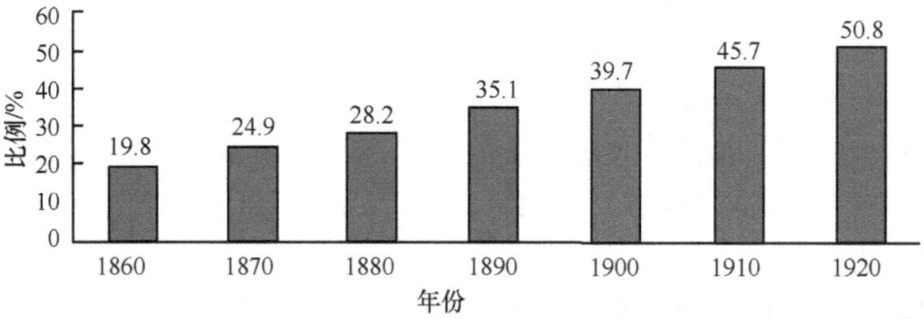

图1-8 美国城市人口比例

材料8说明美国工业革命和西进运动吸引了大批移民进入美国。这与美国经济发展、第一次世界大战没有冲击美国，使美国成为世界经济霸主等联系起来，深化了美国历史阶段特征的认识。

材料10 吴于廑、齐世荣在《世界史·近代史编》中指出：一批批的东部移民洪水似的涌入西部地区，西部荒原得到开发。西进运动推动美国农业较早地实现了机械化。到1890年，大西洋沿岸的工业品从19世纪60年代占全国的80%降为58%。中西部各州发展成为新的工业中心。受西进运动的影响，在政府的鼓励和资助下，全国掀起修筑铁路的热潮，在几十年内建成了横贯大陆的5条铁路干线。正是西进运动的影响和推动，美国一跃成为仅次于英国的世界工业强国。

西进运动推动美国的工业化、城市化、铁路干线建设。移民成为市民是美国城市化的重要特征。

第四，针对认识上的“障碍”，进行搭桥式材料拓展，理顺思维。

城市现代化，不仅是城市建设和管理的现代化，关键是人——市民的现代化。而这个关键内容教科书涉及很少。如果不补充相关史实，学生的思维就会出现“断头路”，认识水平也不可能提升。

材料 11　钱乘旦在《英国通史》中写道："过去以天为单位，现在以分钟、秒为单位……火车还教会人们守时，准时准点成为现代生活的准则，人们开始随身带上一只表，时间概念是一个全新的概念。"

钟表成为市民的生活必需品，说明时间观念更强了。这与交通工具的改进、工厂制建立、蒸汽机的广泛使用有关。观念变了，人更适应工业文明的需要了。

材料 12　[美] 布林克利在《美国史》中列举了美国都市弊病，包括火灾与疾病、都市贫困、犯罪与暴力、城市恐惧、集团与老板等。卡恩斯在《美国通史》中记载了美国城市现代化：城市生活的基本设施逐渐完善。街道铺上更消音的沥青，白炽灯代替了煤气灯；有轨电车改变了大城市的生活，桥梁设计有利于城市的人们往来；大批廉价公寓出现，每个单元采光充足，空气流通。1893 年，丹尼尔·伯纳姆为芝加哥世博会设计的"白色城市"引发了一场全国的"美丽城市"运动，促进了城市公园的发展。休闲活动丰富了人们的生活，如艺术展览、棒球、橄榄球、公园娱乐、野餐等。

材料 12 引自美国人对城市化的总结、反思。城市化过程中的"社会病"值得我们思考。重视城市基础设施建设和规划，"休闲式"生活出现，这些值得我们借鉴和思考。

名师论教

该教学设计由刘汝明老师在武汉外国语学校高三文科班进行了课堂教学后，特级教师汪学毅老师做了全面的点评：

"刘老师引用的材料全面、新颖、典型，这使这节课让很多听课老师觉得"学不了呀，学不来"。这没有关系。形成自己的风格是关键！老师们要多读书多积累。这节课刘老师在外语学校高三（8）班讲，很精彩；但如果照搬到普通中学，不一定有效。这个班的学生不仅是聪明的学生，更是智慧型的学生。聪明的学生能准确回答老师提出的问题，智慧型的学生能自主提出问题、提出自己的见解。所以我建议，不要盲目向刘汝明学习，形成自己的教学风格是关键。"

刘老师讲课很轻松、很清楚，以问题带领着学生进入英国和美国历史，随后，回到现实，还带着祈望走向未来。当刘老师问：看美国城镇人口比例图，美国城镇人口超过 50%与美国的哪些特定条件有关？学生作出回答。大部分教师讲到这里可能就停下来了。可刘老师继续追问：这些条件如何与城镇人口超过 50%相关？不仅是注意到了历史语言的准确表达，还使学生的思维继续往前发展了，更加连贯和科学了。老师如果用"正确答案"作为标准去肯定和表扬学生，思维就停住了。这里，通过追问，找到史实与史实的联系、理解结论与史实的关系，思考就深入了，这就培养了学生的思维能力。

城市化的问题十分复杂。这个内容的复习，还可从经济结构、城市功能与布局、典型城市案例分析等角度来进行拓展，也可以把政治、地理学科的相关知识整合起来综合复习。同时，城市化是经济史中的重要内容，可以把历史学的基本方法——史料法、经济学的方法——描述法与统计分析法结合起来进行能力分层设计。

教学设计中进行适度的材料拓展，应找到合适的切入口，复习教学设计要体现能力培养的层次性和递进性。一要整合模块知识，巩固知识结构，掌握历史时序。二要选择与学科主干知识相关的重要学术问题展开讨论或解析。三要注意阶段复习与训练的思维层次性和递进性设计。四要选择多种类型的材料，特别是综述类历史材料创设情景。五要拟出较规范答案，让学生直观地明白用史实充分论证的样式。

总之，教师具备先进的理论素养是开展教学设计的前提，促进学生全面健康和谐的发展是教学设计的主旨，拟定合理明确的课堂教学目标是教学设计的关键，进行深入透彻的教学任务分析是课堂教学设计的基础，选择切实有效的课堂教学策略、应用健全可行的学习评价是教学设计的核心。

复习与思考

1. 教学设计的基本程序是怎样的？历史学科有哪些基本特点？
2. 中学历史学科教学设计的过程中应着重思考哪些问题？
3. 教学设计与实施过程中要注意哪些细节？

拓展资源

1. 加涅．教学设计原理．皮连生等译．上海：华东师范大学出版社，1999.
2. 皮连生．教学设计：心理学的理论与技术．北京：高等教育出版社，2000.
3. 皮连生．学与教的心理学．上海：华东师范大学出版社，2003.
4. 盛群力．现代教学设计论．杭州：浙江教育出版社，1998.
5. 皮连生．知识分类与目标导向教学．上海：华东师范大学出版社，1998.

第 2 章　历史学科教学目标的设计

学习目标

1. 明确历史学科教学目标设计的依据与原则。
2. 掌握历史学科教学目标分层设计的基本要求。
3. 运用历史教学设计理论分析教学目标设计中的问题并提出解决对策。
4. 通过案例分析认识目标设计在教学设计与实施中的重要性。

关键词　教学目标；依据与原则；分层设计；案例分析

2.1　历史学科教学目标设计的依据

教学目标是教育思想、教育观念和教学任务的具体反映，既是实施课堂教学的主要依据，也是评价教学的基本标尺。

在历史教学中恰当地制定教学目标，是有效教学的重要前提。教学目标设计时应包括两个方面：一是教学内容，即要求学生掌握的基础知识、基本技能及获得的教育；二是达标的程度，即这些内容应达到的深度和广度。因此，教学目标既是教学的出发点，又是教学的归宿。

教学目标设计是否合理？取决于教师对历史课程标准的理解，对教学内容的把握，对教科书的处理，以及对学生已知的了解、学生学习活动的预设形式和学习效果的目标预期。因此，制定教学目标时，必须充分研究课标、教材，把握学生的实际情况，从而做到教学目标设计具体、明确、集中、恰当。

课堂上，师生有了明确的共同目标，教师才能灵活驾驭课堂，学生才能够有学习方向，主动求知，使教与学的积极性都得到充分发挥。“对中学历史教师而言，只有先制定准确、具体、完整的教学目标，才有可能确保教学的有效性。课程标准是新一轮课程改革的核心内容，而课程目标承载的新的理念、学习方式等要真真切切地进入课堂，实现历史课程的有效教学，教师必须思考三个问题：①你把学生带到哪里（教学目标）？②你怎样把学生带到那里（教学过程和方法）？③如何确信你已经把学生带到那里（学习结果评估）。而明确把握教学目标，是实现有效教学的前提和关键”①。

2.1.1　理解课程标准的规定，准确设置教学目标

在预设课堂教学方案时，要领会课程标准的要求，整体把握教学内容，把课程规定与要求

① 吴苏晨．新课程理念下高中历史教学目标的设定．江苏教育学院学报（社会科学），2011，(3)：134.

细化为可操作的程序或步骤。要思考：课程目标如何分解为单元目标或课时目标？学生有哪些学习生活经验能帮助他们达到学习目标？学科教学中的核心理念与核心价值如何渗透到每节课的教学中？不能把课程目标、单元目标与单堂教学目标混同，不要偏离课程标准要求，教学不能“走到哪里算哪里”。依据课程标准，教学目标设计要体现整体性、阶段性和系统性。

历史课程标准提出了“知识与能力、过程与方法、情感态度与价值观”三维课程目标。其中，“知识与能力”是课程学习的基本目标，要求学生掌握基础的古今中外重要历史事实，具备最基本的文化素质。“过程与方法”则强调学生对历史的认识过程及得出结论的方法，注重学生的自我参与和体验，实现“以学生为主”的新理念，提高学生的主体意识和学习能力。“情感态度与价值观”是学生在感知历史、合作学习的基础上，引导学生形成对国家、民族的使命感和责任感，树立正确的人生观和世界观，培养学生学会生活、学会学习、学会做人。课程目标特别重视学生在历史学习、探究过程中的参与、体验、感受、实践，重视引导学生主动探求知识；同时在教学过程中注重渗透德育，力求通过“贴近学生、贴近生活、体现学科特色”的教学过程来丰富学生的情感和精神世界，提升学生的人格修养、道德品位。因此，教学目标的确定和实现就必须依托学科知识，创设多样化、开放型的教学情境，引导学生在学习过程中主动思考，充分发挥他们的主体作用，使其积极参与教学过程，让他们真正成为课堂的主人，着力培养学生的创新精神与综合能力。

“教学目标表述得越是简洁、明确，教师和学生对它的把握才会越准确，并且对目标达到的有效性也越便于检测”[①]。教学目标既是教师教的目标，更是学生学习的目标或结果的规定。因此，目标要具体、明确，有可操作性和可检测性。教学目标设置时，要明确预知学生课后的发展与变化：希望学生在一节课结束后能了解什么？能做什么？这对学生成为有能力的个体有什么作用？

三维目标的陈述，要清晰得足以运用于指导学生学习和活动设计，要指明培养学生的哪种行为和在哪些内容或生活领域中运用这种行为。新课教学要把知识讲清讲透，解决教材设计的基本问题，帮助学生正确理解知识和结论，正确运用概念，不要盲目加宽加深，把核心知识弄懂弄透。单元复习课教学要帮助学生掌握单元知识结构，了解知识间的联系，针对课程标准的要求培养学科基本能力，掌握知识运用和解决问题的基本思路，还要始终把学生良好学习习惯的培养放在重要位置。

由于升学考试的压力，有些教师往往围绕考试大纲进行教学，“你考什么，我就教什么”，容不得学生置疑和探求，学生无条件地接受和记忆教师按照考试大纲要求预设好的内容，课堂教学的任务就是完成考试大纲的要求，考试大纲的要求取代了“教学目标”。而实践证明，不按课程标准和课程改革理念来预设教学目标，也很难适应课程改革背景下高考改革的需要。

2.1.2 把握教科书内容的逻辑关系，理性设计教学目标

根据教科书的知识逻辑关系，首先设计好各学习内容的教学目标，如把高中历史教科书的各模块分解成一系列的学习单元，每个单元有突出的学习主题。依据课程标准的规定，把每单元的教学目标设计出来，然后再依据教材的内在联系，将这些单元按顺序衔接起来。

人教版必修二第八单元第 23 课（《世界经济的区域集团化》一课），普通高中《历史课程

---

① 吴苏晨．新课程理念下高中历史教学目标的设定．江苏教育学院学报（社会科学），2011，(3)：135.

标准》（实验）要求“以欧洲联盟为例，认识当今世界经济区域集团化的发展趋势”。显然，《课程标准》的规定是原则性的，但过于笼统，这就给教师发挥创造性留下了空间。以《课程标准》为依据，以教材为依托，从学生自主学习与促进学生发展出发，将教学目标具体化，这是教师应该考虑的。所以，要根据课程标准要求及教科书知识逻辑来设计这一课的教学目标。

案例 2-1

《世界经济的区域集团化》一课的教学目标设计思路①

教学目标：

1. 记住《罗马条约》和《马斯特里赫特条约》的内容；熟悉欧洲一体化的四个步骤；理解欧洲走向联合的原因；概括欧洲经济一体化的演进趋势。

2. 填充欧盟政区空白图，认识欧盟历次扩大的阶段特点。

3. 认识图片材料的价值及其与文字材料的印证关系。

4. 从让·莫内和蒙代尔的创造性工作，体会开拓、创新的意义；通过了解欧洲区域经济一体化，认识当今世界经济区域集团化的发展趋势。

思路分析：

《罗马条约》是欧洲经济一体化的一个重要里程碑，因为它规定了欧洲经济共同体的基本目标是创造一个欧洲联盟，而不是单个部门的一体化，条约的基本内容是共同市场和共同的经济政策的形成，从而真正开始了欧洲经济一体化的进程。《马斯特里赫特条约》决定成立欧盟，使《罗马条约》的设想成为现实，并使欧洲一体化的内容从最初经济合作扩大到政治、经济、军事一体化。

凸显欧洲一体化进程的这两个最主要事件，理所当然成为教学目标 1，而且要求学生必须记住，在此基础上理解一体化的步骤及前因后果。目标 2 的制定，更多地考虑到欧盟形成过程的动态性与开放性，而教材中的《欧盟成员国图》是局部的、静态的。为了充分调动学生学习的多种感官，加深对大脑神经的刺激，教师应准备一张空白的欧洲政区图，让学生填图，以提高学生动手的技能。本课的图片有多幅，“看图说史”、“看图说话”是处理本课教材内容的一个出发点，所以目标 3 提出“认识图片材料的价值及其与文字材料的印证关系”。欧盟开区域经济集团化之先河，让·莫内首倡欧洲联合，蒙代尔催生欧元，他们能够开拓、创新，在于他们潜心研究，创新建立在学识的基础上，而不是异想天开。这样，使学生知道创新精神由何而来，而不是单纯地讲精神，这是第 4 个目标。

新课标中教学目标分“知识与能力”、“过程与方法”、“情感态度与价值观”三个维度。知识是能力的基础，它的确定应该是可以明确验证的，上列目标 1 即为知识目标。“能力与方法”是自主获取知识的过程与途径，需要学生的亲身感受与体验，是以知识为载体的。目标 2 和目标 3 体现了“能力与方法的培养”。目标 4 体现了“情感态度与价值观”，属体验性目标，这方面的目标一般无法书面检测，但它不是“虚”的，完全可以通过课堂学生“写”在脸上的表情、鲜明的态度和口头的表达有意或无意地表现出来。

由本案例获得的启示有以下几点。

---

① 徐新．新课标下高中历史教学的新特点．历史教学，2005，(1)：39-41.

第一，在知识目标设计时要理顺知识间的关系，做好概念目标设计。一些难懂的专业名词如“关税同盟”、“权利让渡”和一些深奥的问题（如欧盟一体化为何不能直线发展），宜采用接受性的学习方式，否则，课堂上就很难实现教学目标。对教材叙述的知识，可通过提问：“欧洲共同体是由哪些机构合并成立的？”“欧洲共同体成立的目标是什么？”“欧盟成立的标志、北美自由贸易区由哪些国家组成？亚太经合组织成立的背景是怎样的？”“欧洲共同体成立的影响是什么？”“北美自由贸易区与欧盟相比有哪些不同点？”“你认为中国参加亚太经济合作组织有何积极意义？”“经济区域集团化对世界经济发展会带来怎样有利和不利的影响？”在学生看书、思考、回答的基础上，教师通过讲授达到知识目标。知识目标设计时要求学生掌握欧洲一体化进程的三件大事：1952 年欧洲煤钢共同体的成立，标志着欧洲一体化的开始；1957 年《罗马条约》的签署，成为欧洲经济一体化的重要里程碑；1992 年《马斯特里赫特条约》签订，欧盟成立是一个新的里程碑。同时，还要掌握欧洲一体化进程中的三个重要人物：让·莫内、舒曼和“欧元之父”蒙代尔，让学生了解三位人物，明白法德的“核心欧洲”即由此而来。掌握这些知识目标后，教师才可引导学生探讨：区域集团化与全球化的关系如何？对发达国家和发展中国家的利弊何在？如何趋利避害？

第二，注重过程目标设计，构建师生“学习共同体”。有些问题教科书中并无叙述，如欧盟的扩大对中国有何影响？这个问题很现实，就应通过过程方法目标设计，用研究性学习的方式来解决。教师可以组织学生查阅有关会议、报纸报道和网络资源，通过学生自主学习、小组讨论、小论文写作、课堂交流与辩论等活动，实现教学目标。现实问题与情景可以从以下方面来设计：我们去欧盟旅游，只要办一个签证就可以了。

第三，教学活动目标与情感态度目标有机结合。欧洲一体化进程，对中国处理国际关系提供了有益的借鉴。例如，“法德化解百年恩仇，对中日两国有何启示？”这就从历史联系现实，能够鉴古知今。欧洲人的认同感，是欧洲走向联合不可或缺的基础。特别要指出法德的和解是欧洲走向联合的关键，因为它们在历史上是宿敌，普法战争及第一次世界大战、第二次世界大战等使法德两国之间的怨恨极深。在第二次世界大战后，美苏是超级大国，欧洲要自强，唯有联合。中日在东亚的地位及历史上的中日关系与法德极为相似。中日之间曾爆发过甲午中日战争和抗日战争，彼此积怨很深，法德关系改善中德国的态度对日本反思自己的历史有借鉴意义。只有中日化解历史上的恩怨，亚洲的联合和东亚安宁才有可能。

2.1.3 具体分析学情差异——教学目标合理化的基础

依据《高中历史课程标准》中的课程目标，结合学生的实际情况设定的过程需要考虑课程提供的内容，但是最主要的是考虑学生的状况，必须“以学生为本”，准确掌握学生的心理动态和认知水平，紧紧围绕有利于学生终身发展而设定目标。

历史课堂教学中的“教学目标”是为学生而设计的，它的表述行为主体是学生，而不是教师。分析学情，了解学生的已有的知识和能力，是我们确定教学目标的基础。余文森教授认为：“学生个体的差异性是客观存在的，面向全体不是让每个学生都获得一样的发展，而是让每个学生都在自己原有的基础上获得发展。不要简单地把学生之间的差异看成是教学的问题，而是要把学生之间的差异看成是教学的资源，教学中要充分、合理、艺术地利用这一资源，使学生之间发生实质性的互动，这是实现教学增值，也是教学面向全体学生的重要保证。”①

历史课堂教学要充分体现学生的主体地位，以学生的发展为本。教学目标设计要从学生的实际出发，结合具体的教学内容，从培养学生的学习、思维方法入手，引导学生真正学会学习历史、认识历史、感受历史，让学生在历史的时空中去学习、去感悟、去理解、去分析具体的历史知识和历史现象。

案例 2-2

《秦朝中央集权制度的形成》一课的教学目标设计②

（1）知识与能力：

能用自己的话表述“皇帝”的由来、含义；

准确地写出“三公”的名称，说出他们的具体职责；

列举秦朝郡县制建立的史实，比较郡县制和分封制的异同；

评述古代中央集权制的作用和影响。

（2）过程与方法：

以史料为证据去理解过去和重建过去，能从材料中提取有效信息，应用有效信息去论证问题；

能够轻松地在课本上作各种记号，以突出知识重点，强化重要年代、人物、地点和关键句子的记忆；

能对知识进行结构化处理，如运用线索图表去建立秦代中央到地方行政系统简表；

通过同伴之间的互动、合作，共同解决一些难度较大的问题，如对专制主义中央集权制度影响的理解和认识等。

（3）情感态度与价值观：

通过古代颂扬秦始皇的诗歌和秦朝兵马俑等历史图片，感受秦朝初步实现统一的宏大气象；

通过秦朝创建的皇帝制度、三公九卿制度等内容，体会制度建设对国家稳定和统一的重要意义。

本案例中的教学目标设计和叙写非常具体，以“学生能……”、“能够……”、“通过……”、“理解……重建……”、“提取……”、“运用……”等为核心，充分体现出学生学习所要实现的具体目标，并且通过学生具体的活动去完成，更加说明了“学生学习能力的培养是通过学生自己不断的实践完成”的科学论断。通过“用自己的话表述……”、“准确地写出……”、“列举……比较……评述……”、“理解过去和重建过去……”、“从材料中提取……”、“作各种记号……”、“运用线索图表……”、“共同解决……”、“通过古代颂扬秦始皇的诗歌……”、“通过……内容体会……”等环节把教学过程中的每一个步骤和所要达到的

① 余文森．如何在新课程中提高课堂教学的有效性．中国教育新闻网．http：//www.jyb.cn/xwzx/jcjy/jxsx/t20060613_20710.htm.2011.

② 姚焕成．例说历史学科有效教学目标的设计与叙写．历史教学问题，2010，(3)：117.

效果表达得清清楚楚，教学的针对性强，有利于教学过程的流畅。

只有教学目标真正成为学生实现学习目标的依据、教师教学过程的支撑、教学行为评价的标准时，才能真正体现出新课改“以学生为本、以学生的发展为本”的教学理念，才能提高教学的有效性。

2.1.4 历史教学目标设计的原则

1. “依标托本”原则

历史课程标准既是教科书编写的依据，也是教学的依据，更是教学目标设计的依据。教科书是教学的重要资源，但不是唯一资源。因此教学目标设计要“依据”课标、“依托”课本。根据课标来确定学生学习结果预期，依托教科书来合理呈现教学内容，适度拓展学习资源，合理设计理解、思考的过程，运用适合学生的学习方法。

2. 体现学科核心教育价值的原则

在历史课程标准理念的指导下，教学目标的确定强调在教师引导下以学生为中心，既要体现出传统课堂的接受学习的优点，更要体现课堂上学生模仿学习和研究性学习的特点，发挥学生的首创精神、将知识“外化”（让学生有多种机会在不同的情境下去应用他们所学的知识）和实现自我反馈。强调发展学生的实践能力和创造能力，并随社会文化背景的不同做到教学与时俱进和因地制宜，保证学生的多元智力真正全面发展。

3. 坚持学生主体性原则

学生是教师施教的对象，更是课堂教学的主体。教学的目的就是为了学生的发展，如果课堂教学忽视了学生的存在，只是教师一味地讲授，满堂灌输，而学生没有积极主动地参与到课堂教学活动中去扮演主角，那么教学目标真正能够得到实现吗？因此，在新课程背景下，教师在课堂上的角色必须要进行“转化”，我们要由原来的“主角”变成“主导”，当好导演的角色，引导学生“主演”，使学生主动学习、探究学习、合作学习，帮助学生在学习活动过程中体验参与的快乐，收获成功的喜悦，如某教师在设计历史必修第一课《夏、商、西周的政治制度》时，就通过网络资源创设了“封邦建国”、“王位之争”、“姓氏由来”等历史情境，由学生通过体验学习来探讨，激发了学生讨论的兴趣，主动发言的学生很多，课堂气氛热烈，一节课下来学生不仅感觉学得轻松，还比较深刻地理解了中国古代早期的三大制度。所以，教师应该把课堂还给学生。

4. 落实目标多样性原则

虽说历史教学的终极目标一致，可是由于施教内容不同，施教班级的差异，每堂课的教学目标自然也就不尽相同。其实，即使是同一堂课教学目标也应是多样的，同样的班级在同一堂课中，不同学生的教学目标也不应相同，应该分出差异，因材施教。例如，历史必修第一课《夏、商、周的政治制度》，课程目标是“了解宗法制和分封制的基本内容，认识中国早期政治制度的特点”，在设计教学目标时就依据学生的层次分为达标目标和发展目标。达标目标强调在知识与能力方面，“知道”：夏、商王位世袭制，中央地方官制及管理制度，西周分封制和宗法制；“理解”：夏、商、周政治制度的演变、归纳王位世袭制的表现，分封制和宗法制的内容。发展目标要求：归纳中国古代早期国家政治制度概貌，比较分封制和宗法制，探寻其内在联系，概括其特征。

2.2　历史学科教学目标设计的技能

2.2.1　教学目标设计的基本规范

依据历史课程标准的要求，结合教科书的内容、教学的实际和学生的特点，制定可操作、可测量的历史教学目标，是历史教学过程中教师课程创新力和实施力的具体表现之一。

教学目标的内容表述，应包括行为主体、行为动词、行为条件、表现程度四项要素。课时教学目标是一种直接用于操作的行为目标。在制定教学目标时，应以学生为主体，并使用科学的表述。

教学目标的行为主体是学生，要确立学生的课堂主体地位。

行为动词预设了学生在学习中应该如何做、做到什么程度，它可以反映课程标准对学生发展所要求达到的层次与水平，它使教学目标变得清晰、可操作、可测量。行为动词的运用决定着教学目标的可操作性。要准确把握行为动词的运用，必须认真地研读课程标准，同时要阅读一些有关行为目标的论著。能否准确地运用行为动词，是教师教学目标设计能力的重要体现。行为表述是说明学习者在教学结束后，应该获得怎样的能力，可以使用"能够说出"、"能够描述"、"能够列举"等行为动词。条件表述通常用一个介宾结构表示，如"在……情况下"、"根据……"、"经过……"等。结果预期表述是行为完成质量的可接受的最低衡量依据，它通常附在行为表述之后，从行为的准确性和质量两方面来确定，进一步说明行为要达到的水平和程度。

目标内容主要是规定学生在哪些方面获得发展。历史课程标准中有课程总目标、学习板块目标和每个学习板块中各学习主题中的具体内容标准，它们构成一个从宏观到微观、相互关联的课程目标体系。教师设计教学目标必须对课程标准中的课程目标体系有一个完整的把握，必须紧扣课程目标体系的要求，再结合学生需要、教学实际选择与突出重点目标，最终确立某课的课堂教学目标内容。

任何目标的达成都需要借助一定的条件并在一定的情境中完成。教师在表达目标时，必须指明目标达成所需要的条件与情境，这也是决定教学目标是否具有可操作性和合理性的重要因素。教师需要结合学校的办学实际、教科书的内容和开展必要的教学活动来确定目标达到所需要的条件与情境，使教学目标具体化。

一般情况下，教学目标是按照课程标准中的三个维度"知识与能力"、"过程与方法"、"情感态度与价值观"来表述的，也有按照目标的类型分为"知识"、"能力"、"情感"三个目标领域来表达，结合行为目标的四大要素、尤其是达成目标的情境与条件的分析与表达，来突出"过程与方法"，呈现"知识"、"能力"、"情感"目标依托"过程与方法"，构成密不可分的三位一体关系。

教学目标设计要突出连续性，突出核心目标。学生知识的丰富与巩固、能力的培养、情感的培育绝非一日之功，要有一个较长时间的计划。具体到历史课程，要求教师要协调好课程教学总目标、单元教学目标、课时教学目标之间的关系。在实施教学之前，教师就应该有一个统筹安排、分步实施的计划，使课程教学总目标在学生的阶段性发展中逐步实现。另外，当一堂课的目标较多时，教师还必须突出一个核心目标。核心目标的确定主要依据学生发展的阶段特点和单元教学目标要求进行协调，以此把握各学习阶段的目标重点。

因此，课堂教学目标的设计既要考虑学生这一主体，又要体现学习主题本身内在的逻辑体系。

学界视点

英国SCHP研究小组以历史本身性质为基础，分析出历史可以满足学生五项需要：第一，理解他们所居之世界的需要；第二，理解在各种不同的时空中，人们的价值观、态度、所面临的难题，以及信仰的需要；第三，理解人类事务中的变迁与发展的需要；第四，发展休闲的兴趣的需要；第五，发展批判性思考能力，以及能够对人世情境作出判断的需要。他们所设计的课程“发展史”、“主题探究”、“现代世界中”、“历史在我身边”，分别针对第三项、第二项、第一项和第四项需要发挥其最主要的教育功能。这就说明不同的学习内容对学生而言满足的需要不同，达到的教育效果也不相同。①

教师在设计教学时，不可能也不应该做到面面俱到，只能结合教学的内容突出重点，即教师要明确在本课结束时，学生应知道和理解哪些内容、培养哪一具体的技能、发展怎样的历史思维、重点强调哪种行为模式，只有这样才能实现内容聚焦和目标聚焦。课程教学目标的拟定不宜照课程标准规定的目标死搬硬套、千篇一律，要突出其最能体现的历史教育功能，拟出课程最有历史学科教育特色的目标。

课堂目标设计要有层次性。一般而论，知识的学习、运用和创造是社会发展对人的素质要求的一个重要方面。知识目标的拟定，要强调的是历史课程标准中蕴涵的价值理性的东西。过程方法目标要体现历史学科的思维特征——重证据，使学生掌握学科的基本技能和思维方法。情感不仅是指学习的兴趣、学习的动机、学习热情，更指一种内心的体验和心灵的感悟。这一层次的目标设计要隐含在课文内容的处理和学生的学习活动中，让学生感悟、体验和内化。

2.2.2 知识能力目标的设计

“知道”历史事实，是学生学习历史的基础。没有足够的知识储备，不知道历史事实是怎样的，历史学科的教学目标就无法实现，或者是“伪”实现。

学生将新知识纳入自己的知识结构，丰富自己，从掌握的程度上可分为：①熟悉——熟悉历史进程的发展脉络，熟悉历史事实的梗概，熟知人物、事件、现象。②记忆——准确记忆重要的历史词汇。③理解——理解历史发展的基本脉络，理解历史环境下的现象和行为，理解人类社会发展的多样性和统一性。“熟悉”指大致知道，不要求背诵。熟悉历史是学习历史的入门之道，在理解基础上不难做到熟悉，而必须准确记忆的是历史词汇，只有记忆准确了，才会就相关问题进行表述时做到准确。让学生形成必要的历史知识结构，是教学目标设计中必不可少的结果预期。

在知识目标设计中，不一定要列出所有的课文知识，可舍弃一些与价值判断联系不太紧

① 余伟民．历史教育展望．上海：华东师范大学出版社，2001：169.

密的知识点，也要舍弃学生已经熟知的知识，不必罗列具体的知识点，主要是写出知识的脉络，并指出课文中的核心概念。

历史学科能力目标的基本要素分为两个层面。一是历史学科的一般与特殊能力，主要包括观察力、记忆力、阅读理解能力、思维力、想象力、阐释能力和评价能力等。阐释能力是对历史现象、历史资料、历史问题的阐述和解释说明的能力。它们是历史学科的特殊能力。二是学生历史学习的能力，包括分析、解决历史问题的过程和学习历史的方法，可分为技术性方法和导向性方法两类。搜集、鉴别、整理和运用史料的方法属于技术性方法；导向性方法有归纳与演绎、分析与综合、具体与抽象、历史比较、假设与论证、撰写历史小论文等方法。

能力的提高离不开知识的掌握，能力在知识的获取、理解、迁移和呈现过程中形成和发展。

从能力与方法的掌握和运用的程度上可分为以下几种。

(1) 基本技能。技能的掌握要求学生在活动中通过实践积累经验和养成习惯。应做到熟练掌握历史发展阶段和历史分期，解读历史材料的信息，获取历史材料的方法，判断历史材料的价值和真实性，准确阐述、阐释历史用词、用语和有逻辑性的表达历史。

(2) 思维方法。其主要包括比较、综合、评价的认知方法，以及论从史出、史由证来、史论结合的基本思维能力。历史思维方法为学生提供一个很好的思考问题的程序和学习参考框架，有利于学生从中获得有关社会责任和公民权利、义务等的信息，从而在一定程度上为学生转向成人生活做好准备。

(3) 置疑辨析。独立思考，发现问题，强调置疑的合理性与解疑思路的可行性，综合探究和辨析。向学生介绍历史学家考察过去的方法，引导学生对历史问题和历史决策进行分析，重视系统分析、评价和争论，讲究逻辑的严密性和史料的真实性，从各个角度来考察，把平时所提到的历史全貌的侧面像与对历史真面目的追求联系起来。

案例 2-3

《洋务运动》一课阅读能力教学目标的制定①

阅读能力是学科最基本的能力之一。如何培养这一能力是教学目标设计中要重点思考的问题之一（表 2-1）。

表 2-1　《洋务运动》一课阅读能力教学目标的制定

过程	教学目标设计的程序与内容
学科能力目标设计基础	1. 陈述性知识结构 背景：A 新政治派别上台；B 新中央机构的设立；C 列强侵华的新特点 洋务运动经过：A 目的；B 代表人物；C 主张；D 发展阶段；E 结果 评价：A 进步作用；B 失败原因；C 历史地位 2. 能力基础：A 概括课本知识体系的能力；B 文言文阅读能力 3. 学年能力目标（略）

① 王正瀚．再谈中学历史学科的能力目标问题．历史教学问题，2011，(2)：120.

续表

过程	教学目标设计的程序与内容
阅读能力目标	1. 按照本课中心概念“洋务运动”的概念要素构建其概念体系 水平一：能按照上面结构描写出来 水平二：能将课本前两目纳入洋务运动的概念结构，但不够简洁，条理不够清晰 水平三：能将洋务运动一目的体系划分清楚，但前两目不能纳入 水平四：洋务企业一目的概念体系分不清 1）达到水平三属于学习本课的基础 2）达到水平二为合格 3）达到水平一为优秀 2. 能概括出课本 P31 史料的核心内容，并能回答课本提出的问题 3. 能发现洋务派官员当时面临的困境，并理解洋务派在当时采取的各项措施的客观原因与主观原因 4. 能够分析课本中洋务企业分布情况的基本原因

2.2.3 “过程与方法”目标的设计

《普通高中历史课程标准（实验）》提出：“历史学习是一个从感知历史到不断积累历史知识，进而不断加深对历史和现实的理解过程；同时也是主动参与、学会学习的过程。”① 它强调对历史的认识，亦即历史的结论，形成于历史过程之中。这就要求教师教学时不仅要关注学生的学习结果，更要关注学生的学习过程，要高度重视教学过程的每一环、每一步，并以好的教学方法推进教学过程，在教学过程中培养学生的学科素养、学科方法和实践能力，促进学生全面发展。所以，“过程与方法”是指为了实现在“知识与能力”“情感态度与价值观”方面的教学目标，在教师的指导下，学生所采用的学习过程和学习方法。“‘过程’是指让学生经历知识与技能的形成过程，在体验、活动、探究中进行学习；‘方法’是掌握各类知识与技能的学习方式与策略，学会学习、学会反思、学会创造，能对自己的学习过程及其结果进行有效监控”。②

“过程与方法”目标提出了两个方面的要求。一是学生要掌握学习的方法和自主学习的能力，即学生能够学会运用多种手段获取信息，并对信息进行加工，对学习内容、过程和方法进行反思和调控，提高自主学习的能力。二是掌握历史探究的方法和形成问题意识，即要求学生经历知识形成的探究过程，进一步掌握探究中常用的、有效的方法和手段，提高未来探究问题与解决问题的能力，并在此过程中养成问题意识，提高独立学习能力。对历史课程而言，“过程与方法”目标隐含着我们要培养学生的观察能力、提出问题的能力、收集和处理历史材料的能力、分析概括能力、探究能力、创新能力等学科素养。

2.2.4 情感态度与价值观目标的设计

过去，历史教育界更多的是重视历史认知目标的研究，对情感领域的历史教学目标研究

① 中华人民共和国教育部．普通高中历史课程标准（实验）．北京：人民教育出版社，2003：4.

② 杨钦芬．新课程三维目标的解读与整合策略．教育学术月刊，2008.（7）：17.

得不够，表述也往往大而无当，如“培养……观点”“树立……精神”“具有……真挚感情”等，既没有目标分类与水平层次，也缺乏可操作实践的步骤。由于情感目标的制定含糊笼统，对其评价也有一定难度，结果往往只能以认知目标来代替情感目标的评价。尽管教师在制定历史教学目标时，常常像强调认知目标一样强调情感目标，并做了某些尝试，可是随着教学过程的推进，很快就把情感目标忽略掉了，到了学期评定时，几乎完全不会考虑到学生的情感因素。

课程改革理念中的情感目标被赋予了丰富的内涵，是由较低层次向较高层次递进的。各目标层次不是孤立的，后一类目标层次是建立在已达到的前一类目标层次的基础上的。情感目标的层次结构为教师合理设计情感目标、逐步培养学生的情感态度与价值观，提供了思路。

情感目标的制定和实施是要通过对教学内容、学生背景情况的分析，在知识内容、教学过程与情感目标之间建立起直接的、必然的联系，是一个将情感目标类别化、层次化、系统化的过程。

情感目标应该是渐进的、由浅入深的。要制定出一个层次分明、要素俱备的情感目标，离开了对情感目标的分析、离开了理论基础是不行的。当然，学生情感态度与价值观的养成，不是通过制定一个情感目标就能实现的，也不可能简单地、短时间内就能够通过学生的行为外显出来，这是一个价值不断内化的过程，一个循序渐进、厚积薄发的过程。

案例 2-4

《追寻生命的起源》的目标设计①

（1）知识与能力：了解达尔文、赫胥黎及进化论的观点，了解两人如何捍卫进化论的观点。

（2）过程与方法：通过学生参与问题讨论、史料分析等多途径来增强学生的体验。

（3）情感、态度与价值：通过了解达尔文进化论观点，感受达尔文等科学家尊重事实、勇于探索的科学精神。

情感领域教学目标设计要从下面几个方面考虑：

（1）分析情感教学目标的内容结构，确立情感目标的认知内容。历史学科情感目标的内容可划分为道德感、理智感、爱国主义情感、审美感四大类，态度包括人文主义精神、实事求是的科学态度、坚强与宽容的人生态度；价值观蕴涵远大抱负和公民意识、多元化和包容性的理念、开放性的意识等内容。根据这种分类，教师要深入研究教材，充分挖掘情感的内涵，制定出教学情感目标的具体内容。

（2）明确行为动词，确定学生情感目标内化的水平层次。学生的外显行为表现，是情感目标表述语句中的谓语。情感目标中的行为动词应该是体验性的，通常的行为动词应用层次由低到高依次为：“体验、感受”—“意识、体会、认识、关注、遵守、参加、应用、支持、研究、准备、讨论、提议”—“初步形成、树立、保持、发展、增强、建立、完成”。情感目标的行为表现是在一定条件下产生的，其表征为某种知识、技能、方法与某种情感的对应关系。知识

① 项洪文．“会心”地笑了——以《追寻生命的起源》为例看高中历史情感目标的建构．温州名师网．http://0577ms.org/detail.asp?id=00004942.2011.

并非价值中立，而是技能、情感的载体。情感目标的标准应更多地表现为具体的价值内容。

（3）实现行为条件的情景化，强调学习的真实性和情景性。

《追寻生命的起源》一节中可以把“通过了解达尔文进化论观点，感受达尔文等科学家尊重事实、勇于探索的科学精神”情感目标细化为：一是让学生在情感上感受什么是“科学精神”；二是让学生形成这样一种态度，“科学精神”对成就“科学事业”是非常重要的；三是让学生感觉自己也需要具备这样的科学精神。为了让学生深刻感受达尔文等科学家尊重事实、勇于探索的科学精神，具体实施过程中，可以先设问：“你觉得达尔文为什么会提出进化论?”出示达尔文的生平、远行发现、达尔文好友语录等素材，让学生接受刺激后讲述布鲁诺的命运、达尔文被丑化的图片、盖莰威克的信，进一步设问：“你知道老师给达尔文写了什么吗?”在学生的猜测中出示信的内容使学生明确科学发现的困难，进行内心体验。通过材料，思考“为什么达尔文和他的进化论能够在当时一定程度上被接纳?”通过对情感目标层次的细化，让学生“情感内化”、连续上升，最终得出了自己的结论。①

在编写教学目标时，应该避免传统教学目标分析过度抽象、过分细化、过分分散、过分单调的逻辑关系，应该采用一种整体性的教学目标编写方法。

2.3 历史学科教学目标设计的案例分析

2.3.1 教学目标设计与叙写常见的问题

无论是一节课、一学期、一学年还是一个学段，目标的实现都是教学效果的直接体现。知识与能力、过程与方法、情感态度与价值观的三维目标是一个不可分割的整体，是教学要求在不同角度、不同层面的反映。教学目标的有效设计，是保证教学效果的重要前提，教学目标的落实则是检验教学效果的重要标准。教学目标作为教学设计的核心，在教与学的活动中具有指导性作用。

案例 2-5

《建设中国特色社会主义理论》一课的教学目标②

1）知识与能力

了解邓小平理论形成和发展的过程，认识邓小平理论是建设中国特色社会主义建设的指导思想。了解“三个代表”重要思想的主要内容，认识它是对邓小平理论的发展，认识它同马克思主义、毛泽东思想、邓小平理论一样，都是中国共产党的指导思想。

2）过程与方法

通过对邓小平理论的形成和发展，“三个代表”重要思想的提出等重大理论问题的教学，引导学生认识中国特色社会主义建设理论的科学性，启发学生参与教学，理解、评价理论的意义。

① 项洪文．“会心”地笑了——以《追寻生命的起源》为例看高中历史情感目标的建构．温州名师网．http://0577ms.org/detail.asp? id=00004942.2011.

② 姚焕成．例说历史学科有效教学目标的设计与叙写．历史教学问题，2010，(3)：116.

3）情感态度与价值观

通过本课的学习，进一步了解邓小平理论的形成与发展过程及其对近现代中国的深远影响，热爱和继承中华民族的优秀思想理论成果，培养热爱中国共产党、热爱社会主义中国的情感，树立为祖国现代化建设而奋斗的人生理想。

从上述案例中的教学目标的设计，我们可以看出“假大空”的现象特别突出，根本无法操作，更谈不上指导教学、取得教学的有效性了。在教学目标的设计和叙写上，其弊端大致表现为以下几个方面。

一是生搬硬套形式化，将课程标准中的相关要求照抄下来或者主观地设计目标，不考虑目标的科学性、实用性，尤其体现在教学目标中“情感态度与价值观”的叙写上。对教学目标的定位认识不够，对教学要求缺乏研究，教学目标书写的思维顺序倒置、脱节，甚至任凭自己的主观想象去确立教学目标。

二是目标叙写空泛化，缺乏可操作性和可实现性。教师在备课时只知道照抄教学参考书，或者直接借用其他教案设计好的教学目标，甚至只列出教学内容或教材中的标题，对所教的内容和对象缺乏理性的分析，语言苍白、空洞，在教学过程中无法操作，更无法实现，由此确定了大而化之的空洞的情感教育目标。

三是教学目标陈述与教学过程相脱节，在课堂上体现不出教学目标。教学目标是具体指导教学任务顺利、高效完成的价值取向。目标设计中看不出课堂教学过程，教和学的动作指向不明确，只能看成是为了应付教案书写的环节和领导的检查，根本体现不出“目标引领教学”，没有任何实际的意义。“启发学生”、“引导学生”等表述，显示出教学目标的行为主体是教师，因而设计的目标就不是对学生学习结果的预期了。

四是三维目标不能统筹兼顾。重“知识与能力”，轻“过程与方法”，“情感、态度与价值观”更是套语和空话。这种目标指导下的课堂教学，只能是知识的简单传授，不能体现知识结构的构建及其思路，无法培养学生分析问题的思维，也不可能传授给学生解决问题的具体方法。

课堂教学目标设计是优化课堂教学，具体落实历史课程标准的关键所在。因此，课堂教学目标设计应该注意以下几点。

第一，不能用课程标准中的“课程目标”代替课堂“教学目标”。

教学目标设计与教学实践中，要把课程目标转化为具体的、可操作的课堂教学目标，并由师生通过课堂教学实践活动，转化为学生每个专题（单元）、每堂课学习预期所能达到的结果，进而最终实现课程目标。教学过程本身是一个系统，其各个环节、要素彼此紧密相连，针对一个特定的共同目标发挥各自的作用。课堂教学目标是不能以课程目标相应的具体内容代替。突出问题是把课程标准提出的“国际意识”、“爱国主义精神”、“历史意识”、“民族精神”的培养直接写入课堂教学目标中。殊不知，就算学完全部历史课程，这些目标也不一定都能达到。一节课怎么可能达到这些宏大的目标呢?

第二，课堂教学目标设计要确定核心目标。

课堂目标设计不可能面面俱到，只能在突出某一方面内容的基础上重组教学内容，进行重点设计。教师在教学设计中要有所侧重，有时突出知识、有时突出方法、有时突出能力、有时突出情感，抓住关键点，以点带面，促进教学任务的完成与教学目标的实现。核心目标设计时，要在认真分解课程目标的基础上，做好单元教学、单堂教学目标的递进设计，处理好目标的阶段性、系统性和整体性间的关系。

第三，教学目标设计要具有较强的可操作性，不能虚化。

教学目标具体到课堂教学中，反映为预设性目标和生成性目标。预设目标是课堂教学的基本要求，是希望通过课堂教学活动达到的目标。需要指出的是，预设目标只是一个依据特定教学内容和学生具体情况的框架构建的计划，是静止的，而教学过程是动态的，动态生成性课堂对教师的课堂驾驭能力、把握教学目标的能力提出了挑战。教学目标设计时，要充分考虑学生主动性与参与课堂活动的积极性，通过多样化和现代化的教学方式与手段，引导学生进一步了解和掌握历史学习方法，在学习的过程与方法中掌握知识，提高能力，学会学习，学会做人，养成积极向上的学习态度。如果没有具体的教与学的活动设计，教学目标必然会虚化。

课程改革背景下教学目标的设计要以学生为中心，充分发挥学生的主体地位。课堂的学习主体是学生，让学生经过独立思考主动地获取知识，并适时地提出学生感兴趣而又与教材内容相关的问题进行讨论，及时消除教学中的疑惑。教师应努力创造民主、和谐的教学氛围，启发学生善于发现问题、敢于向教师质疑，多给学生留下思考的空间，并通过点拨，引导学生自己得出结论。只有方法灵活多变，才能营造出生动活泼的教学氛围从而激发学生的学习兴趣，更好地实现课堂教学目标。

第四，教学目标设计要体现教学效果的可检测性。

教学目标不只等于“教的任务”，它更为关注的是“学的效益”。只有设计出精确的、具体的、可操作的教学目标，并精心选择教学方法和组织教学内容、设计相应的教学策略，才能保证教学目标落到实处，才能对学生的学习进行检测，目标的实现度才更明晰。

第五，教学目标设计要注意目标间整体性、层次性与递进性关系。

课程改革背景下教学目标设计不能忽略教学方法与过程的融合、教学策略的选择。不同的学生理解能力不同，对学习内容的掌握程度不同，要针对学生的年龄和兴趣设计教学目标。要注意学生对知识的记忆、理解和运用，没有基础知识就谈不上能力、方法和情感态度与价值观。要注意把过程方法目标与知识能力目标和情感态度目标的实现的有机结合，不能为“活动”而设计活动，导致目标的预设与生成脱节。

总而言之，教学目标是让我们知道做什么、如何做、做到什么程度、能否达到这个程度的规范和要求。

2.3.2 教学目标设计与实施的案例举隅

历史课程标准提出的三维目标是学科课程目标，而非教学目标，在学科课程目标与课堂教学目标之间，存在着很大的差异。尽管课程标准按照三维目标来陈述，但我们要认识到教学目标是课程标准的下位目标。由于上位目标决定下位目标，教师在确定教学目标时，必须清楚它的上位目标是什么，才能把握住下位目标的基本定位，不至于把课堂教学目标设计成空洞的、抽象的口号式目标。在教学目标的陈述上，教师不能机械地按照三个维度来陈述，而应该从整体上来考虑学习目标，“把它当做思考教学目标的一条重要原则，然后根据具体的内容、学生与情景来确定目标的重点”[1]。换句话说，在有些课上，过程目标的叙写可以分布在知识与技能、情感态度与价值观目标层面里，不作为单独的目标来书写；同样，情感态度与价值观目标也可以分散于过程目标中来叙写。

案例 2-6

《苏格拉底之死》案例讨论与教学目标的达成[2]

师：公元前 399 年，雅典哲学家苏格拉底被 501 名陪审员组成的法庭以 281 票对 220 票判处死刑，罪名是慢神、创造新神和败坏青年。其中一位投了判他死刑票的人说，只是因为不喜欢看到他。根据雅典的规定，如果法庭的处理与判决不能使苏格拉底感到满意，他完全可以离开雅典，避免死刑，如果他不选择离开，就必须接受雅典法庭的判决。最后苏格拉底选择了死亡。大家认为这样的审判公正吗？苏格拉底为什么不离开雅典？

生 1：我觉得审判不公正，因为有些陪审员不是依据法律而是个人的好恶在进行判决。

生 2：我觉得是公正的，虽然今天我们评价苏格拉底是一位伟大的哲学家，可人都是有生存背景的，他在那个时代遭到多数人的反对，说明他做人是有问题的，是不符合当时的价值标准的，所以受到这样的惩罚应该是正常的事。我们不能用今天的眼光看当时。

生 3：我觉得是公正的，否则苏格拉底为什么不选择离开呢？因为他信任雅典的法律，愿意为了维护雅典法律的权威而舍弃自己的生命。

生 4：我觉得审判的公正与否应该看当时的社会背景，雅典是那个时代最开放和民主的地区，人们都可以自由表达思想，所以这个地区产生的这种审判方式也是经过实践检验的，我们今天的审判方式也是在这样的审判组织形式基础上的完善。

生 5：我觉得不公正，虽然有很多人参加了对苏格拉底的审判，看似很民主，但这些人是不是真的理解苏格拉底的思想价值呢？很多时候真理不是掌握在多数人手中的，而雅典的审判看似民主，实质上很多人的审判，根本就没有法律标准。

生 6：我们讨论公正还是不公正，说明雅典的法律可能本身也有问题。

（讨论中，有人替苏格拉底后悔，有人谴责因为不喜欢他而投死刑票的人，有人在怜惜苏格拉底的同时，为雅典的民主辩护，也有人质疑雅典法律本身。这就是调动了学生情感的结果，学生用自己的感受在讨论中对事件的细节进行了很好的思辨。而教师此时便可以利用学生的争论引导学生从事实走向理论，理解什么是公正的法律，苏格拉底之死的价值何在。）

师：刚才大家的讨论都有合理性，但是有同学评价说苏格拉底遭到多数人反对，认为他“做人是有问题的”，这难道可以成为审判公正的一个解释吗？

生 7：不行，政治课上讲过真理有时候是掌握在少数人手中的，苏格拉底可能就是掌握真理的少数人之一，所以大家不接受他。

---

① 崔允漷．教学目标——不该被遗忘的教学起点．人民教育，2004，(13-14)：17.

② 虞晓贞．在历史教学中落实“情感态度与价值观”目标的实践与反思．思想理论教育，2011，(10)：13-15.

生 8：中国也有“世人皆醉我独醒”这样的话，像他这样的智者活着的目标可能就是为了唤醒他人，所以他才会尖刻，得罪很多人，被别人仇视。

生 9：这点在人情上可以认同，但是在一个标榜法治的国家，恐怕是错误的。（学生可能有了如何判断公正的标准。）

师：苏格拉底自己真的会认为他死得很值得吗？

生 10：会的，因为他在教育自己的弟子和与人辩论的时候，都表现出是一个坚持真理的人，所以他会认为自己不是死于他人的憎恶，而是自己坚持的信仰不被世俗所容。

生 11：没必要为不理解自己的法律而死，他应该在不触犯当时法律的情况下传播自己的思想。

生 12：如果这样，他就不会成为伟大的思想家了。

（这里体现了学生对信仰的崇敬之心，也透露了他们看问题的辩证方法。）

两轮讨论中，教师设计问题围绕的核心就是“公正不公正”，给学生搭建了进入历史的桥梁，学生把自己的情感投入对苏格拉底命运的关注，师生之间不断质疑和反问，逼近了教学的情感态度与价值观目标。

第一，会用辩证的观点分析问题，特别集中表现在苏格拉底本人“死与不死”的问题上。

第二，理解了历史发展的规律，如人类历史不是单纯的形式继承，而是精神的推动，进步要付出代价。

第三，明白了评价历史人物和事件的方法，就是不能离开当时的历史环境。

第四，在公正与否的讨论中，懂得任何个人的好恶都不能作为评判的标准，程序的公正可能不一定带来结果的公正，在“正义”的掩护之下实行的多数人暴政更可怕。所以，法律一定要客观，要实事求是。

第五，看到了“信仰”的力量，像苏格拉底这样被历史记住的人物必是放弃个人私利、愿意为真理献身的人。

历史学是一门人文学科，是对学生进行人文素养和道德情感教育的重要载体。让学生通过历史显性知识学习，去感悟人类积淀的共同美德和精神，产生积极的情感体验，是历史教学的重要目标。通过教学资料和教学方法引导，让学生从历史上的人和事中去感悟，认识人类社会的发展规律，从而产生积极的情感体验，达到历史学科的情感态度与价值观教育目标。在落实情感目标时，要注意以下两点。

一是创设情景拉近历史与现实的距离。让学生从“历史”中找到人，让他们将自己的生活体验迁移到“历史人”身上，让他们对“历史人”产生真正的情感认同。这样才会引发他们去效法或批判，接受或摒弃，建立或推翻，才能够发挥历史课的育德作用。

二是用真实情感和多元视角演绎历史过程。学生认同的那些伟大历史人物，基本上不是高中历史课学习的结果，而是之前就已经形成的印象和结论。如果能通过教学把历史人物之所以伟大的结论重新推导出来，那么就实现了历史教学中的情感演绎过程。

复习与思考

1. 历史学科教学目标设计时，如何处理好课程标准的规定、学生的实际需求与教学内容间的关系？

2. 历史学科教学目标分层设计时应注意哪些问题？如何处理好目标设计的整体性和规范性的关系？

拓展资源

1. 朱汉国，王斯德．全日制义务教育历史课程标准（实验稿）解读．北京：北京师范大学出版社，2002.

2. 余伟民．历史教育展望．上海：华东师范大学出版社，2002.

3. 聂幼犁．历史课程与教学论．杭州：浙江教育出版社，2003.

第 3 章 历史教学内容的处理与呈现

学习目标

1. 明确理性处理教科书与合理呈现教学内容之间的关系。
2. 知晓教科书研究的基本思路与方法。
3. 通过案例研析，进一步理解教科书运用的策略与技巧。

关键词 教科书研究；内容呈现；适度拓展；案例分析

3.1 理性处理教科书与合理呈现教学内容

3.1.1 理性处理教科书的策略与方法

历史教科书是最重要的核心的教学资源。历史教科书的内容是客观历史、历史阐释、时代和社会教化需要的有机统一。“历史教师是最重要的人力课程资源”。[①] 历史教师作为课程的实施者和开发者，有义务、有责任参与课程建设、课程资源的开发。研究教科书就是最重要的手段。现行“一标多版”的历史教科书格局，也为教科书研究提供了条件。

1. 教科书研究的目的

课程改革实验教科书体现全新的历史课程理念，打破原有通史教材体系，更新并扩展传统历史教材中的理论观念，倡导新的学习方式与教学模式。研究教科书的目的，是为了突出教科书的核心地位，合理呈现经过精选的内容，选择更适合学生的学习指导方略，帮助学生拓展学习经验，真正让教科书发挥“学材”作用。

中学教师研究教科书与学者、编者的研究是有区别的，主要有：立足于知识逻辑的研究、基于考试评价的研究、探索教学规律和最优办法的研究、探讨教科书编写及历史教育价值的研究；立足于教与学的研究与立足于考试评价的研究也是有区别的。研究教科书的过程是研究教师自己的过程、促进学习的过程、提高教学效益的过程。有时教科书没有提及知识的具体教育内涵，要找出来并通过教学让学生内化；有时写得比较简单，就要让学生全面整体把握历史；有时教科书出现错漏，要通过研究来纠错，达到促进人发展的目的；有时教科书内容较散，就要整合归纳，帮助学生高效地学习。

第一，明确历史教科书内容的教育价值，挖掘历史教育的教化功能。

中学历史教科书体现的是一个国家对青少年历史观、国家观培养的大方向，是国家文化

---

① 中华人民共和国教育部．普通高中历史课程标准（实验）．北京：人民教育出版社，2003：32.

战略层面的大是大非问题。世界各国不论历史悠久还是短暂，政治制度和国体如何，对中学历史教科书该如何编写，该承载怎样的教育功能，看法却惊人的一致。几乎每一个现代国家的中学历史教科书，都把对学生的爱国主义教育和民族精神、价值观的培养放在最重要的地位。不同时代历史教育的价值取向决定了教学内容的变化。

教科书有五个方面的功能[①]：唤起学生学习欲望；提示学生学习的课题；提示学生学习的方法；促进学生的个性化学习；巩固学习成果。教科书研究在顺利推进课程改革中具有任何研究不可替代的作用和地位。

第二，突出阶段研究重点，循序渐进，重研究的实用性和有效性，不追求完整性和学术性。

教科书研究既是学术研究，又是实用技术研究，是解决自己教学实践过程中或教育理论研究中发现的、同行专家指出的或学生提出的问题。

研究教科书要与实际工作结合起来，把研究教科书和教学教育具体工作融为一体。一要帮助自己备好课，为提高课堂教学效率服务；二要有利于学生的高效学习，促进学生发展并考出好分数；三要有研究成果产生。

中学教师研究教科书的直观成果体现为教学行为、观念、课堂模式、方法，最大限度地体现课程标准的精神。

对研究教科书的成果预期分为三个层次：对知识的逻辑关系的梳理，回归历史真实，追求知识完整及其对学生的教育价值；运用教育学、教育心理学的理论提高教学效益，努力构建有效课堂，促进学生有效学习（复习备考），探索学的规律和教的优法；着眼于教材编写和课程建设的理论探讨，为课程建设作贡献。当然在应试大行其道甚至成为评价教师的唯一标准时，编出好题也是成果。

第三，为有效教学设计奠定基础。

研究教科书时，要重点研究四个方面的问题：课时教学目标的设置与学生实际情况是否吻合，增强教学的针对性；课时目标设置与单元目标、阶段目标设置是否协调一致，提高教学的层次性、整体性和系统性；课堂教与学的活动设计是否围绕课时教学目标展开，提高教学的实效性；结合具体历史知识的学习，课堂教学中对学生活动的表现性评价和学习结果的评价是否有利于学生学习动机的激发，增强教学的激励性。

实践中，教科书研究往往与备课组集体备课有机结合在一起。备课组集体备课时，在理清教科书内容逻辑关系、把握准当堂内容在教学中的地位、充分理解本内容教学的价值的基础上，可采用“集体备课—首次试教—反思—修改教学设计—再次教学—交流总结”的活动机制，努力探索课堂教学模式。解决有效课堂必备的要素[②]中的“①希望学生在课结束后能了解什么？能做什么？这对实现课程目标、使学生成为有能力的个体有什么作用？②教学中应考虑学生所具有的哪些知识、技能需要及兴趣等；③教师在学科内容、学生发展、学习、动机及有效教学等方面掌握的哪些内容能用来实现教学目标；④哪些教学材料、技术辅助手段及其他教学资源有助于实现教学目标”等问题。

---

① 赵亚夫，等．国外历史教育透视．北京：高等教育出版社，2003：174.

② 斯莱文 R. 教育心理学．7 版．姚梅林，等译．北京：人民邮电出版社，2004：153-154.

2. 教科书研究的策略与方法

第一，研读《课程标准》，明确历史教育的目标和理念。

历史教科书编写必须依据课程标准。历史教科书体现国家的教育方针，国家的观点，学科教育的基本精神。历史教科书的编写必须融入科学的教育理念，必须反映教育技术变革的新成果。因此，研究教科书要以课程标准为指导。

第二，研究教科书的课文结构，了解基本研究方法。

“结构”是指组成整体的各部分的搭配和安排。中学历史教科书的结构，主要由两大部分构成，一是以体现教学内容为主的课文系统部分；二是以体现教学方法为主的课文辅助系统部分。[①] 课文系统部分是教科书整体的一个结构要素，又是一个相对完整独立的系统整体，它由许多不同类型的课文组成，不同时期、不同版本的教科书，课文的类别及其使用价值不同，一般包括基本文（大字）、补充文（小字）、绪论文、史料文等。[②] 课文辅助系统虽然依附于课文系统，但它却又具有相对的独立性并有自己相对稳定的构成成分，其主要成分一般有：课文图表、课前提要、课旁批注、课后习题、原始资料、主要概念、课文注解及书前说明和目录，书后附录等。

教科书内容研究时，我们认为可以采取的方法有以下几种 。

“还原法”——拓展教科书的内容适当补充历史材料，还原历史过程、历史细节，帮助学生理解历史事实和结论，以提高课堂效率。在拓展教学内容时，做到学科知识世界与学生生活世界的融合十分重要。

“对比法”——比较教科书的变化和不同版本的特点，以提高教学效益。

“整合法”——梳理教科书知识逻辑关系，整合不同模块、不同版本的叙述，帮助学生更好构建历史知识结构，多角度认识历史问题，追求历史教与学效益的最大化。

“挑错法”——受时代局限，教科书在理念、教育价值的挖掘、知识上不可能不存在错误或疏漏。挑拣教科书中存在的漏洞或错误，进行分析论证，补充完善教科书，以提高教学有效性，如在学习美国联邦制建立的内容时，教科书对美国历史的叙述与评价同学生所处的时代和现实生活存在差异。那么，怎样将教科书的内容转换成教学内容，帮助学生学习与理解呢？

在这一课的内容编写中，对联邦及其作用，三种版本[③]叙述不同。通过研究发现，《联邦条例》是《独立宣言》和《联邦宪法》间的桥梁。联邦面临的危机说明，调整统治体制，建立强有力的中央政府，成为美国社会政治经济发展的迫切需要。三种版本教科书均没有介绍联邦制建立这一伟大的民主实验所包含的核心原则和基本程序。制宪和联邦政府建立，都是在坚持原则的基础上通过妥协来实现民主的，做到了“原则民主”和“程序民主”并重[④]。三种版本的教科书均强调三权分立是美国联邦制的特点，这无疑是对的。但在美国联邦制度下，分权制衡最突出的体现是联邦政府和州的分权。关于美国两党形成，三种版本教科书均

---

① 白月桥．历史教学问题探讨．北京：教育科学出版社，1997：217.

② 白月桥．历史教学问题探讨．北京：教育科学出版社，1997：221.

③ 指课程标准实验教科书：人民教育出版社教科书（人教版）、人民出版社教科书（人民版）、岳麓书社教科书（岳麓版）。

④ 马克垚．世界文明史．北京：北京大学出版社，2004：577.

做了介绍，但没有扣住形成两党制的深层原因。两党制形成是源于立国和发展道路的选择与争论。

实验教科书建构以“以时间为经，空间为纬，人类社会发展进程为主轴”的结构体系，涉及内容广泛，研究教科书应根据教师自身的兴趣爱好和知识结构来选择研究方向。

3. 教科书内容“理性”处理

教科书是传输历史信息的载体，在中学历史教学资源中有着不可替代的重要地位，“求真”“求实”“创新”的治学态度在历史课堂教学中的落脚点就是教师必须理性地对待教科书。理性处理教科书，就要围绕课堂历史教学的核心目标来选择教学材料、重组教学材料和呈现教学材料。理性处理教学内容就是要把几种逻辑关系理顺，更自如地实现逻辑的转换。任何一个历史事物有其本身的逻辑顺序，如果严格按这个顺序来组织教学，可能因时空的距离导致学生理解起来有困难。教科书的编写也有自身的逻辑顺序，在历史事实、细节的组织上有很强的选择性，并不能还原历史的场景。教师在讲述历史时也有自己的逻辑顺序，而学生因生活经历和知识水平的局限，认知历史也有自己的逻辑顺序，感性的东西更易理解和接受，在一定情景下思考更活跃。

因此，理性处理教学内容要根据不同的内容进行适当的整合、拓展、还原，在处理方式上要多种教学方式并用，应重视以下几点：一是教师对教学内容的理解与把握必须是无误的；二是教师对教科书的处理与整合必须是合理的；三是教师对教科书的延伸拓展必须是适度的；四是教师分析教科书的思维方式必须是科学的。把知识逻辑顺序、教科书编写顺序、教师讲授逻辑顺序合理呈现为方便学生认知的逻辑顺序。

案例 3-1

《清新典雅的皖南古村落》一课的内容整合[①]

远眺：从宏观上了解西递、宏村村落选址。布局的特点是“依山傍水”，引导学生探究人与环境之间的关系——“天人合一”，感悟世界文化遗产的科学价值。

近看：以典型建筑归纳徽派建筑结构显著风格——“粉砖青瓦马头墙”，以徽州“三雕”——砖雕、木雕、石雕说明徽派建筑精湛的工艺，引导学生体验徽派建筑艺术的结构之巧、装饰之美、营建之精，感悟世界文化遗产的艺术价值。

纵观：追溯皖南古村落形成的经济文化源头，探究皖南古村落形成的经济基础、文化基础。

透视：细细品味皖南古民居的每一个细节，感受它深厚的文化内涵，探讨文化与徽商之间的关系——“贾而好儒”，探讨文化与自然之间的关系——“协调一致”，感悟世界文化遗产的历史价值。

“延伸拓展”：从教师本人在西递、宏村游玩、居住的照片，表达内心的感受“住在古民居内，方便我更深入地了解徽州文化，但我总有一种说不出的遗憾郁结在心头。为什么呢？因为松鹤堂的主人把古民居改造成为现代化的小旅馆，完全破坏了古民居的内部结构。”然后，引发学生思考“在大力发展旅游业的今天，我们应当以怎样的态度和行动来对待珍贵的文化遗产？”

---

① 刘飞．一堂好课的关键——理性地对待教科书．历史教学（中学版），2007，(9)：28-29.

授课教师立足课标，根据学情，整合教科书，打破教科书原有的结构体系，按照游览的时空顺序，由远及近、由表及里、由浅入深，全面、具体、深入、细致地了解、欣赏、感受、品味西递和宏村。在每一个视角中，又分为了解和体验、探究和感悟两个层次。这样，纵横交错，形成系统而科学的网状知识结构；有效地完成了教学任务，达到了课程标准对本课的要求。

课程改革要求不再“唯教科书论”，更要求我们保证教学内容选择、处理的“有效性”——讲述客观真实的历史是历史教学的“底线”、培养学生比较分析能力是历史学科的基本任务、培养学生借鉴反省意识是历史教学的最大价值追求①。

3.1.2 教科书处理和呈现应注意的几个问题

1. 融通学生的生活世界和学科知识体系

如何呈现教学内容？要注意及时收集学生的反馈。让学生把自己感兴趣的问题、通过看书不能理解的问题、与时事政治相关的问题，以及自己的思考与认识，以问卷或反馈卡等形式反馈给教师，对教师设计教学的难度、梯度有极大的帮助。这样学科内容与学生的生活就能紧密结合起来，能提高学生的学习效率。

例如，在“9·11”事件一周年时，《中国青年报》上刊载了陈铁源的文章《美国依旧握着世界的杠杆》，学生由“美国握着的这一杠杆到底要把世界撬向何方?”展开探讨。笔者根据学生的思索，引导学生：

（1）归纳生活中美国对我们的影响。学生在关注生活时，体现了学生兴趣爱好的差异。学生写道：“我喜欢《哈里·波特》、我喜欢《小鬼当家》、我喜欢感天动地的《珍珠港》；我钦佩比尔·盖茨，我梦想去迪斯尼的童话乐园，我希望同帅帅的007见面，我也想看有姚明的NBA，我想去听布兰妮、后街男孩和杰克逊的演唱会，等等。”“我们生活中越来越多的人用到美国货：派克钢笔、福特汽车、耐克运动鞋，打开电脑就能见到美国的Windows，用到美国奔腾的‘芯’和IBM的硬盘，能买到美国的苹果电脑和康柏电脑，能够在Internet上冲浪。”学生对现实生活的关注是细致的，也是十分真实的。正是由于学生感受到的东西和从书本或媒体上接受到的东西形成巨大的反差，激发了学生对美国在人类发展史中的贡献问题的探究。

（2）组织学生整理历史课本上关于美国的史实，概括美国历史发展的线索，归纳美国历史发展的阶段特征，用表格、时序发展图等绘制出来。

（3）印发与美国相关的补充资料，增强对美国的感性认识，开拓学生的思路，如陈铁源的《美国依旧握着世界的杠杆》、钱其琛的《青山遮不住 毕竟东流去——纪念中美上海公报发表三十周年》《布什总统在清华大学发表演讲摘要》（2002年2月23日）等，还告诉学生查阅相关资料的网站和书籍。

（4）在查阅资料的前提下，讨论美国对人类历史发展的贡献，写成作文。

（5）及时向专家（武汉大学刘绪贻教授、南开大学马世力教授）求教，把专家的意见向学生传达，加深对美国的认识。

（6）组织学生交流学习过程中的心得，提升学习的感受。

---

① 李明海．简谈中学历史教学内容的“有效性”处理．历史教学（中学版），2008，(10)：50.

2. 科学恰当地引用学术研究成果

长期以来，中学历史教科书在编写时有一条不成文的规定：教科书必须写有“定论”或得到史学界广泛认可的成果，不能把学术争论的问题编进教材，以免造成学生思想混乱。这使得中学历史教科书的基本观点相对地滞后于历史学学术研究最新进展，影响知识的及时更新。中学历史课程标准要求历史课程应该坚持时代性，培养全球视野，密切与现实生活和社会发展的联系，全面体现历史教学的本质要求。应该说，对许多历史问题，包括一些重大的历史问题，由于世界观、方法论的差异，史学家对相同的史实常常会得出不同的史学见解。中学历史教科书要重史实就必须研究和权衡学术成果，力求传达历史的真相。

例如，历史教科书关于考古发掘成果的运用，并不是要求越新越好，而要经过考古学家的论证，并得到广泛认可，才可以采用。历史教科书中的“越王勾践卧薪尝胆”的内容，经史学家考证，勾践尝胆的事是有的，卧薪的事不一定可靠。《史记》里也没有提到勾践卧薪的事。最早说勾践卧薪尝胆的是明末清初的吴乘权编的《纲鉴易知录》，这是一本通俗史书，不那么可靠。最早用卧薪尝胆这个词，是在苏轼的《拟孙权答曹操书》里，与勾践无关。为此，历史教科书就采用史学家的考证，只提勾践尝胆，不提卧薪的事了。

历史教师“用教材教”，就应该避免简单化地处理历史教科书的现象，科学恰当地引用学术研究成果。一是要准确理解教科书的基本史实和基本观点，作出自己的学术评判；二是引用材料、补充史实要注意对一般和个别、主流和支流、本质和现象加以严格的区分，从事实的联系中把握真相；三是要树立重证据的教风，讲什么要做到以史实为依据，不能随意推测。

名师论教

《古代中国的农业经济》教学片断分析[①]

某教师：同学们！据史料记载，孔子弟子“冉耕，字伯牛”、“司马耕，字子牛”，这反映了我国古代牛耕技术最早出现于春秋时代，这一革命性时间，值得我们记住。(课后，据了解，该班学生普遍认为：牛耕最早出现于我国春秋时期，这是教科书中阐述的史实。)

而高中历史教科书的表述是：

在春秋战国时期，农业发达地区已经采用了牛耕技术。据战国策记载，秦国“以牛田”，就是用牛耕种。由于采用了先进的农业生产技术，所以国强民富，具有了列国难以与之抗衡的实力。

牛耕是我国农业技术史上耕作方式的一次革命，至迟到春秋末期，人们已经开始用牛耕地。战国时期，牛耕初步推广。

到目前为止，学术界对我国使用牛耕的起始时间，有以下几种观点：一是新石器时代说；二是商代说；三是春秋普及说。可见，学术界对我国使用牛耕的起始时间是有分歧的。这位教师对人民版教科书陈述牛耕出现的史实，有明显误读：其一，随意解读，自行定位；其二，引入材料与结论不统一，牵强附会；其三，引导学生死记所谓标志性时间。

---

① 赵士祥．要用学术眼光处理教科书．历史教学，2009，(15)：53.

3. 合理选择与处理教科书内容

历史教学中正确地处理“课程标准—教材—备课”三者的关系，是历史教师的基本功之一。长期以来，历史教师在选取与处理教科书内容时存在着唯教材、唯教参、唯教案的“三唯”现象，主要是单纯依据教材内容来处理教材，完全按教科书的体系来设计授课线索；完全依据教科书的内容来一字一句地进行讲授，并要求学生记住教材中的每一个知识点。

历史课程改革以来，要求历史教师要改变历史教科书是教学的唯一依据的观念，提出教材是教师教学和学生学习的最重要的资源和工具，但不是唯一的资源。对历史教学内容的选择应该根据学生的情况灵活处理。

例如，“以岳麓版必修一第12课‘民族国家的统一之路’为例，希特勒的兴起问题与德意志的统一问题一样，都不属于课标的要求，教师在处理这两部分内容时起码有四种方法：一是按照教科书提供的线索结构全部讲授，在学生素质较高的班级可以采用这种方法；二是只讲其中的一部分或两部分都不讲，在学生素质较低的班级可以采用这种方法；三是把它抽取出来，与别的章节内容结合起来讲；四是把它作为探究活动的内容，只供学生作为阅读材料。”①

在历史教学中，历史教科书内容呈现的顺序与学生的认知过程常常会存在不同步的现象。教师如果完全按照课本顺序进行教学，并不利于学生对学习内容的理解和掌握。所以，教师在教学设计时就有必要重新整合教学内容，使内容的呈现顺序符合学生的认识规律。

又如，人民出版社高中历史教科书必修一的单元顺序：第一单元《中国古代的政治制度》、第二单元《近代中国维护国家主权的斗争》、第三单元《近代中国的民主革命》、第四单元《现代中国的政治建设与祖国统一》、第五单元《现代中国的对外关系》、第六单元《古代希腊罗马的政治制度》、第七单元《近代西方民主政治》、第八单元《解放人类的阳光大道》、第九单元《当今世界政治格局的多极化趋势》。某教师把教学顺序调整为：第一单元《中国古代的政治制度》—第六单元《古代希腊罗马的政治制度》—第七单元《欧美资产阶级代议制的确立和发展》—第二单元《列强武装侵略与中国人民的反抗》—第三单元《近代中国的民主革命》第1课和第2课—第八单元《从科学社会主义理论到社会主义制度的建立》—第三单元《近代中国的民主革命》第3课和第4课—第四单元《现代中国的政治建设与祖国统一》—第五单元《现代中国的对外关系》—第九单元《当今世界政治格局的多极化趋势》。这样的内容整合，有利于学生进行中外历史的对比学习，有利于学生形成真正的世界意识。

总之，历史教学是借助包括教科书在内的一切有效的课程资源展开的、师生相互交往、共同发展的互动过程。课程改革后，教师不再是教教科书，而是要用教科书去教学。要注重以教科书为核心开发教学资源，帮助学生建立知识与知识、知识与现实生活的关联，培养学生的能力。

① 黄牧航．历史教学与学业评价．广州：广东教育出版社，2005：94.

3.2　教学内容的适度拓展与呈现
——《新文化运动》教学案例分析

3.2.1　《新文化运动》一课的教学内容分析

1. 课程标准的要求

(1) 概述新文化运动的主要内容，探讨其对近代中国思想解放的影响。

(2) 探讨在半殖民地半封建社会条件下，资本主义在中国近代历史发展进程中的地位和作用。

(3) 概述五四运动的史实，认识其对中国社会变革的影响。

2. 高中各版本历史教科书的具体安排

1) 人民教育出版社高中历史教科书

必修一第四单元第十四课《新民主主义革命的崛起》；

必修二第三单元第十课《中国民族资本主义的曲折发展》；

必修三第五单元第十五课《新文化运动与马克思主义的传播》。

2) 人民出版社高中历史教科书

必修一专题三第三课《新民主主义革命》；

必修二专题二《近代中国资本主义的曲折发展》；

必修三专题三第二课《新文化运动》。

3) 大象出版社高中历史教科书

必修一第二单元第八课《新民主主义革命的兴起》；

必修二第二单元《近代中国资本主义的曲折发展》；

必修三第三单元第十一课《新文化运动》。

4) 岳麓书社高中历史教科书

必修一第四单元第十七课《五四爱国运动》；

必修二第二单元第十二课《民国时期民族工业的曲折发展》；

必修三第五单元第二十二课《新文化运动》。

3. 教学内容分析

"五四新文化运动出现于洋务运动、戊戌变法与辛亥革命之后，既是由前此七十多年的历史呼啸而来，又是对这段曲折历史的深刻反思。"① 新文化运动对封建思想文化进行了无情的扫荡，破除了封建教条对人们思想的束缚，推动了科学和民主在中国的发展，对近代中国思想解放影响深远。

理解新文化运动的背景，首先，要关注新型知识分子群体，这一特殊群体的出现是新文化运动发生、发展的基础。近代中国的留学运动、近代中西文化的交流与碰撞以及科举制度的废除和新式学堂的创办等，为新文化运动的兴起造就了这一特殊群体。民国初期相对自由的思想文化状态，民族主义与爱国主义意识的觉醒，一幕幕专制与复辟的政治闹剧让中国民主政治渐行渐远，这一切使得构建新型民主政治文化成为时代的要求与挑战，也为新型知识

① 陈旭麓．陈旭麓文集（第一卷）．上海：华东师范大学出版社，1996.

分子群体提供了活动的舞台，一场思想革命呼之欲出。陈独秀、蔡元培、胡适等很快成为这场思想革命的精神领袖，他们充当了这一时期中国文化转型的发酵剂。

其次，要理解新文化运动中的“排孔”并非突兀的。两千多年来，孔学因与皇权的结合而政治化，皇权因与孔学结合而伦理化。皇权虽不断更替，但孔子的权威却日益巩固。进入近代后，随着“欧风美雨”的影响及社会生活的变迁，孔子的地位和权威逐渐衰微。谭嗣同对三纲之说的猛烈攻击，严复对中西文化的尖锐对比，梁启超的“新民说”，章太炎的“非孔”言论，都已触及孔学的痛处。20世纪初，无政府主义者更直接亮出了“排孔”的旗号。1912年，南京临时政府教育部以“忠君与共和政体不合，尊孔与信教自由相违”为由，明令全国各中小学校，废止谈经和拜孔之礼①。前期的“反孔斗争”，为新文化运动的“排孔”奠定了基础并提供了丰富的斗争经验。

最后，五四新文化运动的兴起与发展，与第一次世界大战给中国带来的经济、思想的冲击紧密相连。第一次世界大战期间，西方列强无暇东顾，中国民族工业迎来短暂春天，资产阶级和无产阶级力量迅速发展壮大。同时，十月革命和第一次世界大战的爆发，使得资本主义制度的弊端进一步暴露；第一次世界大战后，列强卷土重来，在巴黎和会，中国所遭受的屈辱，又使得民众民族主义情绪高涨。新型知识分子“从工业经济的发展与阶级成分比重的转化中获得了有力的支持，思想启蒙的要求又使他们在当时政治的隙缝中掌握一把文化斗争的利器，五四新文化运动的爆发适得其时”②。

新文化运动以1915年《新青年》（首卷名《青年杂志》）创刊为开端，以“民主”、“科学”为旗帜。但《新青年》并非一创刊就名扬天下，竟从如流；“新文化”亦非一开始就声势浩然，应者云集。《新青年》从一个普通刊物发展成为时代号角，“新文化”由涓涓细流汇成洪波巨浪，都经历了一个相当的“运动”过程③。广大民众了解、认识《新青年》和新文化运动，实则是从“反对孔教”和“文学革命”开始的。因此，我们可以以此为重点，去解读新文化运动的内涵。

新文化运动中的反孔是对此前（近代以来）反孔活动的继续和深化。与以前相比，有两点不同：一是五四前的反孔大多着眼于政治批判，五四时期则更专注于文化批判，把排孔上升到对孔学内在缺陷及其实质的剖析与评判，从而在更深层次上揭露两千多年来“尊孔之大秘密”。例如，易白沙指出了孔学与君主专制主义的内在联系：“孔子尊君权，漫无限制，易演成独夫专制之弊”“孔子但重作官，不重谋食，易人民贼牢笼。”④陈独秀、李大钊、鲁迅、吴虞等则从人性压抑的角度剖析孔学的实质。二是五四时期的排孔专注于“孔子之道不合现代生活”这一观念，并从现代生活角度重新估定孔教的价值。陈独秀说：“孔子生长在封建时代，所提倡之道德，封建时代之道德也，所垂示之礼教，即生活状态，封建时代之礼教，封建时代之生活状态也；所主张之政治，封建时代之政治也。封建时代之道德、礼教、生活、政治，所心营目注，其范围不越少数君主

① 胡军哲．在真实的历史情境中激活学生思维——《新文化运动》一课教学内容分析．历史教学，2011年，(4)上半月刊：34.

② 袁素文．五四新文化运动与民众政治心理的变迁．湖南第一师范学报，2003，3 (3)：89.

③ 王奇生．新文化是如何“运动”起来的——以《新青年》为视点．近代史研究，2007，(1)：22.

④ 易白沙．孔子平议．青年杂志，1916，1.

贵族之权利与名誉，于多数国民之幸福无与焉。”[①]

文学革命的成就实际上是新文化运动影响最为深远的内容。文学革命的主要内容是“白话文运动”，其首倡者是胡适。“以白话取代文言，并不仅仅是一场反对文言文的文化运动，而且还是一场深刻的双重意义上的语言革命：一方面改变了传统的书面语，使书面语与口语统一起来，从而克服了传统语言的内在分裂；另一方面重建了全新的文学语言，使文学内容与形式之间获得内在的和谐与统一。语言的变革并不仅仅是形式的变革，它与思维相联系，因而又是一种思维层次上的变革。以清晰、精确的白话取代言约义丰的文言，其实质乃是以精确性、严密性为特征的近代思维方式取代带有模糊性特点的传统思维方式。这种取代既是文学语言的重建，又是思维的重建。正是在这个意义上，人们常把新文化运动称为白话运动或文学革命”[②]。1920 年 2 月 2 日，北洋政府教育部发布第 53 号训令——《通令采用新式标点符号文》，我国第一套法定的新式标点符号从此诞生。文学革命及新式标点的使用，使我国的教育与文化呈现了新气象，当然也就推动了近代中国的思想解放运动。

新文化运动通过引进西方文化，对中国的传统文化进行继承性的批判，但它本身并没有创造出一种新的文化。“在一个小农经济汪洋大海的国度里，简单地去套用西方的理论和方法，反对集中代表小农经济社会的孔子学说，不能讲没有成效，但最后不可能成功，风潮一过，就会反弹回来。五四运动后的孔子思想学说仍然弥漫于中国社会的方方面面。”新文化运动中的“排孔”是有缺陷的，它对传统文化的实际否定效果也是有限的，但它对近代中国思想解放的作用确是巨大的，推动了中国民族主义的高涨、五四运动的爆发及新民主主义革命的崛起。

3.2.2　教学案例展示与分析

1. 案例展示

1）设计教学——以《新青年》杂志为主轴[③]

（1）问题情境：这场运动距今已有百年，可供我们学习和考察的史料有很多，如亲历者、当事人的回忆和文字记录，还有《新青年》杂志等。就以上两者而言，哪一种史料可信度更高？

（2）“办刊的缘起”：先简要介绍陈独秀在新文化运动之前的经历，如参加过辛亥革命，后来流亡日本，在日本协办过《甲寅》杂志等；1915 年，陈独秀从日本回到上海。然后请学生结合必修一学过的知识思考：这一年（1915 年）的中国发生了哪些大事？在上海，陈独秀又看到了怎样的景象？

（3）“解读杂志封面人物”：以简要介绍的方式带着学生了解封面人物——卡内基、屠格涅夫、托尔斯泰、富兰克林等，然后引导学生思考、理解：《新青年》为什么选择这些人作为封面人物？这与杂志所宣传的对自由、人权、民主、科学有何关系？

（4）“看杂志目录，寻杂志主题”：①呈现出第一卷第一号的目录和主题，引导学生考察

---

① 陈独秀．孔子之道与现代生活．新青年，1916，2.

② 原载《每周评论》1919 年 5 月 11 日，转引自互联网 http：//www.doc88.com/p-401982048408.html.

③ 陈亚利．高中新课程：思想史教学方法探索与思考——以“新文化运动”为例．中学历史教学参考，2010，(4)：19-20.

这份杂志诞生时的初始与文化、思想、精神诉求，然后重点介绍了陈独秀的《法兰西人与近代文明》。陈独秀在《法兰西人与近代文明》中说："近代文明之特征……一曰人权说，一曰生物进化论……然近时之社会，民主的社会也。人人于法律之前一切平等，不平等者虽非全然消灭……公平等固已成立矣……自英之达尔文，持生物进化之说，谓人类非由神造……生存竞争优胜劣败之格言。"在指导阅读的基础上，让学生概括陈独秀这一表述中提到的近代文明的核心特征，进而引出"民主""科学"的话题，并用陈独秀《〈新青年〉罪案之答辩书》中的文字对"民主""科学"做更进一步的阐述。②为了介绍新文化运动的内容，在"看杂志目录，寻杂志主题"环节，围绕《新青年》杂志，做了如下教学设计与实施：自第二卷2号至第三卷6号连续发表了《孔子评议》《驳康有为致总统总理书》《宪法与孔教》等文章。请问：从文章题目看新文化运动的矛头指向什么？为什么新文化运动的矛头会指向封建伦理道德？有怎样的背景？

（5）"看杂志读者群——回音壁"。查阅有关当事人与物，如五四青年的传记和回忆文章。例如，毛泽东回忆："当我在师范学校做学生的时候，我就开始读这一本杂志。我特别爱好胡适、陈独秀的文章。"又如，叶挺在1916年年底，曾写了一封2000多字的长信，投稿《新青年》，在信中，他称赞《新青年》："空谷足音，遥聆若渴。明灯黑室。"北京大学中文系学生杨振声关于当年的回忆：《新青年》"像春雷初动一般……惊醒了整个时代的青年。他们首先发现自己是青年，又粗略地认识了自己的时代……一些青年逐渐地以至于突然地打碎了身上的枷锁，歌唱着冲出了封建的堡垒……"引导学生看一张摄于1920年2月的老照片——三名裹着小脚的女子在北京大学留下了她们的合影。由此引出女性解放问题及《新青年》所给予的关注。先用多媒体显示《青年杂志》初期发表的关于妇女的文章篇目，1918年《新青年》"女子问题"专栏所发表的部分文章篇目，再简要介绍《新青年》"易卜生专号"。然后请学生适当联系必修二专题四的相关内容，进一步明确重大政治思想运动对社会生活和习俗变迁的影响。随着传统的权威被打倒，为新思想的发展开辟了道路（屏幕显示《新青年》第5卷第5号目次，圈出其中李大钊的文章篇目：《庶民的胜利》《布尔什维克主义的胜利》）。在此基础上，引导学生提炼、概括新文化运动的影响。最后援引关于新文化运动的当代史学新观点，拓展学生思维。

2）拓展：20世纪初的中国社会——新文化运动背景的知识整合①

观察一：辛亥革命前夕的社会思想。

情境五　郭沫若（1910年前）：中国的不富不强就因为清政府存在，只要把清政府推翻，中国便立地可以以由第四等的弱国一跃而成为世界第一等的国家。这是支配当时青年脑中的最有力的中心思想。（郭沫若《反正前后》，上海创造社，1930年版）

情境六　陈天华：推翻清专制以后，"中国人的能力不但可以恢复，而且可以在最短时日内恢复：一旦恢复，即可享有西方民族现在享有的完全的权利"。"中国醒悟之后，发奋自雄，五年小成，七年大成。"（《辛亥革命前十年间时论选集》第二卷上册，三联书店，1960年版）

设问依据上述情境，概括辛亥革命前夕资产阶级革命志士们的理想和奋斗目标。

观察二：20世纪初的社会经济。

① 李杰．横看成岭侧成峰：对新文化运动的多元理解——兼谈阅读与思考对深化历史认识的意义．中学历史教学参考．2010：（7）：29-33.

情境七　如图 3-1 所示。

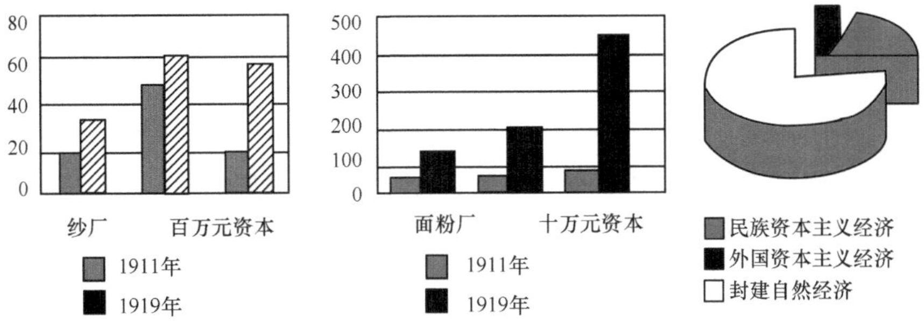

图 3-1

观察三：20 世纪初的政治危机。

情境八　如图 3-2 所示。

1915年袁世凯到天坛行祭天礼

1915年5月9日袁世凯承认《二十一条》

图 3-2

设问：这说明当时中国社会面临什么问题？（封建复辟势力依然十分强大，帝国主义侵略依然严重威胁中国，中华民族依然面临严重的民族危机）

2. 案例点评与分析

高中历史课程改革中的普通高中历史教科书以“模块”加“专题”的形式编写，每个单元集中探究一个比较宏观的历史问题。过去很长时间以来，在历史教师的经验流程和思维定式中，都是“先体系（编年），后专题（模块）”，现在骤然变成“先专题（模块），后体系（编年）”，许多教师感到非常的不适应。这就要求教师要特别注重教学的整体性和各模块之间的内在联系，教师要帮助学生实现由“学什么”到“怎么学”的转变，思考怎样根据高中历史课程标准，以教科书为依托，大胆合理地对教科书内容在宏观上进行整合，在微观上适当地进行取舍，引领学生实现能力的提高和对课本知识的扩展。

在教学案例 1 中，陈亚利老师设计的《新文化运动》一课，从常规教学的角度来看是非常优秀的。历史课程改革提倡的历史教学教师要创设丰富的历史教学情境，积极营造宽松、和谐、促人思考的课堂教学氛围，使学生的历史学习成为一个主动建构的过程，而不是将知识硬“塞”给学生，要注重引导学生质疑、调查、探究、在实践中学习，培养学生的独立性和自主性的要求，我们认为该课的教学设计有利于学生对学习内容的领悟和理解。

在教学案例2中，李杰老师将必修一至三的教学内容进行了整合，从“辛亥革命前夕的社会思想”“20世纪的社会经济”“20世纪的政治危机”等方面，拓展了新文化运动的背景。然后，李杰老师通过观察“东西文化之争”“白话文与文言文的争论”“一战后的分道扬镳”，阐述了“新文化运动期间的那些人和事”；最后，援引毛泽东、蒋介石和海外史学界、大陆史学界等多元化的史学观点，展开“对新文化运动的历史反思”。

在当前的中学历史教学中，在教学内容整合的处理上，教师们遇到的瓶颈，就是如何在“宏观上整合”、“微观上取舍”。若在整合时缺乏针对性，则会因补充得太多太杂而冲淡了主题，导致重点不突出、难点未突破、任务未完成。那么如何掌握好整合的分寸呢？可以遵循以下原则①：

第一，重视主干知识整合原则，体现基础性。历史学习不可能逾越历史知识的掌握、理解、运用，以及所期望达到的情感态度与价值观目标。所以在历史教学中一定要突出主干知识，构建重点专题，加强教材内容的重新整合，理清重要历史现象的纵向知识结构和横向联系，体现基础性。同时，还要针对学科主干知识的交叉点、学科知识与现实问题的结合点，以问题为中心进行教材内容整合，培养学生分析问题、解决问题的能力。

第二，以学生终身发展为原则，体现人文性。历史教科书中具有丰富的人文精神内涵，也较多体现了对人文精神的思考。在对历史教学内容整合过程中，要十分重视对历史上以人为本、善待生命、关注人类命运的人文精神的理解；重视那些对社会发展、时代进步、人格完善有一定影响和借鉴意义的历史主题知识的梳理和研究；重视对中外传统人文精神的吸收和发扬，挖掘相关资源，以促进学生的人格养成与完善，进而为学生终身发展打下坚实的基础。

第三，以史为鉴，关注社会现实与热点原则，体现时代性。也就是要善于运用历史的眼光来审视现实问题，在历史与现实之间架起桥梁。在进行教学内容整合时一定要贯彻以史为鉴，关注社会现实与热点原则，重视从历史学科本身出发，加强与现实中重大事件的显性和隐性联系，关注当今人类生存和发展进程中的重大问题。

在实际操作中，把握了这些原则并根据学生实际和具体教学内容，进行适度拓展，就基本符合课程改革倡导的教学内容处理与呈现的基本要求。

3.3 教学内容的呈现方式
——《百家争鸣和儒家思想的形成》教学案例分析

3.3.1 《百家争鸣和儒家思想的形成》一课的教学内容分析

1. 课程标准的要求

(1) 知道诸子百家，认识春秋战国时期百家争鸣局面形成的重要意义；了解孔子、孟子和荀子等思想家，以及儒家思想的形成。

(2) 了解孔子的生平、基本思想观点和政治主张，探讨孔子在中国及世界思想史上的地位和影响。

---

① 戚德海．教材内容整合——文科综合历史复习的重要策略．《考试》(教研版)，2007，(4)：7.

(3) 知道春秋战国时期各国改革的基本史实，认识春秋战国时期的时代特征。

2. 各版本高中历史教科书的具体安排

(1) 人民教育出版社高中历史教科书必修三第一单元第一课《百家争鸣和儒家思想的形成》；

(2) 人民出版社高中历史教科书必修三专题一第一节《百家争鸣》、第二节《儒学的兴起》；

(3) 大象出版社高中历史教科书必修三第一单元第一课《从百家争鸣到独尊儒术》；

(4) 岳麓书社高中历史教科书必修三第一单元第一课《孔子与老子》、第二课《战国时期的百家争鸣》。

3. 教学重点内容分析

公元前 800 至公元前 200 年，是人类文明的“轴心时代”①。各种文明都出现了伟大的精神导师——古希腊有苏格拉底、柏拉图等，印度有释迦牟尼，中国有孔子、老子等，人们开始用理智的方法、道德的方式来面对这个世界。

而当时的中国王室衰微、诸侯称霸，周天子“天下共主”的象征性地位坍塌，诸侯渐渐变得比周天子强大。社会秩序发生变乱，思想世界也在逐渐变化：秩序的变化使得过去的宗法制、分封制和礼乐制度等“知识”和“思想”不再拥有不言自明的权威性，重新建立思想与知识对世界的有效解释，知识思想需要重构；王室的衰微使过去独占的文化、思想与知识流入诸侯的领地，而诸侯国为了在竞争中有一席之地，注重思想，注重士；“知识-思想”体系在不同职业的文化人中，有不同的侧面……文化人的分化则使“知识-思想”也在分化之中，并形成不同的思想流派②。这是春秋战国时期的中国思想层面的总体状况。

东周时期（春秋战国），周王室衰败，官学衰废，学术下移，私学勃兴。私学在以下几个方面改变着教育。其一，自由讲学，各具特色；其二，为诸家学派的基地；其三，是参议时政的论坛；其四，以教士、养士为职能；其五，游学列国，进行学术传播和交流。这直接促成了百家争鸣局面的出现。③

先秦诸子的话题主要围绕两个方面展开。其一，人与自然的关系。由于礼崩乐坏，天下大乱，人们对具有超自然力量的天，产生了怀疑，认为它离人太远，对现实世界作用有限。不是他们主要的关注对象。其二，人与社会、人与人之间的关系。由于当时激烈的兼并战争、社会动荡，很多人从个人命运和国家前途出发，把注意力用在治国平天下的问题上，宇宙时空、社会秩序和人生价值就成为百家争鸣的主题。

“百家争鸣”中，显学是“儒”和“墨”。儒学的首要代表人物是孔子。孔子关注的是“礼”，从礼仪的规则到人间的秩序；进而寻找“仁”，即遵守秩序、尊重规则的心理与情感的基础。孔子的实用的道德体系包括：个人的礼、对家庭的孝、政府的德政。战国时的孟子从性善论出发，提出仁政、王道，主张“民贵君轻”。荀子则认为“性本恶”，主张礼仪教化还不够，还应有法律的强制作用。法家的思想则和儒家有千丝万缕的联系。法家的集大成者韩非还有李斯是荀子的学生，商鞅是荀子的再传弟子。因而儒家思想在汉朝得以与时俱进，

① 雅斯贝斯 K. 智慧之路. 柯锦华译. 北京：中国国际广播出版社，1988：68-70.

② 葛兆光. 中国思想史（第一卷）. 上海：复旦大学出版社，2001：69.

③ 杨宁一. 历史学习新视野新知识. 北京：人民出版社，2008：12.

吸收法家等诸子的思想形成董仲舒的新儒学。韩非主张君主要把法（法律）、术（驾驭臣下的手段）、势（君主的权势地位）结合起来，由此融合的霸道思想，适应了专制主义中央集权的需要，适应了当时历史的需要，适应了国家统一的需要。而墨家作为社会下层，金字塔的塔基，有数量巨大的拥趸，希望社会安定。墨子主张，“仁”有三务：一是富天下之人（富之）；二是使人口繁衍（众之）；三是使社会安定（治之）[①]。为此必须节葬、“兼相爱，交相利”、尚贤。道家的老子在对世界的秩序崩溃感到沮丧之时，便以天道之朴素无为对现实进行激烈的批评，包括所谓无为而治、小国寡民的政治理想、事物的相互对立依存，以及社会动荡下追寻个人自由或保全个人生命的思想。

3.3.2 教学案例展示与分析

1. 案例展示

1）“百家争鸣”和儒家思想的形成的教学设计[②]

第一，春秋战国时期为何会“变”?

精选四段材料，从四个角度展示春秋战国时期中国历史画面——大变革、大动荡、大发展。

视点一：孔子的家世。

据《史记·孔子世家》记载，孔子的父亲叔梁纥（叔梁为字，纥为名）是鲁国勇士，叔梁纥先娶施氏，生九女（无一子），其妾生一子孟皮，但有足疾。在当时的情况下，女子和残疾的儿子都不宜继嗣。叔梁纥晚年与年轻女子颜氏生下孔子。

视点二：孔子父亲的使命与时局。

据《左传》襄公17年记载：孔子的父亲叔梁纥是鲁国职位不高的武官。一次，鲁国攻打一个小国，一部分人攻入城内，守城人把闸门放下，叔梁纥双手掀起闸门，先入城的军队退出；又有一次，叔梁纥与鲁国另两个将领打退齐国侵扰。

翦伯赞《先秦史》说：《春秋》所记，言“侵”者六十次，言“伐”者二百一十二次，言“围”者四十次。言“师”者三次，言“战”者二十三次，言“入”者二十七次，言“进”者二次，言“袭”者一次。言“取”言“灭”者，更不可胜计。

视点三：春秋战国时期人们的日常经济生活。

从文献记载的角度看，春秋末期，在秦、晋、卫、周、齐、燕等地牛耕的萌芽已经出现，即原始牛耕已经出现。黄河中下游地区是我国牛耕的最早起源地（见《国语·晋语》《论语》)，如图3-3所示。

《诗经·小雅·大田》：“有渰萋萋，兴雨祁祁。雨我公田，遂及我私。”

《吕氏春秋·审分》：“公作则迟，有所匿（注：隐瞒）其力也；分地则速，无所匿其力也。”

材料选用和设计意图：有关春秋战国时期历史的材料抽象、深奥，选用通俗的材料表述，强化材料本身的历史内涵，淡化文言文的语文功能。由相关的文字和图片信息追问它们背后的历史原因，把春秋战国时期政治制度的变化、经济的发展、阶级关系的变动等问题设

---

① 葛兆光．中国思想史（第一卷）．上海：复旦大学出版社．2001，104.

② 黄卫军．《“百家争鸣”和儒家思想的形成》教学设计．中学历史教学参考，2011，(3)：50.

图 3-3　以牛为原型的文物

计成探究题，旨在让学生通过探究认识历史的真实，为理解各派的思想主张奠定基础。

过渡导述：时代巨变，旧的东西已江河日下，新的因素在蓬勃兴起。战争动荡、频仍，激活了时代的活力，同时也引发了“士”阶层的思想震荡。看看这些“士”（知识分子）是怎样应对时代之“变”。

第二，“诸子百家”如何应“变”？

儒家之应“变”：

情景：孔子杏坛教学实录。

有一天，孔子的四个学生，子路、曾皙、冉有、公西华坐在老师旁边，孔子随意问道：“今天假如我想听听你们的志向，你们会说什么呢？”请看孔子弟子们的理想是什么？

子路：老师，我的理想是，给我一个大的侯国，这个侯国内忧外患，但只要给我三年时间，我就能把它治理得既富且强。让老百姓丰衣足食，而且人人有信、懂礼仪。

冉有：我的理想是，给我一个小国治理，我也只用三年，可以让老百姓丰衣足食，但要人民都有信念、懂礼仪，恐怕要由比我更高明的君子来做。

公西华：我的理想是，希望自己在一个礼仪中，能够担任一个小小的角色，辅助主持人做一点我力所能及的事就行了，至于治国、管理人民这些事，我可不敢说。

曾皙是一个从容不迫的人，他说：“老师，我的想法跟三个同学有点不一样，能说吗？”孔子说：“人各有志，但说无妨。”这个时候，曾皙便从容地开始了他的描述：“莫（暮）春者，春服既成，冠者五六人，童子六七人，浴乎沂，风乎舞雩，咏而归。”

设问：子路、冉有、公西华的理想中有什么共同的地方？曾皙的理想强调的是一种什么样的人生境界？

材料选用和设计思路：材料来自《论语・先进》，是孔子与学生对话教学的一个场面，以此作为情境材料，容易打动学生，进而引导学生据材料考证孔子授课过程中闪现的思想观点，训练学生据史立论的智慧，并为引出孔子的思想核心提供教学铺垫。另外，从富有诗意的情景描写中，曲折地表达出曾皙的理想，从容不迫，逍遥自在，甚至有点狂放不羁，但却引起了孔子的无限赞叹和心灵共鸣——孔子说：“吾与点也！”向学生讲清曾皙的高明之处正在于他能将政治和道德两种理想熔为一炉，出之以和煦春风、沐浴于汤汤沂水，尽情于古舞志咏，既可理解为政治上的理想寄托，也可引申为道德上的修养追求。而这些何尝不是孔子的追求？其目的是让学生从如诗如画的意境中感悟孔子“仁”的思想内涵，体验一种哲理之美。

过渡导述：孔子的教学——与学生对话，实际上包含了他对时代巨变的看法及应对的措施，即他的“仁”说。这反映了儒家在社会大变革中如何处理人际关系的应变之策。这种思想表现在政治观上就是儒家推崇的“为政以德”思想。

2）“百家争鸣”和儒家思想的形成的教学设计

第一课时：自主阅读与思考。

A. 阅读要点

（1）诸子百家思想（表 3-1）。

表 3-1 诸子百家思想

派别	代表人物	思想主张	社会地位及原因

（2）儒家思想发展演变（表 3-2）

表 3-2 儒家思想发展演变

时期	代表人物	思想变化	影响
春秋			
战国			
西汉			
宋明			
明清			

第二课时：“诸子百家”的形成及意义——以“情境体验”为核心的课时教学设计。

B. 实施步骤

步骤 1 体验春秋战国时期的历史情境（时代背景），感悟诸子思想的产生。

（片段一）情境体验：教师运用春秋战国形势图引导学生回顾必修一、必修二有关古代政治、经济发展史实，形成对春秋战国时期社会状况的真切的、较全面的感受。

经济上：生产力大发展；旧的土地制度逐渐解体，并逐渐形成新的制度；新的土地经营方式（小农经济）及工商业政策产生并推动了经济发展。

政治上：旧的政治体制（分封制）走向解体；国家陷入分裂与战争。

阶级关系上：旧的奴隶主政治经济特权在下降，新兴地主阶级上升；小农及小工商业者队伍在迅速壮大。

（片段二）角色体验：

（1）如果你是春秋战国时期的平民，你有什么愿望、要求？

（2）如果你作为该时期的国君，你将如何治理你的国家？

在“有什么样的时代就有什么样的思想”基础上，让学生进一步体会“在同样历史背景下，站在不同的立场上也会有不同的思想主张”。

步骤 2　让学生自愿选择，成为儒家、道家、墨家、法家或兵家的代言人，从而学生方面就形成了 4～5 个学习团队。

(1) 按照学派分为 4～5 个小组，尝试阐述本学派主张并从实际历史发展情况说明理由(原因与目的)。

(2) 展示与交流：各个小组分别展示他们的探究成果，由其他同学或教师提问、质疑，进行分析讨论交流。

(3) 概括与总结：各学派的地位及影响。

(4) 规律性总结：思想的作用及地位取决于思想是否符合历史发展潮流、是否关注国计民生，是体现民众意愿还是体现统治者意愿。

2. 案例点评与分析

历史课程改革强调在教学中要突显教师的主导和学生的主体地位。而实际教学时，要么教师讲解过多，喧宾夺主；要么学生放任自由，自主过渡，无所适从。

本课作为思想文化史的第一课，高中的学生由于知识所限，把握起来又相当困难。教师应从政治、经济和思想三个层面，抓住历史沿革，把握历史事件发生、发展的前因后果，紧扣历史人物思想的传承与创新，以及贯穿是什么、为什么、怎么样的思维发展模式等方面，对学生加以引导，通过创设具体的历史情境，帮助学生构建主体知识。因此，教师在学习过程中提供辅助思维材料、教学的整体框架，以及承上启下的关联材料这样的中介性学习资料，特别重要。

在教学案例 1) 中，黄卫军老师的教学设计贯穿着为什么、是什么、怎么样的三步走思维模式。从整体上看，设计的三个标题之间有逻辑联系，即春秋战国时期为何会“变”、“诸子百家”如何应“变”、(诸子百家) 传统文化的价值。尽管是学期的起始课，却也承上启下，从为什么“变”，承接学生已有的知识，又从诸子文化的价值开始，为下一历史时期思想文化的发展和儒家文化成为传统文化的主流，埋下伏笔，有利于突破模块之间的知识缺乏联系的弊端，设计全面，浑然一体。

黄卫军老师的教学设计第一部分春秋战国时期为何会“变”，先是从三个视点考察春秋战国时期的大变革、大动荡、大发展。其中，“孔子家世的变迁”通过分封等信息，给学生理解提供支架，揭示了孔子的贵族身份；“孔子父亲的使命与时局”则通过《左传》和翦伯赞的《先秦史》给出支架[①]，揭示了东周王室衰微、诸侯称霸的现实，以孔子父亲一己之力，已无法改变历史发展的趋势。这是大变革、大动荡，通过支架或中介性学习打通了与必修一政治文明史之间的联系。而孔子的身份沿袭，也奠定了孔子以后思考动荡的现实的阶级立场，为下一步孔子如何应变埋下了铺垫。而“春秋战国时期人们的日常经济生活”选取了《诗经》、《国语》、《吕氏春秋》中的材料作为支架，提供了铁农具、牛耕、私田勃兴、井田制崩溃等信息，则回应了必修二经济文明史的相关内

① 这里的“支架”是个教育心理学的概念。借用建筑行业中使用的“脚手架”作为“概念框架”的形象化比喻，其实质是利用概念框架作为学习过程中的脚手架。根据欧洲共同体“远距离教育与训练项目”(DGXⅢ) 的有关文件，支架式教学被定义为：“支架式教学应当为学习者提供一种概念框架 (conceptual framework)。框架中的概念为学习者进一步理解问题提供帮助，为此，事先要把复杂的学习任务加以分解，以便于将学习者的理解逐步引向深入。”

容。政治、经济、思想文明完整呈现，体现了社会的思想是其政治、经济的反映，也说明了诸子百家的思想不是从天上掉下来的，有当时具体的背景、原因，是各种因素共同作用的结果，是历史和时代的产物。

至于“诸子百家”如何应“变”，则从社会生活、地位发生较大变化的孔子出发，承接上文揭示的孔子的身份，思考如何重构社会秩序。教师从学生感兴趣的史料出发，选取了“孔子杏坛教学实录”的一个片段作为支架，引导学生分析子路、曾皙、冉有、公西华所处的时代背景，归纳他们的思想，从而引出孔子思想的核心“礼”（即规则、制度、秩序）和“仁”。

针对高中历史教科书只有模块，时空感不强，只见史、不见人的微瑕，黄卫军老师的教学设计从孔子身世、家世出发，管窥当时的大变革、大动荡，既新颖，又契合历史事实，调动、吸引学生于无声处，而且环环相扣，相得益彰。

学界视点

当代建构主义理论观点主要来源于维果茨基的理论。建构主义理论将学习者看做是不断地用新信息去检验已有的旧经验，并且当旧经验不再适用时，修改旧经验。提供支架或中介性学习，是当代建构主义理论中非常重要的一个观点。目前，维果茨基理论中备受关注的一个观点就是应该给学生复杂的、困难的、现实的任务，然后给他们充分的帮助以完成这些任务（而不是只教授点滴知识，并期望某一天学生能够完成复杂的任务）。从实践层面来看，提供支架可能意味着在课程的开始阶段教师要给学生更多的结构框架，然后逐渐将责任转移给学生，让学生自己进行活动。

（罗伯特·斯莱文．教育心理学．北京：人民邮电出版社，2008：189-193.）

古希腊历史学家波利比阿认为，研究历史的目的就在鉴往知来，所以必须揭示历史事实的因果关系。他写道：单单叙述一件事，当然也有趣，但却没有教育意义。如果能补充说明其前因后果，那么，研究历史就会有收获了。因为，拿历史上的事实来比照我们当前的情况，我们便可以得到一种方法和依据，用以推测未来。

由于教学现实所限，要求教师在引导的过程中，关注历史知识间千丝万缕的联系，如讲百家争鸣，就不能跳出当时具体的政治、经济语境，单纯地处理百家争鸣，仅仅围绕百家争鸣做文章，只阐释什么是百家争鸣，以及百家争鸣中的历史人物观点。那么，学生不了解百家争鸣的前因后果，形成的知识是孤立的，不成整体，没有体系。如果遇到关于百家争鸣背景、原因和作用、影响的相关知识的处理，学生可能会联系不起来。这样既不利于学生的逻辑思维的严谨、周密，也不利于学生答题中“面宽点窄”能力的培养。

比较教学设计案例 1）和教学设计案例 2），我们认为以知识整合为主要策略的教学设计要注意：

一要兼顾好学生的基础。同样的内容在不同层次的班级、不同层面的学生中展开时，学生的反应和效果会大相径庭。教学案例 2）中，对第一课时教学内容的整合、填空，基础好、学习习惯好的学生可能会按部就班地完成，而学习习惯不良，教师讲也不认真听的学生，执行力可能会打很大的折扣。这样学生可能就不会也不能很好地配合老师，知识整合、落实、构建起来就会困难。

二要注重调动学生的学习兴趣。教学案例2）中上课伊始就干巴巴地把几个表格交给学生，常常提不起学生学习的兴趣。教学案例1）打破了现行的专题史体系“只见事、不见人”的纰漏，从孔子的生平出发，构建孔子生活的时间、空间变革的经纬，从而突破春秋战国时期宏伟的历史变革。从孔子的生平出发，学生感到既新奇又饶有兴趣，我们不得不佩服这一设计的巧妙。

三要合理地向学生提供支架，或者叫铺路架桥。教学案例1）中关于孔子问题的一层层展开，以及教学案例2）中的表格都是支架。如果提供的支架令学生感到陌生，或者缺乏应有的知识支撑，学生展开就会困难，教师的教学也会遇到不小的挑战。例如，教学案例2）中要体验春秋战国时期的历史情境（时代背景），学生说我生在20世纪科技高度发达的今天，体会不到几千年之前的东周纷乱的社会状况。再有，角色体验：①如果你是春秋战国时期的平民，你有什么愿望或要求？②如果你作为该时期的国君，你将如何治理你的国家？这时也会遇到同样的困难。学生可能会想：几千年以前的状况，你叫我如何设身处地。还有，让学生自愿选择，成为儒家、道家、墨家、法家或兵家的代言人，短短的两个课时，让学生对博大精深的诸子思想进行归纳概括，学生不免失之表象，对百家的思想认识片面。

四要注重方法示范，进行整合指引。很多教师的课教得很好，但学生的成绩平平，很重要的一环是教师缺乏对学生相应的方法引领，毕竟教师的教要通过学生的学和考表现出来。教师要向学生示范，如何归纳、整合，从哪些角度思考。教师不能不加示范地引导。

复习与思考

1. 教学内容设计时，怎样做才能体现“教科书是核心教学资源”这一理念？
2. 在研究教科书、合理呈现教学内容时，你有哪些新的想法与做法？
3. 通过《新文化运动》和《百家争鸣》两课教学内容处理的案例分析，你受到哪些启示？你觉得针对这两课的内容，可以从哪些方面完善内容设计？

拓展资源

1. 于友西，等．历史学科教育学．北京：首都师范大学出版社，2002.
2. 王宏志．历史教材的改革与实践．北京：人民教育出版社，2000.
3. 黄显华，霍秉坤．寻找课程论和教科书设计理论基础．北京：人民教育出版社，2002.
4. 中国大百科全书出版社编辑部．中国大百科全书·教育卷．北京：中国大百科全书出版社，1985.
5. 李龙牧．五四时期思想史论．上海：复旦大学出版社，1991.
6. 余英时．中国思想传统的现代诠释．南京：江苏人民出版社，1995.
7. 王加丰．史学理论与中学历史教学．合肥：安徽大学出版社，2011.

第 4 章　史料教学与教学设计

学习目标

1. 了解史料的基本类型及史料教学的含义。
2. 掌握课堂教学中规范选择、运用和解释史料的基本要求。
3. 通过案例评析，掌握基于问题探究的史料教学设计，并体会史料教学中“史论结合”的策略与方法。

关键词　史料；史料教学；史论结合；案例分析

4.1　史料与史料教学

4.1.1　史料的类型

美国学者比尔德认为，我们通常所说的“历史”以三种形态存在：第一种是“作为过去实况的历史”（history as past actuality），即自有人类以来“所做过、说过、感觉过和想过的一切”；第二种是“作为记录的历史”（history as record），即“能提供我们已经或能够找到的保存过去实况的知识”的“纪念物、文献和象征”；第三种是“作为思想的历史”（history as thought），即当代人对过去的认识，只有这种历史才是通常所说的“历史”一词的“真正含义”[①]，用更简洁的话说，就是“史实”、“史料”、“史学”三种。

什么是史料？白寿彝说，史料是“人类社会历史在发展过程中所遗留下来的痕迹”[②]。就其存在的样式来分，它大致有四大类：一是书报，包括历史记录、历史著作、文献汇编、史部以外群籍；二是文件，包括政府文件、团体文件、私人文件；三为实物，包括生产工具、生活资料、武器、刑具、货币、度量衡器、建筑、墓葬、古迹、历史事件的遗迹、模型、雕塑、照相、绘画、语言、文字、碑刻、砖瓦和纪念物；四是口碑，包括回忆录、调查记、群众传说和文艺作品。当今又出现了新史料类型：声像资料和数字化资料。就史料的性质而言，可分为：原始史料（当时留下的事物、文件、记录、日记、当事人的回忆录、调查记、群众传说）、撰述史料（根据原始史料撰写的历史著作，如《春秋》《史记》）、文艺史料和传抄史料（类书、史钞、教科书、历史读物）等。从版本上说，又有原件、复制品、改制品、重版和伪造品之别。史料还分为公开出版的和未公开出版的。文本史料细分又包括：手稿，公开出版的文集、演说词、书信和文件，政府文件，报纸期刊、当事人的演说词、会议记录、书籍和小册子，自传、备忘录和回忆录，传记等。

---

① 李剑鸣．历史学家的修养与技艺．上海：上海三联书店，2007：91.

② 白寿彝．史学概论．银川：宁夏人民出版社，1983：4.

傅斯年先生直截了当地说，“史学即史料学”，“我们只是要把材料整理好，则事实自然鲜明了。一分材料出一分货，十分材料出十分货，没有材料便不出货”[①]，可见史料在历史学科中的基础性地位。历史教学常引用的史料主要包括文字史料、实物史料、文物图片史料、声像史料等类型。

史料具有多样性、复杂性、主观性、模糊性、残缺性、有限性等特点。教学中引用的史料有两层含义：一是人类过去发生的事，二是指对这些事的记述和研究。对历史的描述，总是受到记录者、著史者的主观目的、政治态度、历史观、知识水平、观察能力，以及个人阅历、生活经验等因素的制约，所以错误难免。

4.1.2　历史教学中史料的选择

史料运用的过程就是一个对史料进行选择和取舍的过程。史料的取舍需要依据一定的标准，这之中，史料自身的价值、史料与问题的相关程度、史料之间的内在联系，是取舍史料要重点考虑的。最能说明问题的材料，或是一组同类材料中最有代表性的东西，是教学中的首选。

取舍的前提是占有丰富的材料，如果材料太少，就谈不上取舍了。掌握的材料越多，取舍的余地越大，难度也随之加大。先按照教学的内容和资料的内在联系，选择最精当的史料用于教学，力求准确而全面地反映历史事实的面貌。

当事人为了某种目的而刻意留下的资料，肯定带有使资料有利于自己的意图。李世民就“玄武门之变”的记载对史官作出暗示，就是意在制造“有意证据”。那些目击者无意识留下的证据就较可信。普通人的日记、书信、公私账簿、契约文书、遗嘱和财产清单等资料，都不是有意作为证据留存下来的，它们的用处仅限于当时，而无意间成为后世史学家的史料。

因此，教师进行教学设计时，一是选择能够体现课程标准要求和能够提高学生学习效率的史料。二是选取对学生有用的历史信息和有助于培养学生优秀品格、人文素养的史料。三是选取能够体现时代特征、增强历史学科的现实感和提高学生的学习兴趣的史料。四是选取有助于促进学生学习方式的转变和培养学生的历史意识的史料[②]。史料在教学中应用的目的是创设方便学生学习理解历史的情景。

学界视点

台湾清华大学教授张元先生提出课堂教学中选取材料的“标准”——“材料应该既重要又有趣，重要在于它呈现了精辟的见解，有趣则是它具有引人入胜的故事性”[③]。姚锦祥教授对这一标准进行了解析。“重要”，“即材料与所学的内容之间有着紧密的联系。其‘精辟的见解’可以在呈现教学内容的同时，为其作出解释、提供证据、说明理由”。“有趣”，“即材料所涉及的内容要有一定的情节，或能说明一定道理”[④]。因此材料应当符合“有见解”和“故事性”两个特点。

---

① 李剑鸣．历史学家的修养与技艺．上海：上海三联书店，2007：236，250.

② 李苏珍．例说新课标理念下历史教学中史料选取的几个原则．中学教学参考，2010，(21)：59.

③ 张元．一课时讲完隋唐史的实验．历史教学（中学版），2008，(10)：11.

④ 姚锦祥．历史课堂教学中的材料选择与问题设计．历史教学（中学版），2008，(10)：23.

应该说，同时具备“有趣”和“重要”的材料是我们进行教学设计时的首选。仅有趣但没有教育价值，或者与当堂教学内容不一致的材料选用了，就会分散学生有限的注意力；仅仅重要但艰涩难懂的材料，学生不能理解，会浪费有限的课堂时间。“有趣”，应从材料本身是否有趣和材料是否符合学生兴趣取向两个方面来判断。“重要”，应从材料的“精辟见解”在史学中的地位、材料是否符合课堂教学的核心目标和材料是否有利于学生的积极思维参与三个方面来判断。合理选用材料，还应该以教师自己的知识储备和教学风格为依据。材料作用的发挥与教者的兴趣爱好、教学风格相关。擅长叙述的教师选用的材料与擅长解析分析的教师选用的材料应该是不一样的，关键是如何拓展、重组教科书，以及理性处理教学内容。

此外，要选用合适的材料，就要了解学生对学习内容已经知道什么和想知道些什么，围绕学生兴趣较集中又符合课堂教学核心目标的地方选取材料。每单元或每专题教学前进行一次调查，了解学生对教师教的要求和学生学的兴趣，是非常有必要的。这能有效地实现课前师生互动，也有利于导教导学。根据学生提出来的问题，在教学设计时去查找材料、设计课堂提问，就能实践“既重要又有趣”的标准。

历史教科书由于篇幅的限制，对历史事件或人物的描述往往都较简略、单调，不能激发学生阅读的兴趣。因此，教师选用材料时应变换呈现方式：历史人物可通过多媒体，图文并茂地呈现活动事迹，使形象更加丰满，个性更加鲜明；对学生兴趣不大的数据表述材料可以转换成图形图表，便于学生阅读和提取信息，培养学生的观察对比分析能力；重要历史场景“再现”可通过音像资料的播放，让学生形象生动地了解历史情境，“目睹”历史“现场”和“过程”。只有材料以学生乐于学习、便于学习的方式呈现，才能真正吸引学生主动学习，激发学生的积极思维参与。

材料故事性越强，越能激发学生的阅读思考，但材料的故事性应服从历史真实性，不要选择没有史实依据的“野史”“传奇”“秘闻”之类的材料。教师要注意考据材料，鉴别真伪，适度给学生介绍一点材料评鉴的方法。教学中不基于史实的“虚拟”情景不可滥用，更不能“编撰”材料以满足教学需要。应杜绝使用建立在“假设”基础上的材料，或基于“假设”的推论。

与材料配套的提问设计，从能力要求的角度讲，要注重学生对材料的阅读和对所学历史知识的理解；从教育价值的角度讲，要注重培养学生的历史思维和历史意识，特别是历史发展意识和以史为鉴观念。问题设计不能仅仅停留在搞清史实、分析和认识过去，而且要引导学生关注历史与现实的联系，着眼长远，将历史—现实—未来联系起来思考，启迪学生对历史进行反思。

4.1.3　历史教学中史料的运用与解析

没有史料就没有历史，没有史料就没有发言权。胡适提出“大胆假设、小心求证”的公式。他在1936年读了罗尔纲发表的文章后，致信罗尔纲说“我近年教人，只有一句话：‘有几分证据，说几分话’。有一分证据只可说一分话；有三分证据，然后可说三分话。治史者可以作大胆假设，然而决不可作无证据的概论也。”①

史料解读包含文本考辨（确定史料文本的性质和价值，是运用史料前的准备工作）和意义阐释（侧重解读史料所包含的事实信息，确定史料在具体的解释框架中的关联程度和确切

---

① 胡适，季羡林．胡适全集（第24卷）．合肥：安徽教育出版社，2003：294.

含义）。

例如，介绍英国工业革命的课程中，让学生理解工业革命的影响无疑是教学的核心目标。笔者教学时选用了以下材料。

材料 1　1851 年，英国在伦敦市中心举办世界博览会，为此专门修建一个“水晶宫”（图 4-1），长 560 米，高 20 多米，全部用玻璃、钢架搭成，占地 37 000 平方米，造价 8 万英镑（这在当时是一个天文数字）。博览会中陈列着 7000 多家英国厂商的产品和大约同样数目的外国商家展品。英国商家几乎全部陈列工业品，外国商家则几乎全部陈列农产品或手工业品。展厅一进门，迎面一块巨大的重 24 吨的整体煤块，象征着工业的巨大力量。庞大的汽锤、运行的机车无不显示着工业的雄伟命脉。博览会向世界宣告英国已进入工业时代（钱乘旦，《英国通史》）。

材料 2　图 4-2、图 4-3 是 1854～1856 年英国进出口贸易中三种类型商品所占份额对比图。（王斯德，《世界通史・工业文明的兴盛》）

图 4-1　“水晶宫”

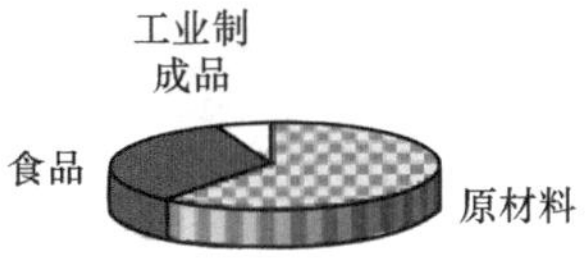

图 4-2　进口

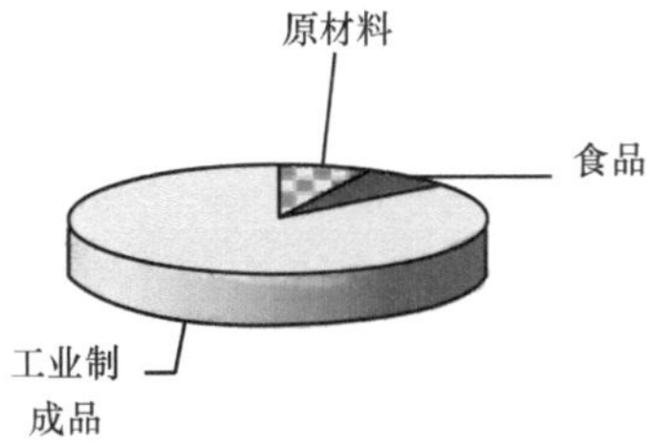

图 4-3　出口

问题 1　上述材料反映了什么历史现象？分析出现这一现象的原因。

材料 3　英国工业革命中，进行了法制化建设，废除阻碍经济发展的一系列旧法令，建立社会福利制度。1834 年颁布《济贫法修正案》，维持了资本主义自由劳动力市场。1846 年废除《谷物法》，1849 年废除《航海法》；1842 年颁布《矿井法》、1844 年颁布《工厂法》、1847 年颁布《十小时工作法》、1848 年颁布《公共卫生法》，适应了资本主义发展。1852 年英国议会发表原则声明，称自由贸易是英国的国策。（王斯德，《世界通史・工业文明的兴盛》）

问题 2　自由主义经济原则是 1776 年________在《____》一书中提出的。

问题 3　通过材料可以看出资本主义市场经济是法制经济。法制化是现代化的重要表现。谈谈对法制建设与经济发展关系的认识。

材料 4　英国各行业就业人口比例（表 4-1）（钱乘旦，《第一个工业化社会》）。

表 4-1　英国各行业就业人口比例　（单位：%）

行业	1811 年	1821 年	1831 年	1841 年	1851 年	1861 年	1871 年	1901 年
农业	35.2	33.3	28.1	22.3	22.0	18.8	15.3	9.0
工商运输业	44.4	45.9	42.1	48.5	53.8	55.7	54.6	64.1
其他	20.4	20.8	29.8	29.2	24.2	25.5	30.1	26.9

问题 4　引起英国就业人口比例变化的根本原因是________

A. 英国农业因遭受天灾急剧萧条　　B. 英国工业化进展速度很快

C. 19 世纪中期海外移民增加　　D. 第一次世界大战的破坏作用

材料5 杰德狄亚·斯特拉特生于1726年，父亲是小农。杰德狄亚学过制轮，是个工匠。1756年，他向别人借了五英镑买下工匠罗珀发明的机器模具并加以改进，这就产生了历史上杰出的发明——提花机。无钱无势的杰德狄亚费尽周折取得了机器的专利。他凭借手中的专利，开厂致富，资本越积越多。1769年他出资资助阿克莱特，帮助取得水力纺纱机的专利，又帮助在克朗福建立起世界上第一家工厂。两人成为当时的绵纺织业巨子。杰德狄亚给子孙留下五个棉纺织工厂。当时报纸说他"十年的一瞬间从一个不值五镑的穷鬼，成为拥有马车仆役的采邑地主，并买下了价值两万镑的地产。"19世纪，他的孙辈们被推上英国权力的宝座（钱乘旦、陈晓律《英国文化模式溯源》）。

问题5 杰德狄亚的经营历程，给你哪些启示？

材料6 图4-4是版画《破坏机器者》（德尼兹·加亚尔，《欧洲史》）。

图4-4 破坏机器者

图画向人们展示了这样一幅图景：机器引起了严格的、使人困顿的劳动分工，工人们忍受着饥饿，对未来感到茫然，没有别的办法，此时（1815～1830年）只好去破坏他们的强大对手——机器。

材料7 1851年，伦敦世博会上，上海英商"宝顺洋行"买办徐荣村携自己经营的"荣记湖丝"参加了伦敦世博会，获金银大奖。在1904年美国圣路易斯举办世博会上，中国馆的展品是中国传统的农业、手工业及工艺品。中国馆里汇聚了各种各样富有中国特色的展品：戏院、一间佛殿、一间茶室、一个东方美食园。

问题6 依据材料并结合所学中国近现代史知识，材料7说明了什么问题？简述晚清政府为促进中国工业化发展作出的努力及其结果。

问题7 读图4-4。工业革命改进了生产技术，提高了劳动效率，新部门出现，就业机会增加，同时导致手工劳动力相对过剩，部分失业，出现了机器破坏者；探究生产技术进步、失业和再就业的关系。

这些材料和问题设计拉近了历史与现实的距离，学生对现实社会中的"民工潮""法制化""创业""下岗再就业"等概念及其中的矛盾与问题，有探究的兴趣，学生找到了新的学习探究领域，对学生的学习和发展无疑是有益的。

所设计的问题中，问题1、问题2、问题4、问题6是史实性分析理解问题，问题5是对学生具有启迪性的问题，问题3和问题7是认识社会现实的问题。层次分明，有利于学生把握历史发展进程。这比让学生背几条干巴巴的结论的教育意义大得多。

解析史料就是解析历史。史料解读，意义的阐释，主要是解析历史的趋势、演变、形成、轨迹、行踪、观念或心态演变，可采取追溯起源、探讨因果、分析趋向、说明影响、判定地位等形式。在这个过程中，事实是基础和主干，意义是对事实的引申。

史料解析时，可采用一般的思维方法：分析——认识细节；综合——认识整体；演绎——从一般到个别；归纳——从个别到一般。更主要的是掌握解释方法：叙事法、分析法、比较方法、心理方法和计量方法。有时还会用到一些特殊方法，如思想史方法、经济史方法、统计学方法、政治学方法、历史地理学方法、地方史方法、集体传记方法、文本分析法和制度分析法等。

叙事必须围绕主题进行，要根据一个中心线索来展开情节。18 世纪中期以后的英国，凯伊发明飞梭、哈格里夫斯发明珍妮机、克隆普顿发明骡机、卡特来特发明水力织布机、瓦特改良蒸汽机，同时煤和铁的生产不断扩大，越来越多的人从农村到城市的工厂做工，制造业新产品不断涌入人们的日常生活，工厂的经营者财富激增，产业工人开始组成工会来争取自己的权益。这就从生产能力提高、经济生活变动、影响社会结构和日常生活等方面构成了工业革命的叙事。

比较是认识事物的基本方法。比较对象的选取、可比性的判定、资料的代表性、研究者的知识结构等制约着比较。比较有横向比较、纵向比较、宏观比较和微观比较。例如，英美工业革命比较，是横比；早期工业化与现代工业发展比较，是纵比。比较运用首先要明确可比性，脱离可比性的比较就沦为比附。例如，将清代中国的边疆开发与美国西进运动或当前的西部大开发比较，也是比附。而美国工业革命、法国工业革命就有可比性。

“鉴别史料”（辨别真伪，辨别时空、作者、版本和用途）、“考订记事”（史料所记之事的真伪和准确性）、“校勘文字”（难以确定的文字需要考据）是分析史料的可信度。对中学教学来说要求较高，但也应了解。考察记录者的动机、身份和记录的时间，是确定史料可信度可靠性的方法。荣孟源就史料中的事实真实性的考订提出四种思路：考察记事是否符合自然规律、考察记事是否合乎社会实际情况、考察记事是否自相矛盾、考察记事是否和其他文献相符。

在史料引用与解析的过程中，容易发生以下背离史学规范的情况：一是将历史问题转化为理论问题，研究的重点在于阐释抽象的理论或模式，而不是探讨具体的历史过程；二是用历史作为证明某种理论或政治观点的工具，把史学论文写成了政论或杂文；三是用理论来裁剪史实，走“以经训史”或“抽样作证”的路子，流于穿凿附会；四是理论与史实相互分离，也就是俗话说的“两张皮”，不是将史实强行纳入既定的理论框架，就是为了理论化而刻意引申或强行概括；五是理论与史实之间出现“时代倒错”[①]，理论与历史时代不相符。

就问题分析论证而言，违背史学范式的情况主要有[②]：逆推——无限度地追溯当前事物的历史渊源；孤证——用例子作证据；抽样作证——选择与自己论点相符的证据而舍弃不利的材料；过度引申——逾越了有一分材料说一分话的尺度；同历史人物争辩——史家位置错置；以后见之明评论前人——立论脱离了历史的语境。

历史学科的一切出发点都是从史实出发的，不能虚构，不能理论模式先行。问题探究与解释要以史料为依托，讲求实证。理解史料的含义，要把它放在特定的历史环境之中去分析、评价，进而得出相应的结论。要具体问题具体分析，不能绝对化、简单化，也不能从概念出发来解释历史。

历史解释要注重与现实的联系，这有利于拓展学生的学习领域，帮助他们汲取历史智

---

① 李剑鸣．历史学家的修养与技艺．上海：上海三联书店，2007：114.

② 李剑鸣．历史学家的修养与技艺．上海：上海三联书店，2007：147.

慧。但不能出现时空倒错。维柯说："时历和地理就是历史的两只眼睛。"[①] 历史是在一定的时空中进行的，没有时空就没有历史。相比较而言，历史时序更重要，因为它是把握历史的因果关系、可能与必然关系的关键。

因此，在课程改革中，要拓展教科书，寻找并解析历史材料，帮助学生思考，引导学生发现问题、探究问题、解决问题，就要抓住"叙事""问题""解释""意义"四个关键词。

4.1.4 史料教学的有效性

史料教学，近年来越来越得到关注。运用史料并不仅是为了补充教师讲述的内容，或为使学生适应考试的题型而进行的训练，而是为了促进学生对历史的理解，培养学生认识历史的能力和方法，发展学生的历史思维。"史料教学是一种行之有效的中学历史课探究性学习教学模式，它代表着历史教学的发展趋势。"[②]

在高中历史课程标准各模块的"教学活动建议"中，提出了与史料教学相关的具体建议。例如，必修一中提到"收集近代以来中华民族反抗外来侵略斗争的图片、资料，分成专题举办展览或编写纪实报道"，必修二中提到"收集资料，列表勾勒我国经济发展的曲折历程"，必修三中提到"收集一些社会生活中的实例，说明传统思想文化对现实生活的影响"[③]，选修课中也有史料教学方面的要求。

可以看出，课程改革倡导的"自主、合作、探究"的教学方式，具体到历史教学中，就是倡导借助史料的搜集、分类、解析、运用等各种形式的史料教学活动，以引导学生转变历史学习方式，密切与社会实践的联系。

史料教学要求学生在教师的指导下，获取史料（包括自己的搜集），分析鉴别史料，运用史料作为证据来重构历史，解释与分析历史，寻找历史发展的规律性认识，也就是像一位历史研究者一样认识历史、考察历史。

多年来，人们都认为只有专注于原始文献，才能更接近"真实的历史"。但是，学生陷入史料之中，未必就能自然而然地受益。正确的方式是对学生处理史料的过程进行认真的指导，并将史料与广泛的历史本身联系起来。在这样的情况下，才能使史料的运用体现出不同的功能，如进行说明、发展想象力、澄清旧的问题并提出新的问题、有助于发展历史的及一般的技能和认识、有助于传达真实感、用作证据进行推断和解释。

在教学实际中使用的史料，可分为四级水平：①在最低的水平上，用简化了的语言、句子、语法、词汇对史料进行大量编辑和改写，删除所有无关的内容；②对不必要的材料作一些删减，并用一些现代语言对文献进行翻译和转述；③为使文献脱离原始状况而进行抄录；④处理原始状况下的文献。大量应用原始状态下的史料，在正常的教学过程中不大可能，因此教师要特别注意提供结构合适的材料，也就是要提供材料的具体范围，联系其他的文献，提供出处并指出重要性。

张元教授建议在课堂运用材料时，"最好也设计几个问题，让学生一面读，一面作答，也就是边读边想，这是很好的思考练习。如果选用的资料较难，或学生的程度稍弱，教师亦

---

① 李剑鸣．历史学家的修养与技艺．上海：上海三联书店，2007：152.

② 李稚勇．论英国中学历史课的史料教学．教育科学研究，2010，(1)：69.

③ 中华人民共和国教育部．普通高中历史课程标准（实验）．北京：人民教育出版社，2003：9，12，16.

可标明关键词句作为引导。”还指出，“不断提出需要思考的问题，让他们不停地想答案，当然是要点所在。不过我相信，整堂课中不时出现的‘故事’，才是吸引他们注意，让他们不想睡觉的兴奋剂……选出精彩故事，讲出它的意义，仍是教好中国历史的不二法门。”[①] 史料在历史教学中，用作证据时，要分类，要考虑史料的错误与矛盾之处，要选用适合教学主题的史料，要引导学生概述史料、转述材料，对史料进行质疑等。[②]

史料教学的程序设计，一般包括以下几个过程：一是让学生尝试独立搜集资料，帮助学生理解历史当事人、不同派别的立场和观点，从而全面了解历史；二是进行史料的辨伪、考证，目的是弄清真伪与优劣；三是不能用贴标签的办法，用现成的材料去套材料，用材料去证明结论，而是要把史料当做学生得出结论的重要证据、启迪学生历史思维的工具；四是要让学生在实践中学会对史料的思考、分析、理解与解释，能够发表自己的见解，学习逆向思考、纵向与横向思考、多角度与多层次思考、换位思考；五是让学生掌握探究操作的方法，设疑—搜集史料—甄别、选择史料—整理、分析史料—理解、解读史料—讨论、推理—得出结论、形成历史认识—深化（如撰写小论文）。[③]

案例 4-1

《解放人类的阳光大道》教学案例分析

某教师在执教人民版必修一——专题八《解放人类的阳光大道》，解读《共产党宣言》的内容进而说明无产阶级的历史任务时，就引用了如下材料：“无产阶级将利用自己的政治统治，一步一步地夺取资产阶级的全部资本，把一切生产工具集中在国家即组织成为统治阶级的无产阶级手里，并且尽可能快地增加生产力的总量”。

问题：根据材料指出无产阶级的历史任务是什么？

结论：建立政权，增加生产力总量。

在本案例中，很显然，结论就是对材料的缩写，而材料是根据教师对无产阶级历史任务的认识，量身定做的。对史料“对应”式的剪裁，使答案几乎无需思考，但预期的答案却并不全面。

还原材料：前面我们已经看到，工人革命的第一步就是使无产阶级转化成（直译是上升为）统治阶级，争得民主。无产阶级将利用自己的政治统治，一步一步地夺取资产阶级的全部资本，把一切生产工具集中在国家即组织成为统治阶级的无产阶级手里，并且尽可能快地增加生产力的总量。（《〈共产党宣言〉序言》1872 年德文版第 7 版，第 31 页和第 37 页）

无产阶级革命的第一步是把自己转变为统治阶级，“争得民主”；再利用政权的力量“一步一步地夺取资产阶级的全部资本，把一切生产工具集中在国家即组织成为统治阶级的无产阶级手里”，进而增加生产力的总量，而不是简单的“建立政权，增加生产力总量”。[④]

---

① 张元．一课时讲完隋唐史的实验．历史教学（中学版），2008，(10)：18.

② 蒂姆·洛马斯．论史料教学．叶小兵译．历史教学，1998，(2)：24.

③ 陈志刚．史料的特点与史料教学．中学历史教学，2009，(10)：5.

④ 陈家华．史料教学的缺憾与思考——2010 年台州市高中历史课堂教学评比分析．历史教学，2011，(7)：30-31.

教师运用史料进行教学首先应充分理解史料的价值和史料的典型性，区分史料陈述的客观事实和作者的立场、观点。课堂教学应当尽量选择简短而又典型的史料。同时，运用史料应避免简单化的倾向。史料教学不能作为课堂教学的点缀。正如特级教师李晓风指出的那样，现在很多历史教师读书的习惯越来越淡薄，知识的储备与更新几乎处于停滞状态。

开展史料教学，应该努力做到：勤于阅读、善做笔记、回溯结论。还应广泛吸收和借鉴前人或同辈成功的经验及现有的成果。只有多积累、多思考、多历练，才能在教学的舞台上大显身手。

4.2 基于问题探究的史料教学——以《马克思主义的诞生》一课为例

4.2.1 《马克思主义的诞生》内容分析

1. 课程标准的要求

简述《共产党宣言》的主要内容，认识马克思主义产生的重大意义；了解巴黎公社革命的主要史实，认识其在建立无产阶级政权上的经验教训。

2. 各版本高中历史教科书的具体安排

人民教育出版社高中历史教科书必修一第五单元第 18 课《马克思主义的诞生》；
人民出版社高中历史教科书必修一专题八第 1 节《马克思主义的诞生》；
大象出版社高中历史教科书必修一第七单元第 21 课《马克思主义的诞生和巴黎公社》；
岳麓书社高中历史教科书必修一第五单元第 18 课《马克思主义的诞生》。

3. 本课重点内容分析

工业革命是从工场手工业向机器大工业的飞跃，它不仅是生产技术上的革命，也引起了社会关系的深刻变化。一方面，工业革命推动生产的迅速发展，并导致了资本主义经济危机的爆发，使资本主义社会的基本矛盾日益明显地暴露出来。另一方面，工业革命使社会分裂为工业资产阶级和工业无产阶级两大对立阶级，促进了工人运动的兴起和发展。19 世纪三四十年代，法国里昂工人的武装起义、英国的宪章运动、德意志西里西亚工人起义，具有鲜明的政治斗争性质。工人们从斗争实践中逐渐认识到，要想从根本上改善自己的处境，就必须改变政治上的无权地位，进行反对资产阶级的政治斗争。这标志着无产阶级已经作为一支独立的政治力量登上了历史舞台。

19 世纪初，随着英国工业革命的深入和法国资产阶级统治的确立，出现了以法国人圣西门、傅立叶和英国人欧文为代表的空想社会主义。19 世纪三四十年代，随着工人运动从经济斗争发展到独立的政治斗争，更多的欧洲有识之士怀着急迫的心情，深入地探讨资本主义社会的各种问题。马克思、恩格斯就是其中的杰出代表。列宁曾说："马克思的学说是人类在 19 世纪所创造的优秀成果——德国的哲学、英国的政治经济学和法国的社会主义的当然继承者。"① 1848 年 2 月他们发表了《共产党宣言》，第一次对马克思主义的基本原理做了较为完整系统的阐述，成为马克思主义诞生的标志。

① 中共中央编译局．列宁选集．第 2 卷．北京：人民出版社：441-442.

在普法战争失败后，法国先后建立的国防政府和以梯也尔为首的临时政府，实行投降卖国和敌视工人的政策。巴黎工人是在祖国处于危难关头、本身遭到临时政府进攻的情况下发动革命的。巴黎公社在建设新政权的同时，打碎资产阶级国家机器，作出建立无产阶级国家机器的伟大尝试。恩格斯曾说过：“你想知道无产阶级专政是什么样子吗？请看看巴黎公社吧。这就是无产阶级专政。”① 尽管巴黎公社革命仅 72 天就失败了，但它留下了宝贵的历史经验，即通常所说的巴黎公社原则。马克思在《法兰西内战》中指出：“公社的真正秘密就在于：它实质上是工人阶级的政府，是生产者阶级同占有者阶级斗争的产物，是终于发现的可以使劳动在经济上获得解放的政治形式。”这种政治形式就是巴黎公社原则的集中体现。

4.2.2　案例展示与分析

1. 案例展示

1)《马克思主义的诞生》教学设计②

A. 资本主义工业文明时代的悲歌

材料 1　“狄更斯图景”

问题 1：从这组“历史图像”（图 4-5）里，你能获取怎样的信息？（“文明”而“不公平”“不和谐”）

瓦特及其发明的蒸汽机　19世纪中期德意志的纺织厂　19世纪欧洲工人的生活　19世纪欧洲资产阶级的生活

图 4-5　“历史图像”

问题 2：伴随资本主义各种弊端的暴露，面对不公平、不和谐的现实，你认为当时的人们会如何抉择呢？（本能的抗争，理想的探寻）

19 世纪 30～40 年代的欧洲三大工人运动，既是一种本能的生存抉择，也是一种正义的抗争……欧洲三大工人运动由于没有科学理论的指导而失败。科学理论的诞生成为时代发展的需要。伴随资本主义各种弊端的暴露，有识之士开始思考、探索。

材料 2　“理想”的探寻者（图 4-6）

圣西门主张实行实业制度，人人参与劳动，没有失业；傅立叶主张产品平均分配或按劳分配，等等，都是就资本主义的弊病提出的针砭和补救之道，并提出了种种美妙的设想，因而成为资本主义制度下的良心圣斗士。英国人欧文走得更远，甚至付诸实践。欧文主张建立一个人人参加劳动，享有充分的、平等的民主权利的“新和谐公社”。

---

① 人民教育出版社课程教材研究所，历史课程教材研究开发中心．历史必修——教师教学用书．北京：人民教育出版社，2007：267.

② 杨春华．“马克思主义的诞生”教学设计——从“关注人类命运”角度挖掘资源选择方法的思考．中学历史教学参考，2011，(5)：28-31.

圣西门　　傅立叶　　欧文

图 4-6　“理想”的探寻者

材料 3　“科学的探索”（图 4-7）

导师的会晤　　理论的探索　　接触工人群众

图 4-7　“科学的探索”

问题：“科学社会主义”是如何“应运而生”的？

时代的呼唤，工人的需要，马克思、恩格斯展开了科学的探索。英法空想社会主义和英国的古典政治经济学、德意志古典哲学作为 19 世纪欧洲三大理论成果，共同成为马克思主义理论来源的“思想材料”。

马克思、恩格斯深刻分析资本主义的弊病，及时总结工人运动教训，批判、创新三大理论成果，在实践探索和理论研究的基础上，创立了马克思主义——1848 年《共产党宣言》发表，标志着马克思主义的诞生。

设计说明：通过引入“图像”材料引导学生深入 19 世纪欧洲生活的具体而细微的历史情境，透过理论与现实的交互作用，体验历史的真实发生，从而深刻认识马克思主义诞生的时代背景和历史情境，理解马克思主义的诞生过程。

B.《共产党宣言》——关注人类命运的“圣经”

材料《共产党宣言》选摘

材料 1　资产阶级在历史上曾经起过非常革命的作用……资产阶级在它的不到一百年的阶级统治中所创造的生产力，比过去一切时代创造的全部生产力还要多，还要大。

材料 2　代替存在阶级和阶级对立的资产阶级旧社会的，将是这样一个联合体，在那里，每个人的自由发展是一切人自由发展的条件……资产阶级的灭亡和无产阶级的胜利是同样不可避免的。

材料 3　至今一切社会的历史都是阶级斗争的历史……共产党人可以把自己的理论概括为一句话：消灭私有制……共产党人不屑于隐瞒自己的观点和意图。他们公开宣布：共产党人的目的只有用暴力推翻全部现存的社会制度才能达到。

材料 4　无产阶级将利用自己的政治统治，一步一步地夺取资产阶级的全部资本，把一切生产工具集中在国家即组织成为统治阶级的无产阶级手中，并且尽可能快地增加生产力的总量。

材料 5　让统治阶级在共产主义面前发抖吧。无产者在这个革命中失去的只是锁链，他们获得的将是整个世界！全世界无产者，联合起来！

问题：《共产党宣言》究竟向世人宣示了什么？有何意义？

揭示客观规律，宣告历史使命，昭示未来社会，是《共产党宣言》的重要意义所在。透过对人类命运的审视和省思，马克思主义不仅烛照了 19 世纪欧洲工人的生存状态，也成为资本主义工业时代“文明而不和谐”现状的救赎和超越：有了马克思主义的科学理论指导，社会主义运动蓬勃发展起来——第一次实践即震撼了资产阶级统治秩序。

设计说明：通过多媒体展示材料，引导学生逐段分析、解读、阐释，揭示《共产党宣言》隐含的理论意义和行动策略，帮助学生沟通、联结，形成马克思主义学说的整体景观。

C. 巴黎公社——“新”民主主义的尝试

材料 1　《巴黎公社诗选》选摘：

法兰西人民，无产阶级要求的是什么？
要求自由地用劳动来生活，
我们这里有自由，无暴政，笑迎着兄弟般的友谊。
这是我们的权利，民主的法兰西，
自由自在生活在阳光里，
法兰西人民，你们来拯救共和国吧！

问题 1：从巴黎公社诗选可以看出，无产阶级的要求是什么？

问题 2：“拯救共和国”，说明巴黎公社是在怎样的背景下爆发的？

问题 3：巴黎公社是一个什么样的政权？体现了什么样的精神？

材料 2　马克思、恩格斯论巴黎公社：

在一个农民的国度中无产阶级革命的独唱，就会变成哀歌。(马克思)

当凡尔赛在磨刀霍霍时，巴黎却沉浸在起义胜利的欢乐中，他们认为继续向凡尔赛进军是在挑起内战……一些大炮在寻找他们的炮架，而在不远处，炮架却在哭着寻找他们的大炮。(马克思)

银行是全部资本主义生活的神经，而公社不愿给人留下强盗、小偷的印象，在斗争的中途停了下来，没有剥夺剥夺者（法兰西银行)。(恩格斯)

历史表明，我们以及所有和我们有同样想法的人，都是不对的。历史清楚地表明，当时欧洲大陆经济的状况还远没有成熟到可以铲除资本主义生产方式的程度。(恩格斯)

问题：巴黎公社失败的原因何在？巴黎公社的失败有何教训？

史料总是渗透着时人有意无意的汗水，负载着时代或浅或深的印痕。从史料出处上看，上述材料出自当时历史的见证者马克思和恩格斯的事后反思，他们重视自己的理论“随时随地”在实践中接受检验，这也提醒我们：马克思主义学说不是一成不变的，而是实事求是，与时俱进的。

回到“历史现场”，在 1872 年的法国，全国每个企业平均雇佣工人仅 2.9 人，社会经济发展的实际水平远远没有达到能够消灭资本主义制度的程度。巴黎公社运动的发生，只是法国民族矛盾和阶级矛盾激化的产物，用马克思的话说：“不过是在特殊条件下的一个城市的起义。”从这个意义上说，巴黎公社——“命”中注定的哀歌！

设计说明：中学历史课程倡导学会用马克思主义科学的历史观分析问题、解决问题；对“革命”概念反复的辨证，可以帮助学生理解社会主义运动的进展和历程。

2. 案例点评与分析

历史教学不应仅仅是简单地“告诉”学生是什么，说明书本上的结论，这是无法令人信服的，而且，强加的结论对学生历史思维的培养也毫无意义。

历史学习中，史料是建构的基础，研习史料是历史学习的基本训练，也是历史探究的起点。从一定意义上说，对“史料”的关注是历史课程开发的重要“拐点”——通过提供新材料，创设新情境，解读历史的内涵成为课堂教学、命题考试的着力点。对课程资源的整合、开发和利用，是历史课堂有效性的重心所在。上述教学案例中的教学设计，既体现了从填“空”到布“白”、从注“经”到求“是”的基本理念，也体现了教师对“教育一方面是把某些东西教给人，另一方面，还要使某些东西靠其自身发展出来”教育思想的理解。①

学生的生命犹如乐器，然而，只有经过问题的引导和思考的点拨，才能发出美妙的音乐。就《马克思主义的诞生》一课而言，教学的难点莫过于：理论的抽象性、学科的交叉性、材料的枯燥性和场景的陌生性——“一个幽灵，一个共产主义的幽灵，在欧洲游荡。”② 如何客观地对待、处理和消化一个奠基于西欧经验之上的学说体系？是教师首先必须面对的。

历史不能重演，但需要还原，该案例中的教师摆脱了教条的填空方式，尽可能地为学生“布白”，帮助学生深入具体的历史情境，在当时的情境和语境中理解、沟通和建构——从系列直观的历史图像深入到社会生活的深处，来体验历史的真实发生，理解马克思主义的诞生；透过历史文献的研析、解读和诠释，揭示《共产党宣言》所隐含的理论意义和行动策略；在历史运动的发生、反复之间探究历史的真相，总结巴黎公社失败的教训和启示。

对这一学习内容，还有教师设计教学专门探讨“如何完整理解马克思、恩格斯的设想”来阐述课堂教学中历史材料选择的重要性，以及由此对学生思想认识和历史学科思维的引领作用。这种紧扣教学内容的核心价值和教学的核心问题展开的教学设计，必须要大量引用史料来论证、说明相关历史结论和该内容的学习价值。不围绕问题设计史料教学，只会热闹、新颖而没有实效。

案例 4-2

《共产党宣言》的教学研究③

第一，无产阶级革命必须以“发达的资本主义”为前提。

《共产党宣言》明确提出无产阶级的解放必须要以“发达的资本主义”为前提。

在新的情况下，马克思似乎意识到 1848 年关于无产阶级革命高潮即将到来的判断不合理，认为“股份公司”才是社会主义的入口。《资本论》第三卷明确地说：“在股份公司内，职能已经和资本所有权相分离，劳动也已经完全和生产资料的所有权和剩余劳动的所有权相分离。资本主义生产极度发展的这个结果，是一个必经的过渡点，以便资本再转化为生产者的所有，不过这时它已经不被当做一个一个分立的生产

① 伊曼努尔·康德. 论教育学. 上海：上海世纪出版集团，2005.

② 中共中央马克思恩格斯列宁斯大林著作编译局. 马克思恩格斯选集（第 1 卷）. 北京：人民出版社，1995.

③ 王叶军. “共产党宣言”的教学研究. 历史教学，2011，2 月上半月刊：9-12.

者的私有财产，而是当做共同生产者共有的财产，直接的社会财产。”恩格斯则直接修正了 1848 年的观点。他在 1895 年写的《卡尔・马克思〈1848 年至 1850 年法兰西阶级斗争〉一书导言》（普遍被称为恩格斯的政治遗嘱）中说：“历史表明我们也曾经错了，我们当时所持的观点只是一个幻想。历史表明，我们以及所有和我们有同样想法的人，都是不对的。历史清楚地表明，当时欧洲大陆经济发展的状况还远没有成熟到可以铲除资本主义生产方式的程度……”

历史的发展让马克思、恩格斯修正了自己在 1848 年的判断，并赋予“发达的资本主义”以新的、符合时代要求的含义。马克思、恩格斯的这些结论无疑是非常正确、非常有意义的。这样解释《共产党宣言》才符合课程内容的时代性要求。

第二，人道主义、“自由人联合体”是《共产党宣言》的核心思想。

谈及《共产党宣言》，以往我们更多地注意阶级斗争、无产阶级专政学说，很少关注它的价值观……如果把《共产党宣言》与青年马克思的观点和晚年恩格斯的观点相对照，“自由人联合体”的思想才是《共产党宣言》的核心观点，人道主义的社会主义思想在马克思、恩格斯的著作中是一以贯之的。

在马克思的哲学里，尤其是历史哲学里，人占有重要地位。马克思在《1844 年经济学哲学手稿》中指出：“共产主义是私有财产即人的自我异化的积极的扬弃，因而是通过人并且为了人而对人的本质的真正占有；因此，它是人向自身、向社会的人的复归，这种复归是完全的、自觉的而且保存了以往发展的全部财富。这种共产主义，作为完成了的自然主义，等于人道主义，而作为完成了的人道主义，等于自然主义，它是人和自然界之间、人和人之间的矛盾的真正解决，是存在和本质、对象化和自我确证、自由和必然、个体和类之间的斗争的真正解决。”马克思在这里明确提出人要复现人的本性、尊严、无限创造力，达到人类的自由和解放，就必须在人类历史进程中，不断地摆脱“异化”的束缚，就要建立“自由人联合体”，并且指出“在以往发展的全部财富的范围内”来“自觉实现共产主义”是实现“自由人联合体”的历史前提。

通向自由人联合体的途径，《共产党宣言》提出暴力革命的观点，但恩格斯坦承“错了”“不对”“过时”。

19 世纪末 20 世纪初，时代赋予资本主义以新的含义，不再需要“炸毁”资本主义的“外壳”了。马克思心目中的曼彻斯特资本主义（原始资本主义）灭亡了，恩格斯的历史观也发生了变化。1848 年他们提出了一个终极目标，设想了一个完美的社会形态，但恩格斯在 1893 年对法国《费加罗报》记者发表谈话时否定了当时设计的未来社会模式，他说：“我们没有最终目标。我们是不断发展论者，我们不打算把什么最终规律强加给人类。关于未来社会组织方面的详细情况的预定看法吗？您在我们这里连它们的影子也找不到。”强调“进步”的人道主义是晚年恩格斯的反思成果。

第三，要发展地、辩证地理解《共产党宣言》和马克思主义。

《共产党宣言》对当时资本主义的判断和解决社会问题的路径都形成了结论，长期以来我们总是机械地加以理解。实际上，写作《共产党宣言》时的马克思只有 30 岁，恩格斯 28 岁，他们的目光所及也只是西欧发达国家……

教学如果进行到这个层次，必然会引发学生的思考。形象、生动的马克思、恩格斯也就在学生心目中树立起来了。他们对马克思主义的初步印象可能会更丰满、更真实。

历史悲剧在于政权介入了思想、垄断了解释。《共产党宣言》和马克思主义被斯大林主义所替换，以至于掩盖了它本来的面目——彻底的人道主义内涵、不断发展的历史观。《共产党宣言》提出暴力革命实际上有着“如果”的限定，事实上，在巴黎公社失败不久的1872年，马克思就曾设想在英国、美国及荷兰这类民主政治比较完善的国家和平地实现变革。这一切为恩格斯晚年的转变提供了思想资源，当然我们也不能因此认为恩格斯放弃了“暴力”选项。问题在于使暴力革命唯一化的错误理解。同样，《共产党宣言》和马克思主义把无产阶级专政最多只作为临时性的、以巩固政权为目的的措施，而绝非依靠“先进的少数”来强制“落后的多数”进入“共产主义”的机制。恩格斯曾这样批评激烈的革命者们（布朗基主义者）：“由于把一切革命想象成由革命家所实现的突然变革，自然也就产生了起义成功以后实行专政的必然性，当然，这种专政不是整个革命阶级即无产阶级专政，而是实现了变革的少数人专政，而且这些人又事先服从于一个人或者几个人的专政。”但“还没有磨好将用它来烤制成社会主义馅饼的那种面粉”的苏俄革命，将马克思、恩格斯笔下的无产阶级专政演变成长效性的、依靠“先进的少数”来强制“落后的多数”的无产阶级专政，甚至领袖专制，将它和暴力革命一样作为衡量社会主义的重要原则，成为取代马克思主义的“正本”。马克思的多元政体、市民自治、不设常备军的设想便不为人所知了。

机械地或是“我注六经”式地理解《共产党宣言》已经成为我们的习惯。马克思从没有把自己的学说命名为“马克思主义”，他和恩格斯的学说自产生之日起也在不断地进行发挥、创造和延伸，不断地自我修正。马克思主义在20世纪因现实政治而变得十分诡谲——被利用、曲解、割裂、改造，以致不得不承担以它的名义造成的种种恶果——被摆弄和嘲讽。今天，如果我们对马克思主义还只停留在“信仰”的层面上，不啻封死了马克思主义发展的大门。机械地理解《共产党宣言》，就看不到它闪烁着的智慧的光芒。只有严肃而深入地研究马克思、恩格斯的学说，真正理解他们对商品资本、劳动、价值、劳动异化和人道主义及世界历史等理论，才能在全球化和信息化的时代，坚持马克思主义。马克思主义的很多预见并未过时，如“世界一体化”观点，现在民族的界限的确在弱化，信用经济似乎也预示着取消货币的可能，金融危机的发生足以说明资本主义自私、贪婪的本性依然存在。当人们面对今天世界上各种矛盾及全球性的社会问题时，总要想到马克思。马克思是不可绕过的。

马克思主义对现实有意义，是毋庸置疑的。在研读“元典”的基础上，设计问题、组织教学，帮助学生深刻理解理论的发展及其意义，这样的教学设计已是十分罕见了。因此，史料教学离不开对经典著作的研读、引用和解析。也只有在研读经典的基础上，针对教学核心问题展开的教学活动，才能激发学生的参与，引用史料的教学才更有深度、更有效。

4.3　生动、严谨、史论结合——史料教学的生命
——以《中国民族资本主义的曲折发展》一课为例

4.3.1　《中国民族资本主义的曲折发展》内容分析

1. 课程标准的要求

简述鸦片战争后中国经济结构的变动和近代民族工业兴起的史实，认识近代中国资本主义产生的历史背景。

了解民国时期民族工业曲折发展的主要史实，探讨影响中国资本主义发展的主要因素。

探讨在半殖民地半封建社会条件下，资本主义在中国近代历史发展进程中的地位和作用。

2. 各版本高中历史教科书的具体安排

人民教育出版社高中历史教科书必修二第二单元第 10 课《中国民族资本主义的曲折发展》；

人民出版社高中历史教科书必修二专题三第 6 课《民国年间民族工业的曲折发展》、第 7 课《近代中国资本主义的历史命运》；

大象出版社高中历史教科书必修二第二单元第 7 课《民国资本主义的曲折发展》；

岳麓书社高中历史教科书必修二第二单元第 11 课《近代工业的艰难起步》和第 12 课《民国时期民族工业的曲折发展》。

3. 本课重点内容分析

中国民族资本主义的曲折发展是中国近代化的重要内容，对中国近代社会转型时期的政治民主化和思想解放产生重大影响。中国民族资本主义的曲折发展历经 19 世纪 60 年代产生阶段、19 世纪末初步发展阶段、20 世纪初（第一次世界大战期间或 1912～1919 年）进一步发展（短暂春天）阶段、国民政府统治前期快速发展（黄金十年）阶段、抗日战争时期遭沉重打击和内迁阶段、解放战争时期陷入绝境阶段。这些阶段的特点是由世界政治经济发展对中国的影响和中国国内政治经济变化交互作用的结果。

通过史料教学帮助学生认识民族工业生产、经营、管理的主要特点，感受民族资本主义经济产生与发展对中国社会发展的意义，体会近代民族工业兴起的艰难，把人物命运与时代背景结合起来评价历史人物，懂得既要关注自身发展，又要关注社会发展。探讨影响中国资本主义发展的主要因素，资本主义在中国近代历史发展进程中的地位和作用，体会民族经济兴衰与国家命运紧密相连的道理，民族工业的代表人物所表现的自强不息的爱国精神，理解民族独立、国家统一、政治民主是民族工业健康发展的保证这一道理。

4.3.2 案例展示与分析

1. 案例展示：《中国民族资本主义的曲折发展》的教学设计[①]

导入（略）

问题1：张謇毅然弃官下海从商，是什么原因促成的？看材料。

材料1 1895年4月，《马关条约》签订，张謇在获知条约内容后，将条约内容逐款抄录于日记中，惊呼："和约十款，几罄中国之膏血，国体之得失无论矣。"也是在这一年，他为洋务派官僚张之洞写了《条陈立国自强疏》，其中提出"富国强民之本实在于工"；并提醒清政府："夫立国由于人才，人才出于立学，此古今中外不易之理。"（庄安正，《张謇先生年谱》）

意图：学生根据已有知识，能指出促使张謇转变的普遍原因，即甲午中日战争后民族危机严重，实业救国思潮的影响。出示这段材料，不仅能证明上述两点，教师还可据此进一步说明：张謇丰富、发展了"实业救国"思想，他将实业和教育放在了同等重要的地位，他的指导思想是"实业教育救国"。

问题2：张謇"实业教育救国"的爱国行动，从创办大生纱厂开始。他为什么选择办纺纱厂呢？

细节：那时候，南通是棉产区，棉花产量高、质量好，"冠绝亚洲"，民间向来有"种棉卖钱，胜过种稻贩盐"的说法。当地老百姓有织土布的传统，寻常农家的女孩十一二岁就会纺纱。南通产的土布、蓝印花布在国内许多地方，如东北三省、南方的福建、广东已形成销售市场，并出口东南亚。（尤世玮，《南通特色文化》）

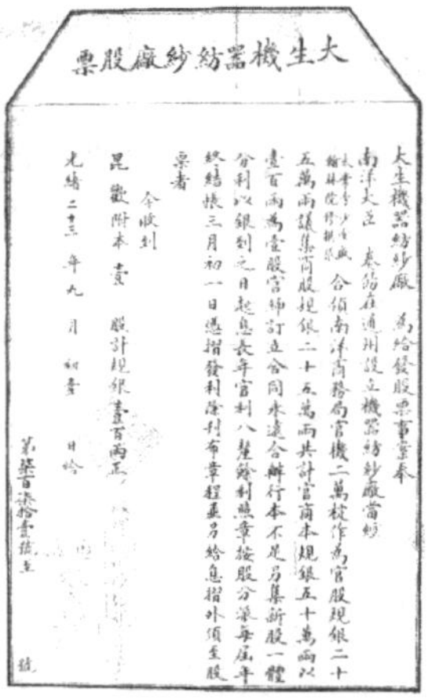
大生機器紡紗廠股票

大生機器紡紗廠 為給發股票事案奉
南洋大臣 奏飭在通州設立機器紡紗廠當經
太常寺少卿銜 翰林院修撰張 合領南洋商務局官機二萬錠作為官股規銀二十
五萬兩議集商股規銀二十五萬兩共計官商本規銀五十萬兩以
壹百兩為壹股官紳訂立合同永遠合辦行本不足另集新股一體
分利以銀到之日起息長年官利八釐餘利照章按股分派每屆年
終結帳三月初一日憑摺發利除利布章程並另給息摺外須至股
票者
今收到
[illegible] 附本 壹 股計規銀壹百兩正
光緒二十三年九月初壹日給
第[illegible]號

图 4-8

意图：引导学生从劳动力、资源、市场、技术、资金等方面进行分析。张謇创办大生纱厂是充分利用了当时南通的民俗风情和丰富、优质的原料资源，必要的技术和丰富的劳动力资源，产品（棉纱）有较广阔的市场。张謇先从纱厂做起是充分考虑了诸多环境因素。

但只有这些有利条件还不行，办工厂首先要解决投资问题。钱从哪来？请看图4-8和材料2。

材料2 图4-8是光绪二十三年（1897年）大生纱厂发行的股票。股票中载明："南洋大臣（时为刘坤一）奏饬在通州设立机器纺纱厂……翰林院修撰张（即张謇）……领南洋商务局官机二万锭，作为官股规银二十五万两，议集商股规银二十五万两，共计官商本规银五十万两……官绅订立合同，永远合办。"

问题3：从这张股票可以获取哪些历史信息？

意图：从文字上逐层分析。"南洋大臣奏饬"，说明办厂获得官方支持；"机器纺纱厂"，说明是大机器生产的工厂；"翰林院修撰张"，说明张謇的身份；"领南洋商务局官机二万锭，作为官股规银二十五万两"，说明办厂资金的来源一部分是"官股"；"议集商股规银二十五

① 冯荣国，陈康衡．《中国民族资本主义的曲折发展》的教学设计——以张謇及大生企业为例．历史教学（中学版），2009，8月上半月刊：16-23.

万两”，说明还要从民间集资。结论：大生纱厂采用股份制形式，股本结构是官商合办。张謇的身份对他办厂也是有利条件。清政府对张謇办厂是支持的。另外，50 万两白银是什么概念呢？1890 年张之洞开办汉阳铁厂的资本额是 583 万两白银。比较两个企业的开办资金说明什么问题？（希望学生得出结论：轻工业投资少。）

问题 4：这张股票还说明张謇采用股份制的办法办企业。股份制是西方资本主义生产社会化的产物，是使社会资金资本化的重要方式。张謇原本是封建士大夫，他怎么会想到用股份制的方式呢？

意图：中国民族资本主义企业是在外国资本主义的直接刺激和影响下诞生的。顺便说明，张謇曾到日本作过考察，亲身感受到先进与落后的对比，但那是在 1903 年。张謇的“实业救国”实际上就是效仿资本主义。

细节：张謇筹办大生纱厂期间接触较多的是张之洞等洋务派官僚，因此，他曾设想的办厂模式如股票所载，实行“官商合办”。但是，洋务派办洋务企业，弊端丛生，官办企业声名狼藉，张謇最初集资困难，其原因之一，就是有些商人不愿与官府合股办厂，具有“恐官心理”。因此，大生纱厂最终采取的是绅领商办的模式，即清政府仍投资，但不参与管理，每年只按规定取得固定的利息。

这种模式的确立，主要得益于张謇的身份或者说他特殊的社会地位。张謇拥有科举功名和官场背景，属于地方头面士绅，人脉资源非常丰富，这使得他能见信于官府，能在必要的时候争取官府的支持和帮助。（许纪霖、陈达凯，《中国现代化史》）

张謇正是凭着这种优势，充当官商媒介，调动自己的人际关系，说服各方，最后采用了绅领商办的形式。张謇原设想官商各出 25 万两，实际上到 1899 年大生纱厂开工时，只有官股到位，直到纱厂开工一个月后，商股股份还只有 19.5 万两，这其中还包括地方公款和团体公款共计近 5.4 万多两，真正从社会招集的商股资金只有 14.1 万两。也就是说，大生的原始资本只有 44.5 万两白银。

问题 5：为什么社会资金这样短缺呢？

意图：说明中国资本主义在半殖民地半封建的社会中诞生，没有原始积累的条件和阶段，民间资本极度短缺。单纯依靠民间资本只能办一些小规模的工厂，如陈启沅在广东办的继昌隆缫丝厂，是比较大的，工人约近 700 人，一般的碾米厂、面粉厂多则几十人，少的只有十几个人。而大生厂最初的规模就有工人 3250 人，如果仅靠民间资本很难达到这样的规模。张謇借助官府资金一是可以解决民间资本短缺，二是可以谋求官府的保护。当然官府也有增加税收、谋取投资收益的考虑。（章开沅、田彤，《张謇与近代中国社会》）

绅领商办的办厂模式是张謇受西方企业的启发，开创的股份制模式。它较好地处理了企业中，国家资本和民间资本的共存关系，官商之间的权利关系。英国的棉纺织业在当时是最先进的，大生纱厂的机器都是从英国购进的。

问题 6：综合上述现象，请大家分析大生纱厂是什么性质的企业？它诞生的条件是什么？

意图：从资本来源到企业模式、从企业管理到生产组织、从生产工具到雇佣劳力，都说明大生纱厂是完全的民族资本主义企业。教师指出：大生纱厂还是近代中国第一个发行股票的股份制民族企业。（章开沅、田彤，《张謇与近代社会》）

细节：在大生纱厂的办公室内，悬挂着张謇请人绘制的四幅《厂儆图》，这可不是普通的绘画作品，这个“儆”字含有自觉、自勉、自励的意思，画面反映的是办厂初期遇到的窘境，暗指四件事。

第一幅《鹤芝变相》图，“鹤”、“芝”分别指洋行买办潘鹤琴、郭茂芝，他们在集资过程中反复无常，在关键时刻退股作难。第二幅《桂杏空心》图，“杏”指官僚买办盛宣怀(号杏荪)，“桂”指江宁布政使桂嵩庆，他们言而无信，拒付资金。第三幅《水草藏毒》图，讽刺通州知州汪树堂（汪字有“水”；树字含“草”）暗藏祸心，多方阻挠。第四幅《幼子垂涎》图，指大生纱厂即将投产而资金匮乏时，浙江候补道朱幼鸿、盐务督销严信厚（字小舫）企图乘人之危，巧取豪夺，低价收购大生纱厂产权，讽刺他们贪得无厌。

问题7：从图4-9中我们可以看出张謇兴办大生纱厂过程中遇到哪些不利因素？

(a)《鹤芝变相》

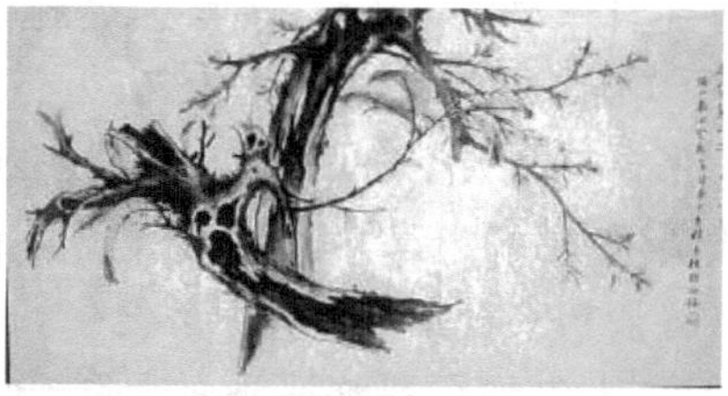

(b)《桂杏空心》

(c)《水草藏毒》

(d)《幼子垂涎》

图4-9

意图：引导学生想象张謇创业时的社会环境，尤其是封建官场势力的阻挠和刁难，由此具体地认识中国民族资本主义在“夹缝中生存”。

细节：尽管困难重重，张謇凭着顽强的意志东奔西跑，在经历44个月的磨难后，终于使大生纱厂屹立在南通的唐家闸。这一时期，全国办厂已渐成风气。除张謇的纺纱厂外，各地还有24家，其中，官商合办的有14家，占总数的一多半。(章开沅、田彤，《张謇与近代社会》)

大生纱厂自1899年开车生产后，由于有原料、有市场，加上张謇把握了“纺厂获利之多寡，枢纽在进花出纱”的关键，经营得法，从而使“魁星牌”棉纱产品在市场大受欢迎。大生纱厂投产的当年就赢利38 712两白银，以后连年赢利，到1911年，13年中，共赢利321.5万两白银。(虞和平主编，《中国现代化历程》)

问题8：这些数据和大生纱厂的发展说明什么问题？

意图：要求学生得出19世纪末20世纪初，中国民族资本主义有了初步发展的结论。教师进一步引导学生认识民族资本主义为什么选择轻工业。

材料3 自1912年至1921年，大生纱厂的利润率平均水平高达44.44%，10年赢利累计1161.9万两，相当于1899～1911年纯利润总和的3.61倍。（虞和平主编，《中国现代化历程》）

在1920～1921年，上海的报纸天天刊登大生的股票行情，大生股票成为当时市场上的

“绩优股”，行情天天看涨。

问题 9：这 10 年企业的迅猛发展，有何特别的客观原因？

意图：第一次世界大战时期列强忙于大战，造成民族企业发展的空间。估计学生能够想到，转而提出：钱挣得多了，干什么用呢？这时候最能考验一个人的眼光和素质。

材料 4　张謇说，“一个人办一县事，要有一省的眼光；办一省事，要有一国之眼光；办一国事，要有世界的眼光。”

问题 10：想想看，现在我们提倡这个理念行不行？

意图：从张謇的这段名言引导学生认识张謇的思想和视野，说明即使在当今社会，没有这样的眼光也成不了大事业。

细节：张謇利用纱厂获得的丰厚利润，抓住有利时机，一方面扩大纱厂规模，另一方面，实行多种经营，跨行业发展，最终形成了以大生纱厂为母体、拥有 69 个企事业单位的大生资本集团，请看图 4-10。

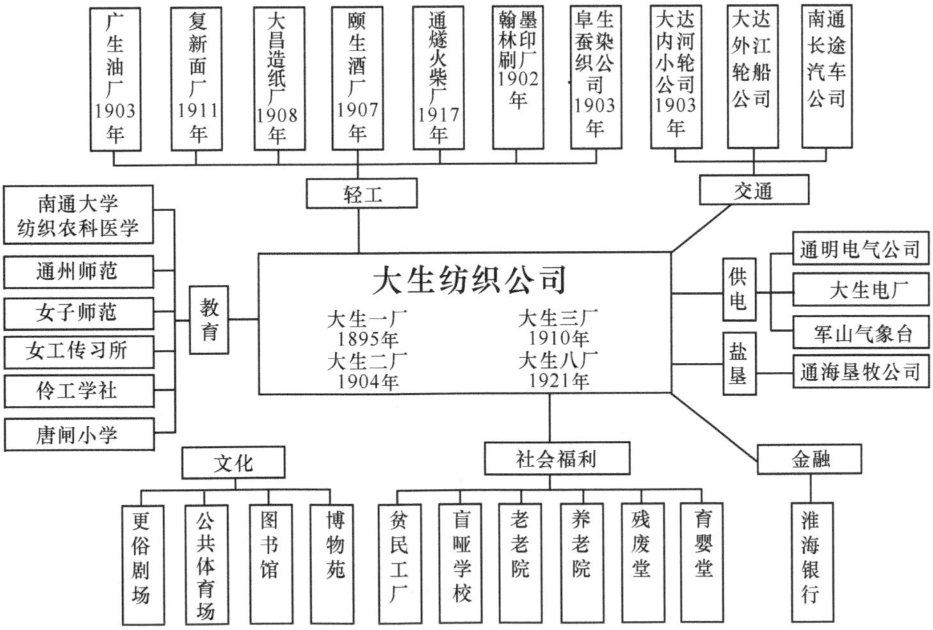

图 4-10　大生企业系统构图

问题 11：图片反映大生资本集团及张謇的实业活动。我们先考虑第一个问题：张謇这时候的身份代表了什么阶级？

意图：张謇从状元到实业家，从封建士大夫转变为民族资产阶级的代表，这是时代的转变，是时代的象征。张謇在南通事业的成功在全国也是绝无仅有的，他将“实业救国”作为自己的追求，努力为“实业救国”创造更有利的条件。

材料 5　1912 年中华民国临时政府成立，孙中山任命张謇为实业部总长兼两淮盐政总理。1913 年，张謇就任北京民国政府农商总长。张謇考虑到“实业之发达，必恃有完备之法律，以为之监督保障。内地各种已举之实业，旋起旋灭，非法律不备，即用法不善。”法律犹如轨道，产业“入轨道则平坦正直，毕生无倾跌之虞；不入轨道，随意奔逸，则倾跌立至”。为此，他在近一年半的任期内，主持编订、颁布了 20 多种经济法规和条例。（章开沅、

田彤，《张謇与近代社会》）

问题 12：张謇为推行“实业救国”而制定的一系列经济法规，代表了哪个阶级的意愿？试想，在那个时候这些法规能不能得到有效贯彻？

意图：代表了民族资产阶级的愿望。引导学生回忆北洋政府统治时期的政治状况，说明这些经济法规的推行收效甚微，张謇转而致力于“地方自治”，再回到图 4-10。

过渡：再看大生集团的发展示意图。大生集团涉足的领域包括轻工业、交通运输业、金融业、供电业、盐业；公共事业包括教育、文化和社会福利，还有气象、水利、公园、市政等社会公益事业。这对当时的南通是全面的社会改造，是很了不起的。南通以前叫通州，1912 年改称南通。原本是一个典型的封建小县城。1930 年出版的《二十年来之南通》说“论其繁华则不如沪，论其财富亦不如苏，论其土质、物产均不足齿于江南各县。”到 20 世纪 20 年代，经过张謇 20 多年的经营，南通在全国乃至国际上的知名度大大提高。南通具有较发达的工商业和先进的交通运输业，配置了较完备的城市设施，建立了多形式、多层次的完整的教育体系，还有初步的社会保障机制。各类企事业单位的正常运转需要大量从业人员，这必然为南通创造大量的就业机会，当时的南通社会问题较少，社会矛盾相对缓和，社会风气清明淳朴，可谓是和谐社会。张謇将工业区选在唐闸，港口区定在长江边的天生港，狼山作为风景区，老城区则作为政治、金融、商业、文化中心，这就构成了以老城为中心的“一城三镇”的空间格局，城镇相对独立、分工明确、污染减少，各自合理发展。张謇在前后不到 30 年的时间里，以实业为基础对南通进行全面经营，使南通社会面貌发生了质的变化，原先那个偏僻闭塞的封建小城镇，一跃成为灼人眼目的近代化模范城市（图 4-11）。

南通公共体育场

南通博物苑

更俗剧场

养老院

南通大学医科

南通师范校

军山气象台

图 4-11

意图：由教师介绍南通地方史最精彩的一页，是将地方史融入必修课，加深学生的印象。

材料 6　当年梁启超说：“南通是我们全国公认第一个先进的城市……他们价值之高，影响之大，国人共知。”

问题 13：你们怎样理解梁启超说的“价值之高”？

意图：引导学生认识南通的近代化不像其他设有租界或成为通商口岸的城市那样，是在没有外力的状况下，完全凭仗着中国人自己的双手缔造的，是中国首先按照总体规划建设的近代城市。1898 年，英国人霍华德创立了花园城市理论，对西方现代城市规划产生了革命性影响，南通一城三镇、城乡相间的城市规划理念，完全可以和霍华德的这一理论相媲美。至此，我们应知道南通作为“近代中国第一城”的真正含义了。对张謇的贡献，我们再看学者的一些评价。

材料 7　日本人驹井德三指出：张謇“独居南通，拥江北之区域……所怀之理想，数十年始终一贯，表面以分头于实业交通水利之建设，里面则醉心于教育及慈善事业之学理，乃唯一主新中国之创造者，诚可谓治现今中国之良药，而非过言者”。（虞和平主编，《中国现代化历程》）

材料 8　当代著名历史学家章开沅先生说：“在当时的历史条件下，我们很难发现另外一个人，在另外一个县，能够办成这么多企业、事业，而且如此深刻地改变了这个地方的经济、文化面貌。”（虞和平主编，《中国现代化历程》）

意图：借助中外学者的评价，让学生加深认识张謇的历史贡献，进一步解释，张謇建设南通已被作为“南通模式：区域现代化的尝试”载入史册。这样既达到地方史和情感价值观的教育，也从多方面落实了课标要求探究：“资本主义在近代中国历史发展进程中的地位和作用”的问题。

过渡：略

问题 14：首先让我们探讨 20 世纪 20 年代中期，大生企业为什么会迅速走向衰败。

材料 9　大生营业所 1922 年的业务信中披露：“花纱均属疲滞不振，皆为时局不定，人心不靖，所以致此。”（单强，《工业化与社会变迁》）

“厥后奉直战事发生，通布销路……亦因时局不靖而消减，故布疲纱跌，无人问津。积货多则有妨周转，不得不贬价求售，因此大受打击。”（卫春回，《张謇评传》）

意图：大生企业走向衰败的外因是，军阀混战使社会动荡，人心惶惶，致使棉纱销路大减，大生企业资金周转发生了困难。

材料 10　张謇晚年检讨说：“南通实业，三五年来，因急进务广，而致牵阁。”“南通办法本以实业、教育相互为助，故纺织学校就纱厂而成……余如师范、农科大学、商业、医学等校，虽仍求助于各实业公司，对外界则不予不取，而各公司之负担则亦重矣。”（卫春回，《张謇评传》）

意图：南通的文教、公益、慈善事业每年维持的费用在 30 万元左右。这对企业无疑是个沉重的负担。大生企业是实行多种行业齐头并进，张謇常常以企业家之力，办社会化之事，其非营业性开支巨大。从经济角度看，大生繁荣中潜伏着危机，因为张謇以其有限的财力投资庞大的社会公益事业，这必然拖累大生，影响企业自身积累和发展，严重削弱大生企业的市场竞争力。

材料 11 张謇总结南通的发展时曾说，“上对政府官厅，无一金之救助；下而对社会人民，无一事之强同，对世界先进各国，或师其意或撷其长，量力所能，审时所当，不自小而绥，不自大而夸。”(虞和平主编，《中国现代化历程》)

过渡：“量力所能”很难做到。1925 年大生企业被债权人上海银团接管，第二年 8 月，张謇病逝于故居濠南别业，享年 74 岁。后来，大生纱厂邀请纺织专家驻厂管理，借鉴采用了欧美先进的管理方法，整修了机械设备，提高了产品质量，建电厂改善了动力条件，并开拓了外埠市场，在艰难中挣扎图存。直至抗日战争爆发前夕，才偿清了大部分债务（据《江苏大生集团厂史展览》）。

沦陷期间，大生企业遭到日寇的疯狂掠夺（图 4-12）。

敌寇缺乏钢铁，遂将机件拆毁劫走

敌寇只开工一小部分，机器上的配件任意拆卸，或拆东补西，或运走移配他厂

1939年3月至1943年7月，日寇劫管期间大生全部流动资产概被劫夺，约值当时“法币”300余万元，折合棉纱约为5000箱

图 4-12

抗日战争胜利后，私股和官股为大生企业经营权展开激烈争夺。1946 年，张謇的侄子张敬礼继承了大生公司经理职务，他壮志满怀，以为天下太平了，中国民族工商业可以大发展了。谁料，内战又开始。大生公司面临洋货入侵，国内苛捐杂税、鲸吞蚕食的威胁，企业再次陷入瘫痪状态。新中国成立前夕，工厂甚至被当局要求迁至台湾，只是由于地下党组织工人开展护厂斗争，工厂才得以保全。新中国成立后，大生集团所属企业，经过公私合营，改造成为社会主义国营企业后，饱经动荡变乱、挣扎图强的老厂才获得新生。

材料 12 胡适曾经这样评价张謇：“张季直（张謇）先生在近代中国史上是一个很伟大的失败英雄……他独力开辟了无数新路，做了 30 年的开路先锋，养活了几百万人，造福于一方，而影响及于全国。终于因为他开辟的路子太多，担负的事业过于伟大，他不能不抱着许多未完的志愿而死。”

问题 15：谈谈你怎样理解胡适的评价？有兴趣的同学，可以就“我对张謇的评价”写一篇小论文。也可以就大生企业的兴衰，写一篇“论民主革命与中国现代化的关系”，分析阻碍大生企业发展的根本因素，认识大生企业兴衰的时代特征。

2. 案例点评与分析

在本课教学设计中，作者能够围绕一个主题，抓住一条主线，将史料进行有机串联，形成了系列和体系，这是史料教学的理想境界。该设计以张謇的人生轨迹和大生企业的发展全程组织史料，以此为案例，解剖麻雀，以小见大，折射整个中国民族资本主义发展的全过程，这是本节课的特色。

设计者组织的史料不是零散、分离和“非典型”的，而是选择能够代表主题的，最能说明问题的材料。围绕典型案例——大生企业的材料肯定不少，但高中生有自身的特点。因此，在个别环节上开发课程资源，增加一些内容比较容易，完整的一节课都是按照自己的思路寻找史料并形成一个逻辑系列，这是下大力气才能做到的。但创作者事前阅读了大量著作。史料形式生动，既有文字史料，也有图片史料，既有第一手史料，也有第二手史料。这样，使学生通过鲜活的史料，能够抓住主线，在大生企业发展的足迹中明晰整个民族资本主义发展的脉络。

“以典型窥全貌”，“张謇创办的大生企业是近代中国纺织业的活标本，它的历程在很大程度上是近代中国民族工业的一个缩影。”设计者在这里所体现的是案例教学的模式。这个案例虽然教材中提到，但将其作为课堂教学的主要内容，仍然要研究它的典型性。换言之，设计者必须先做研究者，熟悉后才有信心以此典型进行教学。这样的工作是创新教学，比寻找一两个史料说明一个问题要难得多，但教学效果要好得多。

该设计特别注意挖掘史料的细节。在整个教学设计中，有多个具体的细节史料供学生阅读、体会，这些细节生动、细腻而耐读，如“细节 4”展示的是在大生纱厂办公室里悬挂的四幅图片——《厂儆图》，形象地暗指张謇办厂初期所遇到的三种阻力：洋行买办、官僚买办、地方官僚的阻挠。这些细节史料能够深刻、形象地再现出当时大生纱厂在创办过程中的艰难，准确刻画出当时买办官僚的贪得无厌和反复无常，以小见大，也能够从中生动地折射出当时民族资本主义在夹缝中求生存的窘境。具体、细节的史料充盈着灵动与形象，比那些抽象、枯燥的史料更具感染力，更能够激发学生学习的兴趣。

也应看到本教学设计在进行史料教学中也忽视了一些问题。课堂教学中选择的史料稍嫌冗长，虽然标明的史料只有 12 则，实际上该设计中的史料有 21 则之多，这样难免会影响课堂节奏。选择较短的、典型的史料是最明智的抉择，学生容易理解，从而能够较快地参与。丰富史料引用于课堂教学中，也能通过调整教学时间来达到教学目标。

史料教学的“论从史出、史论结合”，不能以学生是否掌握了预设的答案为判断标准，不能仅仅搞成“论从书（教材中的结论）出”或“史从论出”。这不是对史料分析的结果。如果材料的答案不是在对史料分析的基础上生成的，而是事先预设好后，再组织史料以说明结论，超出预设的答案或结论部分则视而不见。这就违背了史料分析中的“忠于材料”原则，不仅不能达到培养学生思维的能力，而且会局限学生的思维。我们要运用“推理”的方法来分析史料，而不是仅仅运用“回忆课本”的方法无限制地随意解读和引申。

此外，本设计中个别史料的科学性尚需斟酌，如在“问题 3”中，仅依据“1890 年张之洞开办汉阳铁厂的资本额是 583 万两白银，而张謇办厂的资金是 50 万两白银”，就得出当时“轻工业投资少”的结论，说服力不强。就材料而言，这里主要说明的是张謇创办的企业采用的是“官商合办”的形式，政府对其投资少，而不能说明是政府不重视轻工业，材料支撑的力度不够，何况举办轻工业所需经费本来就有可能比举办重工业要少。用个案的事例对比，来说明一条普遍的规律或现实，从论证的角度来说是不规范的。再如，在“问题 1”中，“张謇毅然弃官下海经商，是什么原因促成的?”所给的材料主要是体现了张謇具有“强烈的爱国心”，提出“实业救国的主张”，但却无法看出当时已经存在着广泛的“实业救国思潮对张謇的影响”这个结论。另外，“问题 15”，要求学生就大生企业的兴衰，写一篇“论民主革命与中国现代化的关系”，这样的题目似乎过大、过于空洞，宜细化。《厂儆图》和沦陷期间，大生企业遭到日寇疯狂掠夺的图，没有注明出处，另有一些文字史料没有注明出处。

只有规范引用史料，合理解释史料，史料教学的有效性才能得到保证。

复习与思考

1. 教学设计与实施过程中，史料选择、运用和解释应注意哪些基本规范？为什么要注意这些规范？

2. 结合教学实际，你觉得两个案例中哪些史料选择较好？说一说你对教学内容拓展、教学情景创设与史料选用间关系的认识。

拓展资源

1. 李剑鸣．历史学家的修养与技艺．上海：上海三联书店，2007.

2. 何成刚．智慧课堂：史料教学中的方法与策略．北京：北京师范大学出版社，2010.

3. 柯林伍德．历史的观念．何兆武，张文杰译．北京：中国社会科学出版社，1986.

4. 许玉杰．解读《共产党宣言》．北京：中国经济出版社，2010.

5. 许涤新，吴承明．中国资本主义发展史．北京：人民出版社，2003.

第 5 章　历史教学过程设计的策略

学习目标

1. 掌握教学过程设计的基本策略。
2. 了解历史教学过程设计应注意的问题。
3. 学会处理教学过程设计与课堂教学活动展开的关系。
4. 掌握导学提纲设计的基本要求，合理呈现教学过程。
5. 学会设计并实施课堂讨论。

关键词　教学过程；课堂活动；争鸣；导学提纲；课堂辩论

5.1　历史教学过程设计应注意的几个问题

任何事物都是作为一个过程展开的，教学也是一个过程。教学过程极其复杂，它具有丰富的内容，也有很大的动态性。课程改革把“过程和方法”作为目标，使教学过程设计成为教学设计的一项重要内容。课堂教学过程，对学生来说是一个在教师指导下的学习心理过程，对教师来说是一个以学生为对象的工作过程，是一个对学生的学习心理过程进行调控的过程。教学设计“越来越倾向于从关注‘教’转向更关注‘学’，着眼于学生的实际、学生的特点，并为学生的发展创造有利条件”①。因此，教学过程设计时，既要设计教师教的过程，又要设计学生学的过程，更要注意在过程中实现师生互动、生生互动以及教学内容文本与学生思维的互动。

5.1.1　运用教学理论指导教学过程设计

1. 教学过程的内涵

教学过程是一种特殊的认识过程，也是一个促进学生身心发展的过程。在教学过程中，教师有目的、有计划地引导学生能动地进行认识活动，自觉地调节自己的志趣和情感，循序渐进地掌握文化科学基础知识和基本技能，以促进学生智力、体力和社会主义品德、审美情趣的发展，并为学生奠定科学世界观的基础②。教学过程主要是引导学生掌握人类长期积累起来的科学文化知识的过程。学生的智力、体力的发展和品德的形成，都离不开知识的掌握，都要受认识规律的制约。教学过程只有既遵循认识论的一般规律，又充分注意学生认识的特点，才能组织和进行得科学而有成效。教学过程的根本目的在于培养人，促进学生全面发展。课程改革要求教学由获取知识、技能为主的认识过程转变为促进学生发展的过程。忽

---

① 钟启泉．课程与教学论．上海：华东师范大学出版社，2008：111.

② 王道俊．教育学（第 2 版）．北京：人民教育出版社，1999：197.

视传授知识、技能，发展就缺乏坚实的基础；忽视德智体的发展，传授知识、技能就失去了方向和动力。

教学过程还是一个多层次的过程。它可分为下面的层次：小学到大学的教学全过程；一门课程的教学过程；一章（一单元）的教学过程；一节或一课书的教学过程。不同层次的教学过程应有区别，不能混为一谈。

教学过程具有“双边性、间接性、发展性”① 的特点。教学过程是师生个体认识过程与人类一般认识过程的统一，是师生课堂教学交往过程的统一，是教养与教育过程的统一。在教师引导下的学生掌握知识的活动是教学过程中最基本的活动。

2. 教学过程设计要处理好几种联系

专家研究②指出，教学过程有四个基本功能：传授知识、形成技能、培养智能、发展个性。教学过程中应遵循一些基本规律：教学认识过程的简约性规律；教与学相互依存的规律；教学与发展相互制约相互促进的规律；教学要素的整体性规律。

因此，教学过程设计时要注意以下几种联系③：

（1）间接经验和直接经验的必然联系。学生认识的主要任务是学习间接经验；学习间接经验必须以学生个人的直接经验为基础，防止忽视系统知识传授或直接经验积累的偏向。

（2）掌握知识和发展智力的必然联系。智力的发展依赖于知识的掌握，知识的掌握又依赖于智力的发展；引导学生自觉地掌握知识和运用知识才能有效地发展他们的智力，防止单纯抓知识教学或只重能力发展的片面性。

（3）掌握知识和提高思想的必然联系。学生思想的提高以知识为基础；引导学生对所学知识产生积极的态度才能使他们的思想得到提高；学生思想的提高又推动他们积极地学习知识。

（4）智力活动与非智力活动的必然联系。非智力活动依赖于智力活动，并积极作用于智力活动；按教学需要调节学生的非智力活动才能有成效地进行智力活动、完成教学任务。

（5）教师主导作用与学生主动性的必然联系。发挥教师的主导作用是学生简捷有效地学习知识、发展身心的必要条件；调动学生的学习主动性是教师有效地教学的一个主要因素；防止忽视学生积极性和教师主导作用的偏向。

在教学过程中，教师不仅要对信息进行调控，更重要的是对人的调控；不是只调控一个人，而是调控几十个人；不仅调控几十个人的认知活动，而且调控几十个人的情意活动。因此，教学过程设计中不能忽视这些联系。

3. 中学历史教学过程设计

中学历史教学过程，主要指的是学生通过历史课，掌握基本历史知识，发展智力和能力，受到情感态度与价值观熏陶的具体过程④。中学历史教学过程同样是一个复杂的过程。

第一，课堂教学类型不同，教学过程设计就应该有区别。历史课堂教学类型划分有多种

① 钟启泉．课程与教学论．上海：华东师范大学出版社，2008：190.

② 傅道春．教育学：情境与原理．北京：教育科学出版社，1999：264-267.

③ 王道俊．教育学（第2版）．北京：人民教育出版社，1999：206-217.

④ 朱汉国，郑林．新编历史教学论．上海：华东师范大学出版社，2008：63-64.

方法[①]：第一种是从教学内容上着眼，把历史课分为经济史课、政治史课、文化史课、战争史课，等等。第二种是从教学方法的角度划分，有“以讲为主的启发式课”、“图文示意课”、“情感教学课”等。第三种则是从一节课所要完成的任务上来划分的，有单一课（导言课、单纯传授新知识课、考试课、讨论课）和综合课（复习课、讲授新课、小结课、作业）等。例如，讲授新课的历史教学过程是“形成历史概念”和“阐释历史概念”的过程[②]。

第二，教学过程设计应注意多种教学方法的运用。历史教学方法包括：讲述法、讲解法、谈话法、图示法、讨论法、辩论、史料研习、角色扮演等。这些教学方法的运用，就要求教师在教的过程中运用多种技能，包括导入技能、讲授技能、提问技能、板书技能、小结课堂技能，还包括多媒体和互联网的应用技能。这些方法的运用和技能的应用，应以促进学生理解、思考为目的。

第三，教学过程设计应灵活选择课堂教学模式。专家研究指出，教学过程包括九个基本的要素[③]：引起学生的注意、提出教学目标、唤起已有经验、提供教材内容、指导学生学习、注意学习表现、适时给予反馈、评定学习结果、加强记忆与学习迁移指导。这些要素的组合就可在实际教学活动中形成一些基本的模式，以提高教学效益。我们将教学模式理解为在一定的教育思想和理论指导下，为完成一定的教学目的和内容而建立起来的教学结构和活动程序。

中小学常用的课堂教学模式有五种[④]，每种模式有其基本的操作程序：

（1）传授-接受模式：激发动机—复习旧课—讲解新课（分感知教材和理解教材两阶段）—巩固知识—运用知识—检查；

（2）引导-发现模式：自学—讨论—启发—练习总结；

（3）自学-辅导模式：问题—假设—推理—验证—总结；

（4）情境-陶冶模式：创设情境—学生参与各类活动—教师启发总结、学生领悟提高；

（5）示范-模仿模式：定向—示范—参与性练习—自主练习—迁移。

教学目标不同，采用的教学模式应该有所区别。教学目标比较全面的课，既要掌握基础知识，又要培养某方面的能力，还要潜移默化地渗透情感教育，宜综合采用多种模式于一节课之中。

历史教学模式是在一定的历史教学理论或教学思想指导下，通过教学实践抽象、概括而形成的相对稳定的教学活动的基本结构或范型。它既不同于纯粹的教学理论，也不同于具体的教学方法，它是实施教学的一种方法论体系，或者说是一种教学策略。依据课程标准提出的“提高学生的文化素质”和“人文素养”、“弘扬民族精神”、“增强历史意识”、“汲取历史智慧”[⑤] 的要求，历史教学常用的教学模式有三种。

（1）在传授历史知识时，常采用“传递-接受”教学模式，基本程序是：组织教学—复习旧课—讲授新课—总结—布置作业—检查评价。运用的教学策略是：以历史教科书为主要教学材料，通过教师生动形象的讲述引起学生的兴趣，使学生掌握历史知识。

（2）在培养学生的基本能力，通过体验发展学生的情感时，常采用“活动-体验”教学

① 孙恭恂．历史教学的艺术与技巧．北京：中国地图出版社，1995：302-303.

② 于友西．中学历史教学法．北京：高等教育出版社，1988：66.

③ 傅道春．教育学：情境与原理．北京：教育科学出版社，1999：262-264.

④ 陈心五．中小学课堂教学策略．北京：人民教育出版社，2000：145-156.

⑤ 中华人民共和国教育部．普通高中历史课程标准（实验）．北京：人民教育出版社，2003：1-2.

模式，基本程序是：确定问题或课题—设计活动方案—安排学生课前准备—组织学生课堂活动—总结与评价。运用的教学策略是：合理设计活动方案，以学生自主阅读、学习、研讨史料（教学材料），或者以实地参观为主，教师引导、指导。

（3）在进行知识的综合复习，培养学生历史地看问题、发展地看问题，帮助学生从历史中汲取智慧时，常采用“情境-探究”模式。基本的程序是：确定主题—运用史料创设历史情境—分解问题分层探究—交流学习成果—总结评价。运用的教学策略是：围绕教科书或课程标准的重要历史问题创新情境，围绕核心目标设计核心问题展开探究活动，注重课堂互动，探究活动与问题要具有开放性和思辨性。

协作学习模式中的师生活动[①]，如图 5-1 所示。

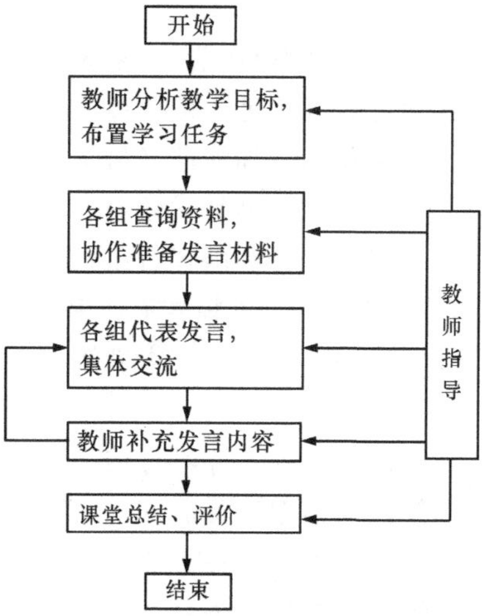

图 5-1 协作学习模式中的师生活动

当然，教学中多种教学模式综合应用，是有经验的教师的首选。无论是讲授课、复习课、训练课或活动课，以一种教学模式的基本程序为主，穿插运用其他模式，以提高学习效益。

5.1.2 教学过程设计的基本思路与程序

教师在教学过程设计中要树立系统学习和系统指导的意识，应从以下几个方面入手。

1. 确定专题单元的教学中心及其重重难点，整体设计教学过程

如人民教育出版社第一单元，这一单元的教学中心就是要帮助学生在头脑中形成“中国古代政治制度发展演变”的概念；重点就是要阐明古代中国政治制度的基本特征，讲述历朝历代政治制度变化的大致轨迹；难点就是本单元教材容量有限、课时有限，而时间跨度又特别大、涉及的知识点又特别多，所以学生很难对教材的概念有很好的理解。明确了这些，教师在教学设计中就应尽可能地引导学生利用好相关课外知识，并设置一些鲜活的情景，激发学生自主学习和探究学习的欲望，增加学生对古代政治制度的感性认识和深刻理解。

① 蒋霞，卢和英，李芒．协作学习模式在中学历史教学中的应用．中小学电教，2003，(2)：26.

2. 确立课时教学中心及其重难点，选择合适的教学媒体与教学方法

一课有一个或多个中心，“中心”是全课教学的统帅，其确立要依据课程标准，要能把握好它在这一单元中的地位。中心明确，学生就能将整个模块的知识串联起来，形成一个完整的知识体系。

围绕中心学习时，运用多种媒体形式呈现学习内容、激发学生的多元智能十分重要。《国家中长期教育改革和发展规划纲要》（2010～2020 年）明确指出，“强化信息技术应用。提高教师应用信息技术水平，更新教学观念，改进教学方法，提高教学效果。鼓励学生利用信息手段主动学习、自主学习，增强运用信息技术分析解决问题能力”①。由此可见，课程改革突出了现代信息技术和学科课程的整合，中学历史教学必须在新技术媒体的背景下进行教学设计并完成教学过程。

教学媒体的选择和运用，必须紧密结合具体教学内容和学生的特点，服从课堂教学的整体安排，以充分发挥现代教学媒体在促进学生主动学习方面的功能。现代信息技术是综合运用了文字、声音、图像、动画和视频等多种媒体的教育技术。在历史教学中，教师利用多媒体创设鲜活的情景，激发学生兴趣，强化学生记忆，启发学生思维，陶冶学生情操，最终提高课堂教学效益，促进学生综合素养的提升。

案例 5-1

《洋务运动》教学设计分析

一位教师把《洋务运动》教学过程设计为“新编历史剧”，先由教师介绍剧情和人物，然后讲述洋务运动，共分五回：第一回，清政府内忧外患，洋务派应势而生；第二回，顽固派极力反对，老佛爷暂时支持；第三回，学习西方展宏图，改造中国四措施；第四回，甲午海战遭惨败，洋务运动告破产；第五回，纵观古今多少事，不能都付笑谈中。应该说颇有创意的，但“演”的时候完全是教师一个人的独角戏、独讲戏，学生只是被动的听众。教学过程设计看起来花哨，但没有实质性内容，不能体现新课程的理念：学生主体性的发挥、师生间和学生间的互动合作程度、能力的培养和情感态度与价值观的熏陶等。②

3. 制定双向互动的教学程序

教学的过程是教与学相结合的过程。《普通高中历史课程标准》（实验）指出：“历史教学应是师生相互交往、共同发展的互动过程。”③ 教师要由单纯的历史知识的传递者转变为学生学习的组织者、促进者，要由历史的“权威”转变为历史教学的参与者、学生学习的合作者，还要由管制式的教学管理者转变为学生成长的引导者。同时，学生要由学习的被动接受者转变为自主的学习者。因此，在进行教学设计时不能再像以往那样，只有以教师活动为中心的教学过程，而是要双向设计。沟通是教学的内在需要。教师、学生、课程文本之间、师生和生生之间在相互尊重、信任、平等的立场上，借助语言文字、声像图表等符号，通过相

① http：//www. gov. cn/jrzg/2010-07/29/content _ 1667143. htm.

② 徐衍昌，徐金卫．从新课程理念看高中历史课堂教学存在的问题．中学历史教学，2005，(9)：10．

③ 中华人民共和国教育部．普通高中历史课程标准（实验）．北京：人民教育出版社，2003：30.

互言谈和倾听，进行的双向沟通和共同学习，既有教师的活动，同时又有学生的活动，师生互动、师生互补，使历史课堂教学充满和谐的氛围。

4. 合理安排课堂教学引发的课外拓展学习，有针对性地开展设计

课外拓展学习是课堂教学的延伸和继续，是课堂激发学生学习兴趣和探究热情的具体体现，课外拓展学习也是历史学科课程改革和教学适应时代发展的结果。课外拓展学习为学生学习历史提供了广阔的空间，使学生真正体会到历史的丰富多彩，为学生的历史学习提供了一个宽阔的平台。这种活动课的过程就是学生自主学习、合作学习、探究学习的过程，是培养学生的创新精神和实践能力的过程。

历史学科拓展学习活动可分为“读书阅读类活动”“历史创作类活动”“艺术表现类活动”“技能展示类活动”和“社会实践类活动”①。这些活动以学生的主体性活动经验为中心展开，使学生获得经验、培养兴趣、解决问题、锻炼能力。通过活动的开展培养学生创造性学习能力、历史思维能力和发现问题、分析问题、解决问题的能力，以及与他人合作和参与社会实践活动的能力，从而使学生形成正确的历史意识，为树立正确的价值观和人生观打下良好的基础。

案例 5-2

美国全国历史日活动②

每年的历史日（national history day）都有一个主题，由“全国历史日”组委会选定，鼓励学生开展对世界、美国、州或地方史的研究。1991～1998年的主题依次如下：①历史上的权利；②变化的原因：历史上的发现、碰撞和交流；③历史的通讯：理解的关键；④历史中的地理：人民、地方、时代；⑤历史上的冲突和妥协；⑥历史上的表明立场：个人、集团、运动；⑦历史上的成功和悲剧；⑧历史上的迁移：人民、文化、思想。面对新世纪，1999～2002年各年的主题已经选定，它们依次为：①历史上的科学、技术和发明——冲击、影响、变化；②历史上的转折点——人民、思想、事件；③历史上的新领域——人民、地方、思想；④历史上的革命——反动、改革。

“进行缜密判断的观点和方法”，期望学生做到：

（1）了解历史对我们的私人和公共生活，以及对我们社会的意义。

（2）区别重要的和不重要的事件，形成在公共和私人生活中作出敏锐判断时需要的一种“特殊的记忆”。

（3）了解我们文化的多样性和互异性，以及我们同享的社会共同性。

（4）理解事物如何发生和变化，人类的意图怎样起作用。理解在目的和过程的相互作用中，实现这些意图的手段是怎样影响结果的。

（5）理解变化和延续之间的相互作用。

（6）从历史中发现，并非所有问题都能得到解决，从而对生活中不确定的、烦人的，甚至危险的、无止境的困难有心理准备。

（7）把握历史原因的复杂性，重视特殊性，避免作出过于抽象的概括。

① 徐赐成．高中历史活动课：课程类型及其实施特点．中学历史教学参考，2004，(6)：36-37.

② 陈其．寓教于做 教学相长——记美国全国历史日活动．历史教学，1998，(12)：23-24.

（8）明白对历史的某些判断往往有暂时的性质，因此应当避免把某一特殊的“历史教训”作为医治当前弊病的普遍适用的良方。

（9）发现对历史发生影响的个人的重要性，理解人的品格在决定善恶中起的作用。

（10）意识到在历史和人类事物中，存在着非理性的、荒谬的和偶然的力量。

（11）理解作为时空载体和事件背景的地理和历史之间的相互关系。

（12）广泛而批判性地阅读，发现事实和推测之间、证据和断言之间的区别。

（13）为培养这些思维习惯，记叙性的历史必须能启发出重要的主题和有意义的问题。

5.1.3　教学过程设计体现课堂教学的基本程序

1. 有趣的导入与衔接

课堂教学导入的过程，取决于教师创设的教学情境。导入环节决定着一节课是不是能吸引学生，是不是能有效地引导学生感知历史、思考问题、提升认识。这是课堂教学程序的第一步。

导入环节教学中还应注意知识、认识水平和思维能力的有效衔接。特别是在知识和技能方面，要在导入环节创造最近发展区，让学生从现有发展水平向最近发展区水平发展，然后把最近发展区水平转化为现有发展水平的过程。

历史课堂的导入环节，在创设情境、解释问题时，要注意史料运用的规范，要贴近学生的学习生活实际和理解水平。

2. 必要的讲授

课程改革理论专家强调教学要以学生为主，强调以学生自主学习、探究学习和合作学习为主，由此有些教师对课堂上讲授时间进行了量化，不少历史教师少讲甚至不讲。这不符合历史学习的特点。学生要“知道”的很多历史事件或道理，需要教师进行讲解与说明。而学生没有足够的知识积累，就不可能培养学生的能力，不可能发展学生的情感。正如史学研究领域里，有很多大家大器晚成，就是花较长时间积累应该“知道”的东西。

学界视点

讲授的必要①

有一次听课，教学内容是隋唐文化中的书法、绘画、石窟艺术、音乐和舞蹈等。在 45 分钟的课堂上，任课教师只讲了 20 分钟，然后就让学生讨论隋唐时期书法、绘画和石窟艺术有哪些最吸引人的成就。学生们的发言不太踊跃，课堂气氛也显得沉闷。课后，我问任课教师：这节课的教学内容应该说是色彩纷呈，为什么你只是讲了 20 分钟？如果学生对隋唐艺术成就的代表人物、代表作品、突出风格以及其在艺术发展史上的地位等没有具体的了解和真切的感受，他们怎么会说出自己的看法呢？

① 叶小兵．讲授的必要．历史教学，2006，(4)：67.

叶小兵教授认为“在历史课上，教师不但要讲，要讲好，而且不能少讲”。人们获得历史知识的途径，主要是听（听他人讲述历史）、读（阅读有关历史的书刊）、看（考察历史的遗迹）等。如果历史教师放弃讲授历史，就可能阻断学生对历史知识的系统学习。无论是知识传授、能力培养、学法指导，还是情感、态度与价值观的教育，都与历史教师的指导有最直接的关系，也都离不开历史教师的正面讲授。

教师的讲授内容具体，教师的讲解分析深刻，教师的教学语言简明形象、生动幽默，就能调动学生的学习积极性，引发学生进行积极的思维。课堂讲授是学校历史教学的主要方式。只要教师能够正确认识讲授的作用，潜心研究讲授的艺术，不断提高讲授的水平，一定会提高课堂教学的效益。

3. 适当组织课堂讨论、辩论

受教科书的限制，很多历史细节并没有展开叙述，多数观点没有提出理解和思考的角度，或者过于学术化、成人化。学生的辩论或讨论，是帮助学生接受和理解历史事实、历史观点的重要手段。

学界视点

辩论主题的确定①

历史课堂教学中，辩论的主题要具有争议性，应是中性的，这样就能使辩论的双方都有的可辩。应该选择那些具有历史的复杂性、多样性、争议性的论题，包括对历史人物的功过评价，如秦始皇、武则天、曾国藩、李鸿章、拿破仑等；对历史事件的正面与反面的分析，如洋务运动的得与失、义和团运动的正义性与落后性、辛亥革命的成功与失败、抗日战争中国民党战场的地位等；对历史制度的评论，如西周分封制的利与弊、科举制度的功效与失缺、古希腊雅典的民主政治是真正的民主还是虚假的民主等。这些辩题，可以从正反两个方面找到相应的事实及材料，有论据来支撑论点，并能加以发挥。

从教学的角度上讲，确定历史的辩论主题还应考虑到以下几点：一是辩题所涉及的内容应尽可能围绕着教学的重点；二是辩题应是多数学生所关注的问题，是学生想要进一步探讨的问题；三是辩题不应是虚拟性、假想性的，没有发生过的事不宜作为历史辩论的题目，虚假问题没有历史事实做依据，对历史的学习与探究来说就没有意义。

在辩题确定之后，学生要有足够的背景知识，搜集相应的资料，研究相关论据、论点，辩论才能顺利展开。这个过程是学生进行学习和探究的过程，也是学生分工与合作的过程。

叶小兵教授强调，辩论的活动重在过程，因而在准备辩词时除了要对材料进行搜集、整理、分类外，论述时要求论点明确、论据充足、引证恰当、说理透彻、有逻辑性和层次性；在表述时要准确、清晰、流畅，要求反应机敏，善于利用对方的失误和疏漏，进行有理、有力的反驳，切中要害。辩论本身并不是最终的目的，而只是发散思维、逻辑推论的比赛，是将争议性的问题展开的活动。如果准备不充分，课堂教学中要慎用。

① 叶小兵．辩论的展开．历史教学，2006，(9)：67-68.

无论辩论还是讨论，其实质是强调课堂交流互动，是对话式教学的具体体现。

4. 注重核心问题的探究

课堂教学以问题引导教学不断深入，能激发学生的思维，培养学科能力。依据学习内容提出问题供学生思考，是课堂教学过程中的重要环节。问题探究是发展学生思维能力的重要载体。没有思考，就没有历史学习。

案例 5-3

《欧洲的启蒙运动》的史料研习课

北京师大附中高一年级《欧洲的启蒙运动》的史料研习课。老师印发了有关伏尔泰、孟德斯鸠、卢梭观点的三组材料，作为学生认知的素材（对象），采取学生自学与协商相结合的方式，逐一形成对三位启蒙思想家重要主张的认识。在此基础上组织学生讨论了三个问题。一是比较、概括法国启蒙思想家的共同观点。二是联系法国社会的发展和世界历史的时代特征，分析法国启蒙运动的作用和影响。三是比较文艺复兴运动与启蒙运动的不同点，分析造成不同的原因。

问题探讨在教学中最好的形式是为学生创设发现问题、提出问题创造条件，从而形成问题意识。① 教学过程中提出核心问题，分解问题，引导学生回顾旧知、运用新知，适当追问和清理答案，矫正学生的思路与方向，是问题探究课堂中不能忽视的。

5. 恰当进行课堂小结与设计拓展学习型作业

课堂小结可以帮助学生巩固知识，深化认识。课堂小结就像一条绳子，使学生把零散、孤立的知识串联起来，形成完整的知识结构，从而提升认识水平。

课堂小结的一般做法分为以下几种。一是抓住重点内容设计小结。二是抓住一段历史时期的特点设计小结。三是抓住教材中容易引起疑问的内容设计小结。四是从对历史人物作全面评价的角度来设计小结。五是抓住学生的学习心理设计深化教学内容的小结。②

课堂小结还可以与开放型习题布置结合起来，为学生提供新的学习空间和学习领域。对一些重大历史事件，教科书一般都提供正式的结论或观点，但人们的认识并不一定都是十分统一的。可以设计开放型问题，引导学生思考和进一步拓展学习。

案例 5-4

近两年上海市崇明中学学生完成的拓展学习文章③

（1）“侵崇日军竖河镇大烧杀纪实”；

（2）“海岛上的抗日烽火”；

（3）“崇明解放记”；

（4）“文革与我家”；

① 庞晓晴．以问题为中心的高中历史课堂教学模式探究．广西教育学院学报，2008，(2)：84.

② 王义甫．历史教学的点睛之笔——课堂小结．湖南教育学院学报，2000 (S1)：91.

③ 陈汉忠．高中历史开放型习题的设计．历史教学，2002，(1)：36.

(5)“从交通工具的演变看崇明岛的发展变化”;

(6)“改革开放二十年来家乡社会生活的变化”。

有研究者在比较了中美两国高中生作业后，发现美国“历史文体组合作业”包括历史事件表（timeline）、讣告（obituary）、颂文（eulogy）、历史人物专访（interview a historical figure）、电影评论（movie review）、书评（book review）、史评（main event）、画评（pick any American painting）、假若历史可以作假设（historical snapshot and dedication）、献辞（dedication）十种文体，作业的多样化形式，要求学生展示丰富的历史知识的同时，还得进行艺术设计[①]。我国历史作业基本上是试卷式、问题式两类，形式比较单一。在学业水平评估方面，我们还应进行大量的创新与实践。

5.1.4 教学过程的呈现形式设计与应用

1. 教学程序与活动形式的多媒体呈现与应用

教学过程设计可以用导学案、PPT 课件或在网络环境中呈现。学生通过这些呈现方式知道大致的学习过程，明确学习的具体活动和需要探究的问题，明确教师的思路。因此，有好的过程设计，还应较好地编制导学案，制作清新的 PPT 动画，运用好网络环境，以使教学过程具体化。

历史是不可能重演的，在教学过程设计中，师生可以开发利用各种资源，创设历史问题情境，“进入”历史情境中，“亲身”体验和感悟历史，这样不但能使学生了解和认识历史知识，同时也培养了学生的实践能力和创新能力。这种情境也需要在过程呈现中表现出来。

2. 应用多种教学技能实现教与学的互动

教学过程是动态化的。课程改革对互动的关注，对过程的强调，对探究的重视，都使得课堂教学越来越处在一种变化、动态的场景中。有了预设，课堂教学也应需要在预设与生成、设计与实施之间铺设起桥梁。“动态是常态，生成是关键。”[②]

课堂教学过程中，生成因素有哪些？哪些条件影响课堂生成？是不是所有课堂教学生成的因素都需要利用？怎么选择哪些能用哪些不用？标准是什么？在动态生成情景下教师需要掌握哪些教学策略？学生需要提升哪些学习本领？生成是不是都是非预设的？预设和生成的关系是怎样的？这些问题的思索与在课堂中的实际运用，都需要教师有丰富的经验和广泛的借鉴学习。

有了扎实的操作的技能，面对学生的生成性问题，就能有效地实现师生的互动。

3. 选择合适的教法，提高教学效益

教学方法是在教学活动过程中采用的方法，是指在教学过程中，教师和学生为实现教学目的、完成教学任务而采取的教与学相互作用的活动方式的总称，它既包括教师的教法，也包括学生的学法，是教授方法和学习方法的有效组合[③]。

---

① 林爱华．新课程下高中历史作业观——以中美高一历史家庭作业题比较为参照．科技信息，2007，(26)：6.

② 郑金洲．课堂教学的 50 个细节——一个专业研究者的听课杂记．福州：福建教育出版社，2007：134.

③ 钟启泉．课程与教学论．上海：华东师范大学出版社，2008：193.

教学方法必须为实现教学目的、完成教学任务服务，是师生共同进行教学活动所采用的方式，教法与学法密切联系，没有学生的学习行动或者是没有教师的控制影响行动，都不是教学方法而只是教授方法或学习方法。因此，教学方法是联结教师教与学生学的纽带，是促进学生发展的有效途径。可以说教学过程是教学方法在各环节中的具体体现。

每一种方法都有其所长，亦有其所短，关键在于教师的应用，在于哪一种方法对教与学来说是最适用的。针对不同的教学内容要选择不同的教学方法，也就是使教学内容、教学目的、教学手段及学生的认知水平相同。由于教师的素质不同，也会选择不同的教学方法。这就表现为课堂教学过程有较大的区别。

课堂选用教学方法时，要认真考虑适用性。一要看是否适合教学内容和课型（导言课、新知识课、复习课、练习课等，以及讨论、模拟等活动课）。二要看是否适合学生的学。三要看是否适合教师的教。

历史教育是师生的认知过程、情感过程、技能的形成与迁移过程，更是学生个性的形成与发展过程。在历史教学中，作为课堂教学目标的“过程”，应是学生思维活动程序，是增强学生学习体验的过程，是学生自我完善与发展个性的过程。

5.2　参与式教学设计与反思
——以《辛亥革命》一课为例

辛亥革命是一百年前一件改变中国历史进程的大事。2011 年 10 月 14 日，江苏省特级教师王雄在大连市为全国的历史教师展示了《辛亥革命》的参与式教学。当天，这节课就引起了激烈的争论。

5.2.1《辛亥革命》一课参与式教学设计①

参与式教学有多种教学方式，澄清谈话法、小组讨论、手工、绘画、游戏、合作探究、影像剧场、冥想、竞赛、反思、简报等，因为人类历史社会的复杂性，需要采用多种方法并调动学生的多种智能，为其体验和探索打下基础。教师有了基本的讲解技能后，需要掌握目标定位、设计、观察、评估、指导、平衡、质疑、分享、调控等具体的技能。因此，参与式教学非常有趣，能为学生搭建交流的平台，让学生有直接体验的机会，帮助他们积累经验，并在实践中学习。

尽管参与式方法多种多样，看起来似乎也很专业，但是，参与式方法倡导在“做中学”，也就是教师应该教学生敢于尝试，敢于表现。要做到这一点，需要教师从每个人都能参与的游戏开始，这些游戏可能只是为了让学生放松心情，为后面的深入讨论或者表达奠定情感的基础；也可能其中深藏着一种意义，让学生通过反思来深入体会或探索相关问题。前一种游戏常常被称为“破冰游戏”，其理论基础来源于社会心理学，指的是人与人相处并不那么容易，特别是不太熟的人之间常常有隔阂，就像厚厚的冰一样。游戏的作用就是用活动和交流融化隔阂，帮助腼腆或害羞的人表达自己心中的想法。后一种则是主题游戏，顾名思义，其中有一个

① 王雄．革命与建国：为了百年后的中国——高中历史必修——《辛亥革命》一课的设计与思考（节录）．中学历史教学参考，2011，(11)：17-22.

主题，如社会理解、相互合作、解决冲突等，其内涵较深，游戏便于参与者体会特殊的情境，寻求解困的方法。

参与式教学是开放的、不断变化的，这对预设提出了挑战。同时，要培养学生独立思考的能力，鼓励学生参与的勇气和发展复杂性思维，教学设计就要作出精心的安排，即上课前要考虑多种可能，以应对课堂可能发生的新情况和新问题。

1. 三类材料设计

“大事年表”是精心设计的。历史教科书本身年代顺序不是很清晰，用年表有利于学生按照时间逻辑思考问题，这是历史思维的前提条件。公元是辛亥革命后采用的，革命前用的是中国皇帝的年号。这样的设计有利于学生以后看相关史料。大事也是专门挑选的，有利于学生自己建构“辛亥革命”的概念。后面人物的言论是为学生接近历史作准备的。另外，辛亥革命的概念是后人根据不同的标准概括而形成的，至今在史学界依然争论不休。年表的设计基于学生的学习，要求学生经过讨论，自己为“辛亥革命”下一个定义，让知识在应用中得到内化。

选用的图片尽可能贴近当时的历史情境，如革命者被杀的城门是当时统治残暴的象征；线装书上面黎元洪、孙中山、袁世凯的绣像既古朴又有时代感，且黎元洪在最前面，体现了普通人对这三个人的粗浅认识。国会开会的大会议室则与皇宫决策国家大事的场景形成鲜明对比，用于学生创设情境。这些形象的图片利于拉近学生与历史的距离，为他们深入历史创造条件。

原本准备选一些史学家对辛亥革命的不同评论，后来舍弃了，决定直接用当事人的材料给学生讨论，请学生自己对辛亥革命进行评价——孙中山一小段就职演说、隆裕太后决定退位时的讲话、袁世凯赞成共和的表态，以及他背叛共和的史家评论。这个设计在实施过程中放弃了，因为，学生课堂上展现的思考主要在基本问题上，因而需要基于学生的水平作出调整。

2. 教学主要流程设计

由于学生没有经历过参与式教学，表达、讨论与各种活动的能力尚未训练，不知道他们在哪个方向上可能逐步深入，这需要在教学实施中不断作出调整。预设的四个部分包括。

（1）思维澄清，勇于表达。通过对大事年表的阅读，每个学生自己建构“辛亥革命”的历史概念，在小组讨论和与教师的对话中，思考：辛亥革命从什么时候开始，从这个时候开始的依据是什么？什么时候结束的，理由是什么？这个过程也是学生掌握基础知识的过程。回答采用每组轮流的方式，尽可能让更多的学生回答。没有经历过思维澄清的学生常常不自觉地背诵课本，或者到书上去找答案，他不知道，书本不过是他使用的工具，并不需要背诵。正确的学习方法是对教材的表述进行深入的分析和理解。这个阶段的目标是让每个学生参与到小组讨论中来，进而思考他自己的答案有哪些需要改进的地方。

（2）感受历史，拉近距离。观看历史图片，每个学生选一个自己印象最深的图片，并在小组里讨论这些图片中自己最有感触的是哪一张？这个问题与每个人都有关，而且每个人都能按照自己的感受回答，最重要的是将每个学生都拉到历史里面，并且在倾听别人的理解中，增进全班学生对辛亥革命不同侧面的细节的理解。这能为后续的深入探究奠定基础。

(3) 先建后撕，区分革命与建国。革命与建国不同，蕴涵着很深的政治哲学理论，怎样让缺少社会阅历和人生经验的学生理解呢？给每个组两张纸，一张正方的，用于折叠一个简易的金字塔建筑，小组成员都把自己的名字写在金字塔的尖端，象征着一个国家的统治者；一张用于画一个新建筑的设计图。接着，每个组分成两部分，一部分人去邻组说服他们将金字塔交出来撕掉；留下来的则要保护金字塔。游戏结束以后，参与撕掉的同学谈自己的理由和感受。教师引导学生讨论：撕掉金字塔建筑象征着什么？并提醒学生以辛亥革命为例。“撕掉”意味着革命摧毁一个政权，“撕掉”即革命只完成了为新政权建立扫清障碍的任务，新国家并没有建立起来。这就意味着辛亥革命完成了摧毁清政府统治的任务，而建国的任务并没有完成。建国需要设计图纸，宪法就是这样的设计图。引导学生讨论《钦定宪法大纲》与《临时约法》的不同。需要指出前者是清政府要灭亡时才制定的，清朝原本并没有宪法，有的只是家法而已。二者的比较主要从主权、政权构架和民权三方面进行，在这里也揭示出两个不同构架下国民的区别，即臣民与公民。这个环节需要启发学生认识：负责任、建设性是共和国公民最重要的特征。

(4) 影像剧场，诠释制度变革的内涵。傅国涌先生在《有限辛亥革命换来破天荒的共和制》的开头就说：“辛亥革命的有限，最重要的一点就是没有把革命无限扩大到社会层面，没有把整个社会结构打得粉碎，它停留在政治革命的范畴里面。它只要达到一个目标，就是改变政治制度，换句话说就是改变中国人的政治生活方式，要把皇帝拉下马，换成共和制，这就是它的目标。辛亥革命在形式上结束了帝制，但要在深层文化结构上告别帝制不是一夜之间可以完成的，民国取代帝国注定不会顺利，如果要追问辛亥革命失败的原因，更深的根子其实也在这里。”这个更深的根子是什么呢？便是国民的生活方式或者行动方式。这一设计的第一个阶段便是要求每个小组用身体雕塑（影像剧场的一种）再现两种不同的行为方式：一个是在皇宫里决策国家大事的场景；一个是在国会议员们讨论国事的场景。进而探讨这两个场景的不同，仅仅有《临时约法》并不能改变很多人的传统思维和行为方式，共和国建不起来与国民的习惯行为有关，换句话说，真正的制度变革需要的是每个学生（也就是每个公民）从行为上改变自己。如此，公民才称其为公民，共和国也才称其为共和国。

5.2.2　教师点评

1. 教师点评（一）

作为王雄老师这节课的主持人和点评人，上海市特级教师李惠军谈了自己在课后的思想变化过程[①]。

1) 一道亮丽的风景

对王老师的超群才情，最早是在拜读其《历史教育心理学》和众多教学论文中领略的。后来，在我们共事于教育部新课程远程培训、担任专家组成员时，与他在北京“邂逅”并“同居”多日，在交谈和探讨中，我对他的博学、思辨和执著有了深刻的了解。再后来，我们在鼎立配合亚夫先生，组织全国历史教师教育专业委员会的几年中，结下了深厚的友谊。

① 李惠军. 亢奋·茫然·顿悟——听王雄老师《辛亥革命》一课后的心路变化故事. 中学历史教学参考，2011，(11)：23-27.

从年龄而论，我是他的长兄。从学问而论，他是我的榜样。2011 年 10 月 14 日上午，作为主持人，我在开课前说了下面一段话：

“辛亥革命，百年前大清帝国的政治板块上，发生的一场天崩地裂的政治地震。从国家形态与政治体制的视点看，它改变了数千年中国历史的演进走向。百年后的今天，辛亥革命已经成了现实的背影。当岁月的烟雨把这个曾经的历史笼罩得不太清晰的时候，当沧桑的嬗变把这个复杂的事件磨损得有些斑驳的时候。我们怀着好奇，期盼着著名特级教师王雄的登场，看看他是如何为我们演绎这段‘城南旧事’的!”

这段话实际上有两重意义。其一，辛亥革命是一件大事，一件复杂的大事，一件难以言说的大事。当下关于辛亥革命，实可谓材料汗牛充栋、文章浩如烟海、观点众说纷纭、褒扬林林总总、说法虚虚实实。我到底想看看王老师是如何去粗取精、去伪存真地在一个半小时内彰显他的史学功力和教学智慧的？其二，王老师是在大连红旗高级中学异地上课，而且教学对象是高二文科学生。我想看看王老师在如此挑战面前，如何将学术研究成果与中学历史课堂“无痕统合”？如何将新课改的发展性评价理念与选拔性评价的高考能力目标“无缝链接”？如何在一节具体、微观、常态的课题——辛亥革命中，演绎出一种全新、奇特、有效的思想方法？课前，我们看到了王老师发给学生和听课老师的学习资料。其中在“学习探索目标”中，王老师预设了下面的几点诉求：

第一，简要复述辛亥革命的主要过程。

第二，理解并能够说明推翻君主专制制度，建立中华民国的历史意义。

第三，区分革命与建国的不同意义。

第四，体会历史重大变革中制度变迁的艰难。

浏览之余的第一感觉是，王老师既质朴——重视历史基础，又老辣——关注历史逻辑；既规范——立足历史本身，又机敏——放眼历史外围；既常态——聚焦历史核心，又智慧——兼具历史通识。细细咀嚼，更有些醍醐灌顶的感觉，那就是关注行为主体——学生的体验与建构，从他所使用的行为动词——“简要复述”“理解说明”“区分不同”“体会艰难”看，我们不仅体会到了王老师在创意设计时，内心世界所期冀的学生行为与心理的变化，而且这种变化是基于思维梯度逻辑下渐行渐近的。

更重要的是，上述行为主体——学生变化的行为动词与历史、历史学、历史课程及其社会功能的相关性和适切性，堪称水乳交融，相得益彰。我们权且把王老师的“白描”进一步做一个透视，将其归纳为

(1) 简要复述——历史客体（辛亥革命的过程）。

(2) 概要说明——历史解释（辛亥革命的概念）。

(3) 认识理解——历史评价（辛亥革命的意义）。

(4) 区分甄别——历史比较（辛亥革命的定位）。

(5) 学以明理——历史智慧（辛亥革命的启示）。

(6) 敬畏之情——历史情怀（辛亥革命的艰辛）。

如此一来，王老师的用心便不言而喻了。这种以学生为本体，以历史为载体，以发展为目标诉求的设计，及其用心布局学习探索目标的缜密性、严谨性足以令人心动不已。由此，我幽然想起了古埃及法老图坦卡蒙的内棺上，刻着这么一句话：“我看到昨天，我知道明天。”

昨天是什么？是历史，虽永不可能再现，却绝不会真正消逝，它以各种方式影响明天。历史的前世今生，到底如何说得清楚？在我们的历史课堂上，到底如何让学生享受历史，如何在历史的享受中获得启示和发展？其实，这也是我们苦苦求索课堂教学设计的意义之所在。教学设计，绝不是一般意义上的历史备课。它更是一种创意，一种游走于历史与现实，历史与教化、历史与生活的科学和艺术的特殊思维活动。作家杰克·伦敦说："我创作的天堂，就是描写我脚下巴掌大的这块土地。创作需要天赋，但天赋不是唯一的门槛。它首先是一种境界，一种格调，一种灵魂的搏击和生命的燃烧。"突破的关键在于立意，立意决定着一节课的品质。

2）一派模糊的气象

亢奋之余，我千方百计地揣度着王老师即将开始的这节课，期盼着在即将到来的这节课上可能会出现的色彩斑斓的杰作佳境。然而，我却在听课过程中产生了巨大的心理"反差"——这是我所钦佩的王雄老师的课吗？甚至于对这节课产生了"全盘否定"的念头。在此，不妨先来简要回顾一下这节课的流程（如有曲解之处请大家谅解）。在教学伊始的第一个环节中，王老师用了近 50 分钟，与学生研究下面的学习资料。

A. 学习资料 1：大事年表（表 5-1）

表 5-1　学习资料 1：大事年表

年份	重要事件
1894 年（光绪二十年）	中日甲午战争爆发；孙中山（1866—1925）在檀香山成立兴中会
1895 年（光绪二十一年）	中日《马关条约》签订，割台湾给日本；康有为（1858—1927）等领导公车上书
1898 年（光绪二十四年）	列强纷纷向中国强借土地；戊戌变法（百日维新）失败，光绪皇帝被囚禁
1900 年（光绪二十六年）	义和团运动；八国联军发动侵华战争
1901 年（光绪二十七年）	《辛丑条约》签订；清廷下令变法新政
1904 年（光绪三十年）	日俄战争，君主立宪的日本打败君主专制的俄国，引发清末预备立宪
1905 年（光绪三十一年）	废除科举制；中国同盟会在日本成立
1908 年（光绪三十四年）	光绪皇帝（1871—1908）、慈禧太后（1835—1908）相继去世；溥仪（1906—1967）即位，年号宣统
1911 年（宣统三年）	4 月 27 日黄花岗起义；5 月 9 日四川保路运动；10 月 10 日新军武昌起义，推黎元洪（1864—1928）为都督，辛亥革命爆发。一个月内十几个省宣布独立
1912 年（元年）	1 月 1 日孙中山在南京宣告中华民国成立；2 月 12 日，清帝宣布退位，将筹组新政府的责任托付给袁世凯。3 月《中华民国临时约法》颁布，之后孙中山宣布辞职，袁世凯成为临时大总统。4 月 5 日参议院投票决定北京为首都
1913 年（二年）	国民党代理理事长宋教仁（1882—1913）被刺杀，孙中山发起"二次革命"反袁，失败后流亡海外
1914 年（三年）	袁世凯召开国民大会，国民代表在威逼下通过保障袁世凯独裁并世袭的总统，然后，他解散国会
1915 年（四年）	1 月，日本对华提出《二十一条》。12 月袁世凯称帝，梁启超（1873—1929）声讨复辟，云南独立，护国运动开始
1916 年（五年）	袁世凯众叛亲离，宣布取消帝制，恢复共和，后病重而亡。黎元洪继任大总统

在师生互动过程中，理清辛亥革命的历史背景、基本经过和重要影响。

在第二个环节中，王老师在PPT上展示了若干与辛亥革命相关的图片资料。在了解这些资料内涵之余，王老师要求学生回答对这些图片资料中印象最深、感受最大的一幅，并说出之所以如此选择的理由。

在第三个环节中，王老师设计了一个全体学生共同参与的体验性"游戏"（撕掉对手小组折叠的纸建筑），依此让学生在活动、思考过程中，就"革命与建国"的关系各抒己见，教师在过程中含而不露，引而不发，整个过程甚是热烈。

B. 学习资料2：两个重要法律文件

《钦定宪法大纲》《中华民国临时约法》（此为两种不同体制的设计图），在研读、比较的基础上，学生从中发掘清末"新政"和"立宪"与辛亥革命的本质差异，由此认识辛亥革命在中国近代历史上的地位。

在接下来的一个环节中，为了进一步让学生体会这场革命，王老师还为学生提供了下面的学习材料。

C. 学习资料3：重要人物的言论

（1）1912年1月1日，中华民国成立，孙中山在就任临时大总统的誓词中说："至专制政府既倒，国内无变乱，民国卓立于世界，为列邦所公认，斯时文当解临时大总统之职。"他还向袁世凯表示："文虽暂时承乏而虚位以待之心，终可大白于将来。望早定大计，以慰四万万人之可望。"

（2）面对武昌起义后各地纷纷脱离清政府的窘境，隆裕太后在袁世凯的逼迫下说："我晓得国家为公众，非满人所有。但满人毕竟延承了两百多年。我只求能保证并修复光绪帝冢，勿贬贱皇室的身份。"

（3）清帝退位，268年的清统治结束了，2133年的君主专制也告结束，袁世凯宣布赞同共和，他说："共和为最良国体，世界之公认……大清帝国既明诏辞位，业经世凯署名，则宣布之日，为帝政之终局，即民国之始基，从此努力进行，勿令达圆满地位，永不使君主政体再行于中国。"

材料（1）～（3）均来自徐中约《中国近代史》，世界图书出版公司。

（4）历史学家郭廷以："袁根本不想要宪法，亦不喜临时约法。就任正式总统的第六天，向国会提出增修约法案，要求扩大总统权力……1914年1月国会正式解散……谓共和国之无国会，自中华民国始。"（郭廷以《近代中国史纲》，格致出版社/上海人民出版社）

最后，王老师即兴在教学过程中提出一个"动意"，要求学生在了解了专制体制和共和体制后，"神入"历史，分组模拟在两种制度下的议论和决策国事的"情景造型"。从学生所展示的造型，以及学生对造型内含的历史意向来看，学生的理解是到位的。

作为主持人和点评者的我，真的不知道该说什么了。急中生智，在讲课结束后我讲了这样一段圆滑的点评。

"一百年的烟尘，鬼斧神工地塑造着当年的历史。今天，王老师试图用他特有的思维和特有的手段，为大家拨开岁月的迷障，展现当年的客观历史并从中获得历史的智慧养分。但是神秘的王老师似乎比神秘的历史还要神秘。恕我愚钝，一节课听下来，我依然未能破解历史的真谛，更没能解读王老师在与学生对话背后的玄妙所在。我建议，还是请王老师为我们指点迷津吧。"

在华东师范大学历史系李月琴老师建议下，我提议让学生与老师一起来分享听课的收获。在此，我不得不佩服王老师的应变能力。他接过话题之后，简洁地说了这样一段话：

“本次年会的主题是‘历史教育与公民的素养’，我之所以讲辛亥革命，绝不仅仅是一种应景——辛亥革命一百周年。更重要的是，在辛亥革命这一重大历史事件中，蕴涵着许多关于公民意识的教育元素。而我之所以采取‘参与式’教学模式来设计这节课，也绝不仅仅是一种迎合——新课程改革的理念。更重要的是，公民素养的一个最基本的表征就是主体参与。至于在这节课上，作为未来公民的学生，他们到底能否从辛亥革命这节课上获得关于公民教育的营养，还是倾听一下他们的心声吧。”

活动结束后，大家的情绪依然高亢。齐健先生麾下的几位山东老师说，他们非常期待我的点评，遗憾的是我却把皮球踢给了王老师和学生。广东的几位老师围着我要我说说我的真实想法。我只说了一句话：“玄深的真谛，需要冷静地回思和反复地咀嚼。”其实，我最初的真实想法是：一节大胆的尝试，一个缺失的课例，一段失望的经历。而这样的一节课竟然发生在我所推崇的王雄老师身上，更是百思不得其解。

3）一腔偏执的妄语

我到底是如何看这节课的呢？到了晚上，本次年会组织了一场学术沙龙。作为沙龙召集人的我，终于按捺不住了！在此，作一个简要的交代：

（1）作为一次尝试，王老师敢于异地上课，在不了解学情的前提下，采用“参与式”教学方式，在没有任何掩饰作秀的情况下，为大家奉献这样一节别开生面的课，本身即说明了王老师的自信。

（2）作为一次展示，王老师勇于发掘辛亥革命中的相关元素，并采用群体参与建构的方法，体现本届年会的“公民素养”主题，这本身就说明了王老师在创意与设计上的独到与敏感。

（3）作为一次研讨，王老师善于激励学生本着历史特有的论从史出、史由证来的规范，各抒己见、畅所欲言。而且结合生活经验和复合知识去分析归纳问题，并从中体验过程的理念很值得发扬光大。

（4）作为一次交流，王老师长于引导学生见微知著、触类旁通，通过具体微观的历史知识的建构，体悟在了解、理解、叙述、评价、甄别历史过程中所蕴涵的思想方法，有利于培养学生的发展性学力。

（5）作为一次分享，王老师惯于在把握核心历史知识——辛亥革命发生、发展、影响的同时，顺势追究历史内在逻辑、历史时空通感、历史普世价值的目标意识和育人功能，恰恰体现了他立意的高远。

但是，作为一次纯粹的学术研讨，我也就这节课中存在的疑问和缺失谈了自己的看法。

第一，我在认同“参与”的同时，感觉到对于辛亥革命的深层分析欠缺火候。尤其是在当今，随着研究的深入和材料的公开，辛亥革命的研究出现了许多新的看法和观点。例如，客观真实的孙中山与政治需要的孙中山；辛亥革命的必然性与偶然性；辛亥革命与后来的“革命崇拜”，等等。当然，我们并非要把所有的观点和看法都一并塞给学生。但是，假如能够适切地引用其中的一些问题，或许，学生的思维就将更加活跃，参与的层次就会更加深入。唯其如此，公民素养中所倡导的“独立之人格”“自由之思想”方能更有思维价值和历史载体。毕竟，历史的演绎绝非简单的公式所能取代的。

第二，我在认同“体验”的同时，觉得在这节课的节奏安排上存在诸多值得斟酌之处。例如，借助大事年表来建构辛亥革命的背景、经过与意义。这本应是一个基础题，也是一个简单题。但由于过于烦琐的师生互动和叠加臃肿的同义反复，导致这个环节就耗费了50多分钟，似有简单问题复杂化之嫌。从教育经济学的时间投入与产出的“性价比”角度看，即或是最终解决了问题，依然觉得有效性的成本过高。接下来的图片资料解读和学生谈印象最深的图片及其理由这个环节。本以为王老师要从“孤证不立”“多元互证”的角度深入发掘这场革命，并解释图片间的逻辑关系。然而，从课堂运行的实况而言，学生的认识显得肤浅，理由依然牵强。而大量时间的消耗，势必影响到后面两个探究目标达成。加之现场教给学生如何做大清帝国“政权建筑”的手工折纸，然后再将其撕毁，表示破坏一个旧世界，的确占用了太多的时间。顺便提及，在这个环节中，有一位同学没有将表示大清帝国“政权建筑”的手工折纸撕毁。这里或许会有思想发散的闪光点，可惜，王老师无情地把这一千载难逢的一刹那给忽视了！的确，学术界也有这样的议论，清末新政和立宪其实有许多建树，甚至认为它的影响远超辛亥革命。而且改革从先经济后政治——十一届三中全会以来的改革不正是这样的轨迹吗？不存在什么“没有触及专制体制的根基”。况且，政治体制改革更是一个渐进的过程，九年预备立宪不应该看成是拖延，这里面的确有许多重大变化。如果顺此探究下去，我想将会出现我们意想不到的思想火花。

第三，我在认同“生本”的同时，感到必须要重视一节课中历史知识信息的丰富性，特别要关注一节课中历史思维的批判性（批判绝非政治意义上的否定，而是分析问题中的质疑、推断），而反观这节课，假如我们剔除了学生如何做手工、如何情景表演、如何谈图片感受、如何排比大事年表这些外在形式的成分，我们会发现，在两节课时间内的史学意义上的含量则稍逊风骚了。实际上，这是一节课在取舍中的价值判断所决定的。王老师本着“生本”意识，于是便在难以两全的情况下淡化了“知本”。在我看来有点遗憾！如果从“参与”“合作”“建构”等一般素养而言，在所有的学科，甚至社会实践中，都是可以实施和实现的。然而，在历史课上体现上述素养，我以为增加了历史的含量和历史思维的强度，或许会使这些诉求更具学科味道和思想深度。加之由于过分强调了形式和学生的参与，因此使得本来充分的课堂时间显得紧张起来，更为严重的是有些学生的“灵感”被扼杀了。如前所述，一位学生为什么不按照老师的统一要求撕毁“手工折纸”。再如，有些同学就是不按老师的预期，将辛亥革命的时间定位于1911年。有说1895年的——理由是兴中会成立后发动广州起义；有说1905年的——理由是同盟会的成立和革命纲领的提出等。在我看来，学生的意见都是有道理的，袁伟时先生的观点就与学生的看法很接近。如果能够抓住时机展开讨论，那将是个如何令人心仪的参与啊。如此下去，我们又可以在革命、资产阶级民主革命、辛亥革命等概念上，将学生的观点加以整合。我想，这样的参与不仅体现了公民素养，而且与在近年来高考试题中，针对一个历史事件，从多角度、宽领域上加以判断，只要言之有理便可以给分的实际，也是十分吻合的。

从上述言论来看，我对王老师的这节课实际上是持基本否定的态度的。而王老师能否接受我的看法，我基本上是不加考虑的。但是，有一点是可以肯定的：王老师是一位非常豁达的学者型老师。正因为如此，我才能够斗胆妄言，也才能把这些妄语白纸黑字地写在这里。当然，这种广纳百家的风气，与这几年来全国历史教师教育专业委员会年会所倡导的文化生态密切相关。赵亚夫、任鹏杰等在这些方面应该说是开风气之先的。实际上，这也恰恰是这个学会能够勃然兴起，并赢得全国历史老师交口称赞的原因所在。

4）一番理性的反思

我不敢说我的看法是对的，但是我敢说我的看法是真的。记得我曾经连续发表过三论“过程目标化，值得深思”的文章，至今我依然固执己见。然而，我并非偏执地陶醉于“自恋”之中，在我设身处地理解的情况下，我也是能够调整自己原有看法的，而且很快。在围绕王雄老师这节课的学术沙龙上，许多来自高校、教研机构、学校的专家和老师踊跃发言。齐健教授的发言引起了大家的震动，也引起了我的再思考。概括起来说，他大致有下面几点看法。

(1）我们在评论历史课时，首先有必要回到历史教育的原点去叩问、去思考——历史教育是什么？历史教学究竟要给我们带来什么？而我们在历史课上到底又能够给学生带来什么？

(2）历史是客观的。人们在认识历史的时候不可避免地带有主观性。随着越来越多的历史新发现，昨天被人们普遍认同的历史，今天可能就会被颠覆；今天被人们普遍认同的历史，谁又能断言不会成为明天的“伪史”呢？

(3）既然如此，我们在历史课堂上应该教给学生什么？更多的应该是教给学生独立观察、思考历史现象和历史问题的眼睛和行为习惯，学会独立地去发现、探究历史，乃至观察现实生活的思想方法，这也是学生作为未来现代公民社会的一员应当必备的基本素养。

如果以此来看王雄老师的课，最大亮点在于眼里有学生，在学生主体参与的课堂上，亲身体验过程，从而获得思想方法的领悟和人文情怀的滋养。

当然，如果这节课的预设目标达成，从知识和技术层面来看，王雄老师的这堂课确实也存在着改革追求上“走极端”的问题，这是值得商榷和有些遗憾的。

齐健教授还从美国人所著《老师的谎言》一书中得到启示，从参与式学习中所体现的人格价值，以及从课程改革的期冀与归宿等多个角度，对传统的历史课堂教学在主张传承与发扬的同时，提出了振聋发聩的质疑。他特别强调，教师只是单向讲得精彩，学生学得未必一定“精彩”。教师不能以自己的思考结论取代学生自己的思辨过程。说到底，衡量课堂教学成效如何，最终是要看学生到底收获了什么，尤其是发展了怎样的思维品质。

李月琴教授则从“学生本体”与“知识本体”兼济共融的角度对王雄老师的这节课提出了肯定和建议。同时，对由于过度强调学生本体，而可能导致的“历史虚无主义”表示了深刻的担忧。李老师的发言对我震动最强烈的是下面一则故事：

我儿子就读于上海市晋元高级中学。遗憾的是他在两年多的时间内竟然阴差阳错地无缘聆听李惠军老师的历史课。2010 年 8 月，李老师在全国历史教师教育专业委员会年会上开了一节“十月革命”的课。儿子得知此事后兴奋地坐在老师中间“偷听”了这节课。课后，我问儿子：听了这节课后你有何收获和感受？儿子的回答引起了我的思考，他说：压根儿就没听懂这节课的深刻含义。于是，我就在想，李惠军老师这节课到底是讲给谁的？实际上，他是讲给坐在学生背后的专家和老师听的。

齐健教授的看法和李月琴教授讲的这个故事，似乎让我在刹那之间顿悟了一个基本的原点问题：我们讲课、说课、评课，着眼点应该在哪里？在“生本”与“知本”的取舍中，我们的价值取向到底应该如何确定？如果依此判断，有效性的标准应当重新思考。其实，宾华老师在此次年会上的发言是值得深思的。他在谈到评课的“视域和视角”的时候，从“什么是教学”“什么是课堂教学”入手，提出了观课、评课的一个核心——学生的学习活动动态中的两个视角：

(1) 考查教师组织学习活动过程、教学目标、组织形式、实施过程的适切程度和效度。

(2) 考查学生在教师组织下参与学习活动过程的广度、深度和效度。

在这次研讨活动中，来自全国各地的专家学者和一线教师，围绕王雄老师的这节课还发表了许多真知灼见。在此，我难以一一罗列（包括我们的理事长赵亚夫先生的高见）。

那么，我到底从王雄老师的课上，特别是在课后的论辩中获得了哪些新知、产生了哪些顿悟呢？我想，下面的感慨中可以说明我观点的变化：“王雄老师的阅读、思考、底蕴是人所共知的。但是，最令人感动的是，他在这样一场全国性的学术交流活动中，敢于‘壮士割腕’，毅然放弃自己所见长的精到讲述、深邃哲思、博闻广见的既成风格（甚至堪称流派），而另辟蹊径地在一个全新的领域里去挑战自己的气魄，反映了他在历史教育上筚路蓝缕，以启山林的执著、痴迷的追求。尽管我并不完全认同他的一些想法，但是我完全认同他的探索和方向；尽管在新的理念、模式下的实践充满着荆棘，有时候还略显青涩，但是，他终会炉火纯青。刘翔的八步跨栏已经变成了他的习惯，甚至可以说是运动生理的一种机理。但是，他却勇敢地抛弃了自己的曾经创造过奥林匹克巅峰的长项，在七步跨栏的陌生领域艰难地改变自己。他正在走向成功，而且已经成功了。而王雄老师正值当年，我殷切期望他的转型最终能够完成，并在这华丽转身的过程中，引领我们的专业发展。相形之下，廉颇老矣！在我历史教学的基因图谱中，好像已经失去了注入生机的功能了。但是，让我们本着一个目标去‘殊途同归’吧!”

2. 教师点评（二）

现场亲历者、北京市特级教师成学江觉得现场课“引起了我很大的震动，也使早已积压在胸的郁闷到了不吐不快的地步”①。

近年来，在课程改革实施的过程中，中学历史课堂教学既取得了许多可喜的成绩，收获了不少宝贵的经验，但也带来了许多思想困惑，产生了不少行为误区。其中，最引人关注的是历史课堂教学方式问题。这个问题如果不能得到很好的解决，既不利于课程改革的顺利推进，也可能会影响学生的健康成长。

伴随着新课程的不断推进，各种教学方法也应运而生，诸如探究性学习、小组合作学习、参与式学习、学案导学等的广泛运用，与此同时，“讲授法”却遭到前所未有的质疑和挑战，很多人批评讲授法是“满堂灌”“灌输式”，不利于学生发展能力，导致学生机械的、被动的、“填鸭式”的学习，抑制了学生的主体参与和能力培养等。应该看到，新的教学方法和学习方法有其积极意义，能大大提高课堂教学的有效性。但有一点也需要特别指出，这些方式方法必须与学科特点、学科内容和学生实际紧密结合，对有的学科而言，是可以常态化的运用，对有的学科则只能是尝试性的运用。就中学历史学科而言，传统的讲授法则是行之有效的，堪称经典的教学方式。那些盲目质疑和挑战这种经典的讲授法教学方式，言必称“参与”、行必讲“活动”的教师特别是历史教师，一定意义上只能用学养不够、功底不实来理解了。姬秉新教授在《传统讲授方式在历史新课程中的运用》一文中对讲授方式是这样评价的：“长期以来学校的教育经验证明，讲授一直是最有效、最准确、最经济的向学生传递

① 成学江．好的历史课是讲出来的——由大连年会现场课引发的思考．中学历史教学参考，2011，(11)：33-35.

知识的方式，也是知识信息量在传递过程中衰减最少的方式之一，是学校教育中使用最普遍的教学方式。”（《历史教学》2007 年第 3 期）

我之所以这样肯定地坚持传统讲授方式是历史学科最好的教学方式，主要是因为，历史学科的特点决定了讲授法是保证历史教学有效性的最主要也是最好的方式方法。历史学科是一门事实性、叙事性、线索性和人文性很强的学科。早在 19 世纪末 20 世纪初，德国新康德主义哲学代表人物威廉·文德尔班在《历史与自然科学》中就曾经对自然科学学科和历史学科的特点做过这样的论述：

“经验科学是在现实事物的认识中寻找的，要么是自然规律形式下的共相，要么是历史规定形态下的殊相；它们所考察的，有的是常住不变的形式，有的是现实事件的一次性的、特定的内容。有一些是规律科学，有一些是事件科学；前者讲的是永远如此的东西，后者讲的是一度如此的东西。如果我们可以造一些新术语，那就可以说科学思想在前一种场合是制定法则的，在后一种场合是描述特征的……自然研究与历史的分别，首先开始于利用事实来构成知识的时候。这时候我们就看到，前者追求的是规律，后者追求的是形态。在自然研究中，思维是从确认特殊关系进而掌握一般关系，在历史中，思维则始终是对特殊事物进行亲切地摹写。对自然科学家来说，他所观察的个别特定对象本身根本就没有什么科学价值；他之所以利用它，只是因为他认为自己可以把它看成一个类概念的典型和特例，并且可以从它推演出这个类概念；它在特定对象中只是对一些特征进行思考，以使洞察到一种合乎规律的普遍性。对历史学家来说，任务则在于使某一过去事象丝毫不走样地重新复活于当前的概念中。他对过去曾经实存过的东西所要完成的任务，颇像艺术家对于自己想象中的东西所要完成的任务。”

由此可见，自然科学是要从个别特定的事物推演出类似的概念，“以便洞察到一种合乎规律的普遍性”，逻辑和推理特征非常明显的自然科学学科在课堂上无疑可以有更多的学生活动。而历史学科，因面对的是永远不会重复的对象，其任务主要是描述对象，所以教师传授历史知识的有效方法也就莫过于传统但却是经典的讲授法了。现在普遍存在一种倾向，学生还没有学到基本的知识，就采用分组辩论、参与学习、角色扮演、影像视频、收集展示等探究学习活动，也似乎成为课堂不可或缺的重要环节抑或是主要教学方式。但仔细观察、深入了解，这种热热闹闹、气氛活跃的表象背后，却常常发现许多学生并没有获得应该学到的知识。例如，教师为了一个辛亥革命的时间，采用让学生参与式学习的教学方式，结果一个简单的问题学生花了半个多小时也没有一个明确的结论。其教学的有效性就不言而喻了。

讲授法是对教师学识素养、执教能力的最大挑战。既然讲授法是教师传授历史知识的有效方法，那么，讲什么，怎么讲，讲到什么程度，当然是理论性加技术性的活了。“满堂灌”“灌输式”“填鸭式”的讲授肯定是不可取的，也不应在我所论述的“讲课”之列。因为，在一个一个事件构成的历史学科中，只依据教材给出的历史知识，学生能够推论的空间是有限的，从学过的实际发生的历史事件甲，学生不可能推论出另外一个实际发生的历史事件乙的确切知识。这就需要教师有足够的学识素养和执教能力，而且讲课必须要占据课堂的大多数时间了。例如，关于英国革命，我们知道的一个史实是 17 世纪初英国的斯图亚特王朝的国王要极力加强君主专制，如果以此为初始条件，不补充必要的知识进行讲授和推理，那就应该是在 17 世纪以后的年代里，英国的君主专制在不断强化。但是实际情况却是君主专制的主张引来强力的反弹，引发革命，最后走向了君主专制的反面——民主政治。又如，辛亥革命的革命党人以民主共和为宗旨发动革命，但是结果却走向了一任一任独裁者的统治和军阀割据。这样的结果，不通过讲述等呈现史实的手段，能够通过参与或互动等活动推导出来吗？上述两例教材中已有叙述，教师也只能通过讲解让学生理解。大概没有哪位教师敢说是让学生离开必要的文本活动得出来的。而对那种教材没有讲出来后续结果的历史问题，课堂活动中学生（甚至也包括教师）一评就错、一推就错的例子也很常见。错是硬伤，错都错了，何谈提高学生这样那样的能力？在这样的事例中，学生出错可以宽容，教师给学生提供出错的结论，对错误不纠正或者没有能力纠正，是不可宽恕的。日积月累，在这样的课堂能够培养出学生思维能力和创新精神吗？正如赵亚夫教授所说：利用无专业支持的变换教学或学习方式的办法，是解决不了历史教育的价值问题的。而且，这样的教学结果会使学生以教材为金科玉律，以为教材的叙事和评价就是历史的全部。历史课堂也就成了机械记忆知识和错误理解知识的课堂了。

一个学养深厚、执教有方的历史教师从来是不屑于用热热闹闹的活动、华而不实的讨论、不知所云的参与来提高他的课堂感染力的。这类历史教师的讲授内容是具体的，讲解分析是深刻的，教学语言是简明生动的，教师的讲授既调动了学生的学习积极性，引发了学生思维的积极性，又契合了学生的兴趣、情绪、情感、愿望等心理需求，受到了学生的欢迎和呼应，出现了师生之间真正的思想互动和心灵交流，正可谓“娓娓叙述历史，殷殷寄情现实”。应该说，课堂教学好与不好，专家说了不算，同行也未必说了算，学生说好才最有说服力。来自学生的感受和评价才最有说服力。例如，中国人民大学附属中学特级教师李晓风从教几十年，所教学生几乎半数考上北京大学、清华大学。但几十年来，李老师一直采用讲授法进行历史课堂教学。凡是听过他的课的师生，无不为其渊博的学识、高超的技艺、吸引人的讲述、富有哲理的辨析所折服。

下面摘录几段学生对李晓风老师历史课堂教学的评价，主要是想通过学生的感受来说明什么样的教法才最有魅力、最受学生的欢迎、最能对学生的学习和发展起到积极的作用。

北京大学田梓垚同学说：“李老师讲课的本事那是必须得提的，他在我们人大附中可谓无人不知、无人不晓，所以我开始听课的时候期望非常高。但高一伊始的我并没有感觉到李老师在教学上有独特之处，只是觉得李老师很幽默，经常有一些很好玩儿的讲法；课件做得逻辑性强、很规范，和他的着装一样有板有眼，永远的西装革履，给人很正式的感觉。直到后来我才逐渐感受到李老师选用补充史料时的独到之处，对教材的批判精神、对逻辑的重视、对真理的求索精神都渗透在深入浅出的讲解之中，我真正爱上了历史课。”

北京大学侯婷同学说：“李老师学识渊博，见解深刻。上他的历史课，不是简单地学习教材，为应考而学习。而是真正全面深入地学习历史，在应考的同时获得丰富的历史知识，培养良好的历史思维。他让同学们感到，历史不是一门枯燥的学科，不是年代事件的简单组合，而是一个包罗万象的广阔世界，是饱含哲理情思的人类历程。他追求真理，不唯上、不唯书、只唯实，让我们懂得何为真正的思辨精神；他博学多识，将各种学术观点和研究成果贯穿课堂，使我们接近学术，了解历史的学术魅力；他见解独到深刻，对问题有极为深入的理解，让我们独立思考，获得无限启示；他风趣幽默，才华横溢，能对历史学科的许多领域融会贯通，将历史事件平实却又不失生动地娓娓道来，令我们不知不觉地深入历史、融入历史，并在其中自主思考，积极探索，感受到独一无二的历史之美……李老师的教学方法是当之无愧的素质教育。这种教育，不是在减负的口号下盲目跟风……而是真正的素质教育，真正适合学生，有益于学生的教育。李老师说，教历史不是要教学生学会做事或做官的能力，而是培养学生一种对人和社会的感悟，一种对人和社会的认识与关怀。在听历史课的过程中，我切实感受到了这一点。学历史，使我对人类社会的发展进程有了更为全面深刻的了解，对社会与人生不断产生新的、更为深刻的理解、感悟。历史，对我的世界观与人生观的形成也有着潜移默化又不可磨灭的影响。李老师的历史课，是学术的、思辨的、广博的、深刻的，是陶冶性情、培养能力、启发人心、影响深远的。从短期说，它有助于学生成绩的提高和身心的成长；从长期说，它提高了我们的学术素养、增强了我们独立思考的能力、丰富了我们的人生感悟、培养了我们的人文关怀，使我们真正理解历史，热爱历史，并在今后的人生旅程里与历史长相伴，而这些都是老师给予我们的，可以受用终身的财富。李老师的历史课，是我高中生活中不能忘怀的美好记忆，是我今后的人生旅程中取之不尽的、知识与力量的源泉。"

北京大学乜红丹同学说："历史课，成为一种享受——听课的享受，思考的享受。一个老师，五十个学生，七八个录音笔，加教室后面一排（有时候两排）抱着小板凳来听课的老师……在这个流行'刷题''刷夜'的年代，高三的历史没有作业题，不用参考书，课堂便是一切，课后要温习的，也是课堂上的历史细节和思考。在做够了数学题，背吐了政治书之后，一切与历史有关的学习和思考都成了一种享受，这种学习和思考，无关乎高考，甚至无关乎前途，或许只是对某个历史人物的命运、某段历史兴衰的慨叹，对某个哲学思想的思悟，又或，对某个现实事件折射出的历史进程的思考——那不是明确的课堂内容，却是每个人在课上课下不由自主会想的问题。常常有那么一瞬，为自己是在进行'人文思考'而不是'文科学习'而感到幸福，这种幸福感，源于历史课。"

北京大学郭欣韵同学说："我眼中的李老师，是一位优秀的历史老师。他的课堂并不是某些'名师'那样的'口若悬河、妙语连珠'，也不是能令听众'热血沸腾'的讲座，而是带着我们理智地看待我们所学的历史。只听一两节课，你也许体会不到李老师的魅力，但时间一长，你便会上瘾，就是觉得李老师的课讲得好。当然，偶尔的几句'李老师式'的幽默，更是为我们的历史课增彩不少。进入北京大学历史学系后，接触到更多的高水平教授和大量的研究资料的我，并没有感到大学学习与中学学习之间的不连贯，甚至我在大学课堂上也不时会听到李老师曾经介绍过的观点，这大部分应该归功于李老师'学者式'的讲授。"

笔者在这里不惜重墨地摘引学生的话语，绝没有追捧李晓风老师的意思，而是想以此为例说明一些道理：在思考教育教学问题时，想多一点历史的意识，少一些"理智"的虚妄。这样，我们就能在教育教学实践中，少一些表面的浮华，多一份智慧的薪传了。李晓风老师的讲课，使学生获得成长，课堂效力与教学魅力，在此，我想再说点什么可能就多余了。

3. 教师点评（三）

2011 年 10 月 14 日晚，亲自参与"教育沙龙"的孙梅老师，听取了围绕王雄的《辛亥革命》一课的论争，也谈了自己的感受①。

来自全国各地的历史教师们讨论的焦点不约而同地集中在上午观摩的扬州高级中学特级教师王雄的《辛亥革命》一课。研讨、争论内容涉及评课到底评什么、有逐段分析

① 孙梅．观王雄老师《辛亥革命》一课有感．中学历史教学参考，2011，(11)：41.

本堂课、历史课堂到底要给学生带来什么及史学观的课堂把握等，进而涉及了很多当今课程论的前沿问题。虽然这里没有咖啡，没有普洱，但沙龙至深夜结束，大家还是意犹未尽。

就王雄老师这节课而言，从形式上来看，属参与式教学，如按照参与式教学的概念，即根据学生的实际需要和愿望，以主体性为内核，以自觉性选择性为特征的学习。全体师生共同建立民主、和谐、热烈的教学氛围，让不同层次的学生都拥有参与和发展机会的一种有效的学习方式，是一种合作式或协作式的教学法。王老师的课不折不扣地实属参与式教学。只是面对没有经过他磨合训练的学生们，推动课堂内容显得较吃力，好在功底深厚的王老师，善于引导学生，虽然热身的时间稍显多些，但最终还是精彩纷呈。在接近尾声讲解革命与建国的辩证关系时，利用了心理学上的排解情绪方式之一“撕纸”来让学生切身体验，可以说是“一石激起千层浪”。老师们对此举争论激烈。而此处正是本课夺目之处，王老师并没有给出学生最后结论，只是让学生充分参与，潜移默化地引导学生对革命与建国进行思考，给了学生尽可能宽阔的思维空间。

课堂上，王老师精彩的设疑促使学生们不断思考。这场改天换地的大革命是如何发生的？为什么说它在什么地方打响可能出于偶然但它的发生却是必然？当时的中国社会中涌动着怎样的潮流，各个阶层的人们怎样呼应着世界的变革之声，推动着中国的自强运动，终究将这个老大帝国的传统规则抛弃？让听课的老师们和学生们重温着那一年。

对这节课的纷争，震撼于前辈的高品位的历史素养，同时也看到了中青年教师的成长。所以，感谢王雄老师，这位浑身散发着“历史味”的老师。

4. 教师点评（四）

笔者在网上也看了王雄老师课堂教学的片段视频。在阅读了上面几位老师的文章后，作为没有亲历现场的人，觉得这节课至少可以从以下几个方面反思。

第一，课堂教学激发学生参与的形式是不是有“低幼化”之嫌？课堂的“撕毁”活动，如果放在小学或者幼儿园，学生参与的积极性、效果可能更好些。高中学生在课堂上开展这样的活动，能真正帮助他们理解“革命与建国”的关系吗？

第二，如何把课堂参与活动与历史学习的特点、历史学科的基本思维规范有机结合起来？

第三，课堂交流时，站起来回答问题的学生与老师间基本是一对一的问答，并没有激发学生倾听、阅读、思考的积极性。老师的部分追问也显得预设不够充分。

第四，如果没有大量的史实作为支撑，不要说学生，就是专家也很难把这么宏大的题目、思辨性如此强的问题解析清楚。尽管王老师在自己的文章中写得较清楚，但学生课后是不是就理解了？或者说他们就有兴趣围绕这个问题进行课外拓展学习？王老师的教学设计与实施间存在着较大差异，大概是交流仅停留于“基本问题”的重要原因。

第五，参与式教学应“根据学生的实际需要和愿望”。如果王老师在自己学校用自己的学生教学，因为了解学生，引导学生思考问题等方面可能比面对陌生的学生效果更好。如果建立一个课前调查学生“已知”“欲知”的机制，教学的针对性、学生的参与度是不是会更好点？

正像孙梅老师说的那样：“有一千个读者就有一千个哈姆雷特。对老师也是这样的，三十岁和五十岁读《哈姆雷特》的感想会有很多不同，认知水平、历史底蕴、生活阅历等综合因素起着决定性作用。”王雄老师敢于挑战自我，李惠军老师、成学江老师能直言表达，这种努力实践和研究的大师风范值得学习。

5.3　导学提纲的编制与应用
——以《英国君主立宪制的建立》一课为例

5.3.1　《英国君主立宪制的建立》内容分析

1. 课程标准的要求

了解《权利法案》制定和责任制内阁形成的史实，理解英国资产阶级君主立宪制的特点。

分析资产阶级代议制在西方政治发展中的作用。

2. 各版本高中历史教科书的具体安排

人民教育出版社高中历史教科书必修一第三单元第七课《英国君主立宪制的建立》；

人民出版社高中历史教科书必修一专题七第一节《英国代议制的确立和完善》；

岳麓书社高中历史教科书必修一第三单元第八课《渐进的制度创新》；

大象出版社高中历史教科书必修一第六单元第十八课《英国的君主立宪制》。

3. 本课重点内容分析

人教版高中历史必修一第三单元，对应《欧美资产阶级代议制的确立与发展》专题。本单元以近代西方资本主义民主政治为主线，展示了 17 世纪中后期至 19 世纪中后期欧美资产阶级代议制确立与发展的过程。

第七课《英国君主立宪制的建立》包括三个内容：光荣革命、议会权力的确立和责任制内阁的形成，即英国君主立宪制的前提、确立、发展和完善。通过本课的学习，学生应该了解英国君主立宪制的含义、特点和影响，初步认识英国对近代资本主义民主政治的重大历史贡献。

5.3.2　案例展示与分析

1. 案例展示

1)《英国君主立宪制的建立》导学提纲（一）[①]

A. 课标要求（略）

B. 学习目标

（1）了解英国君主立宪制的背景、建立、发展和影响，理解英国君主立宪制的特点；

（2）掌握政治制度的背景及分析方法，归纳英国君主立宪制的发展趋势；

（3）认识君主立宪制代替君主专制是重大的历史进步。

C. 自主学习

建立前提：资产阶级革命（1640～1688 年）

---

① 本案例由武汉市第十七中学李秋珍老师提供。

背景：

（1）17 世纪初，英国资本主义发展，资产阶级和________出现。

（2）________王朝的专制统治侵犯了资产阶级和新贵族的利益。

过程：

（1）1640 年，资产阶级革命爆发，资产阶级和新贵族领导的________最终获胜。1649 年，国王查理一世被押上断头台。此后，英国成为______。

（2）1688 年，“________”结束詹姆士二世的统治。

建立标志：1689 年《________》的颁布

内容：以法律条文限制________的权力，保证议会的______、______等权力。

作用：议会权力日益超过国王，国王开始逐渐处于“__________”的地位，英国的__________确立起来。

发展历程：

发展（责任制内阁的形成）

（1）起源：________以后，国王经常在一个秘密的小房间召开会议，人们称之为________。

（2）形成：1721 年，下院多数党领袖________经常主持________，责任制内阁开始逐渐形成。

完善（1832 年议会改革）

（1）原因：________以后，工业资产阶级兴起，要求获得更多的政治权利。

（2）作用：__________获得了更多的议席，加强了在__________中的作用，保障了____________的进一步发展。

主要内容（表 5-2）：

表 5-2

权力机构	产生	地位或职能	与其他机构的关系
国家元首（国王）			
政府首脑（首相）			
行政机关（内阁）			
立法机关（议会）			

D. 问题探究

议会权力的确立：

材料 1 光荣革命使英国摆脱了专制的统治……议会在整个事件的演变过程中，都发挥了主导作用。接下来在确立新国王的时候，议会经过讨论，折中了两派意见，最终决定威廉夫妇共同为英国国王。这是一个前所未有的变化。（《大国崛起》解说词）

材料 2 1689 年《权利法案》节选（略）。

材料 3 1701 年《王位继承法》节选（略）。

（1）据材料 1 你认为“前所未有的变化”指什么？据此说明光荣革命在君主立宪制确立过程中的地位。

（2）材料 2、材料 3 对英国的权力划分有哪些规定？目的是什么？

（3）上述材料反映英国历史发展的什么趋势？

根据材料并结合课本知识，分析英国君主立宪制形成的原因有哪些？

洛克关于君主立宪制的主要观点（略）。

议会选举制度的演变：

材料 4　工业革命后英国经济和社会状况与旧的选举制度的矛盾（略）。

材料 5　19 世纪二三十年代，欧洲大陆革命潮流的冲击，英国群众斗争的高涨，以及工业资产阶级为谋取参政权所进行的积极斗争，都推动了英国议会选举制度的改革。

1832 年议会改革法案关于选举权资格和选举名额分配办法的规定（略）。

19 世纪后半期，英国又进行了两次议会改革，成年男子获得了选举权。经过艰苦斗争，20 世纪成年女子逐步获得选举权。

（1）对比材料四，1832 年议会改革法案使英国议会选举制度发生了哪些变化？其意义与局限分别是什么？

（2）据材料和所学知识说明 19～20 世纪英国选举制度变化的原因有哪些？这些变化反映了英国怎样的历史发展趋势？

从表格中英国君主立宪制的主要内容来看，它有哪些特点？它的确立与完善有何影响？

E. 本课小结

2）《英国君主立宪制的建立》学案（二）[①]

A. 自主预习（课前准备）

知识梳理（略）

问题思考

（1）谈一谈："光荣革命"被称为"革命"的依据何在？为什么它是"光荣"的？

（2）议一议：在英国君主立宪政体中，谁是权力中心？为什么？反映了资产阶级民主制较之封建专制的最突出变化是什么？

（3）比一比：英国责任制内阁和中国明朝"内阁"的区别。

B. 合作交流（互动探究）

探究点一：光荣革命

（1）探究目标：英国资产阶级革命爆发的原因、条件；光荣革命在英国政治文明进程中的作用。

（2）情景与问题：阅读下列材料回答问题。

材料 1　在英国的历史上，形成了两大原则：一是王在议会，也就是说国王必须通过议会来进行统治；二是王在法下，也就是说法律高于国王，国王必须服从法律。可是，查理一世的做法就是把这样的两个原则全都给破坏了。因此，议会和国王之间的矛盾就越来越大，对立也就越来越尖锐，最终导致 1642 年爆发了战争。

材料 2　光荣革命使英国摆脱了专制统治，这在世界上，它是第一个国家。它在这样做的时候，它采用了不流血的方法。从此以后，英国就是在议会制度的框架之内，进行和平和渐进的制度改革。——电视纪录片《大国崛起》

---

① 姜洵，刘金奎．新新学案·高中历史必修一．西安：陕西人民教育出版社，2011.

（1）结合英国社会经济和阶级关系的变化，分析英国资产阶级革命爆发的根本原因和主要条件。

（2）据材料2，结合教材相关内容思考光荣革命对英国政治民主化进程产生了怎样的影响？

探究点二：议会权力的确立

（1）探究目标：英国君主立宪制的特点。

（2）情景与问题：阅读下列材料回答问题。

材料1 君主立宪制的本质，也就是谁都不能高居法律之上，谁都不能为所欲为。

材料2 英国的选民，从1688年占人口总数的2%发展到1868年的40%，权力中心由国王到议会，又由上院（贵族院）转移到下院（平民院）。这种民主权利的一步步扩大，都是在和平环境中获得的。

请回答：据材料并结合课本第37、第39页“历史纵横”，概括英国君主立宪制的特点。

探究点三：责任制内阁的形成

（1）探究目标：了解责任制内阁的地位、职能，进一步认识英国君主立宪制。

（2）情景与问题：阅读下列材料回答问题。

材料1 拥有下院多数事事可成，没有下院多数一事无成。

材料2 美国总统罗斯福曾对英国首相丘吉尔说：“你的政策能否推行，很大程度上要看内阁能否意见一致。”

（1）完成下面结构图的对应关系（图5-2）。

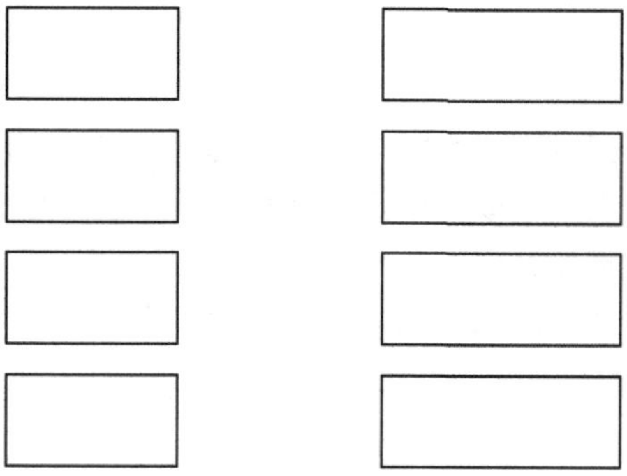

图 5-2

（2）结合材料1、材料2及教材内容，说明议会、内阁、首相的相互关系。

C. 典例鉴赏（课堂精练）

在英国君主立宪制的建立过程中，1701年颁布的嗣位法发挥了重要作用。该法规定，国王所作的任何决定必须由同意该决定的大臣签署方能生效。这一规定的目的在于（　　）

A. 防止国王独断专行　　B. 扩大议会的权力

C. 加强国王对内阁的控制　　D. 扩大国王的行政权

有人把英国议会战胜封建君主制的历程概括为三部曲：运用议会的财政权蚕食王权、用战争打败王权、用架空术改造王权。其中“用架空术改造王权”的关键举措是（　　）

A.《权利法案》的颁布　　B. 光荣革命

C. 责任制内阁的形成　　D. 1832年议会改革

回顾总结（知识结构）

D. 网络结构式（略）

流程图式（图 5-3）

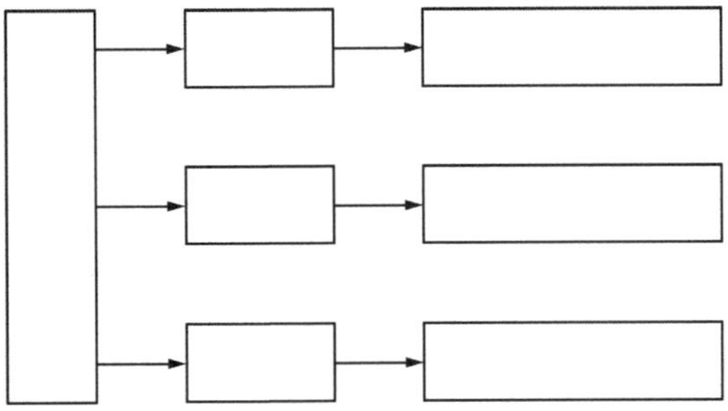

图 5-3

2. 案例点评与分析

这两份《英国君主立宪制的建立》导学提纲（学案），依据课程标准，从知识与能力、过程与方法、情感态度与价值观三个维度提出具体的学习目标，在夯实基础知识的前提下注重能力培养，结构完整、布局合理、可操作性强。

第一份导学提纲包括“课标要求”“学习目标”“自主学习”“问题探究”和“本课小结”五个部分（第一部分略）。

“学习目标”部分，本课的主要内容与三维目标相互渗透，做到了知识与能力、过程与方法、情感态度与价值观的有机统一。开门见山地提出总体的学习目标，有助于学生树立宏观的目标意识，在课堂学习之前心中有数。

“自主学习”部分，作者把教材主要内容按逻辑关系进行整合，设置填空题和表格，以考查学生课前预习的效果，同时引导学生构建知识体系。这种设计体现了作者对基础知识的高度重视，为课堂教学中的能力培养打下坚实的基础。

“问题探究”部分，作者选取典型的原始材料和相关背景材料，从议会权力的确立、英国君主立宪制形成的原因、议会选举制度的演变、英国君主立宪制的特点及影响四个方面依次设问。这种把史料教学放在历史课堂中心位置的做法，充分体现了“史论结合”“论从史出”的学科特点，让学生在解读和分析材料的过程中逐渐培养探究能力，其教学效果应该比单向的“教师讲授—学生接受”更持久。

“本课小结”部分，作者以框架图的形式回顾和总结君主立宪制的主要内容，有助于学生从宏观上掌握本课的主干知识，便于课后的复习巩固。这种设计在巩固课堂学习成果的同时，也是在对学生进行潜移默化的学法指导。如果学生从中获得成就感，必然会在以后的学习过程中逐渐形成自主探索学习方法的习惯。

总体来看，这份导学提纲对学习环节的设计比较完整、规范，突出了学生的主体地位，同时注重史料教学的实施，充分利用了表格和框架图比较直观的优势。当然，也有值得注意的地方：高一学生的历史基础知识比较薄弱，在历史学习的过程中仍习惯于记忆和复述简单的史实，尚能应付比较基础的选择题，但普遍对历史材料解析题有畏难心理，正处于初步的适应阶段。因此，材料的长度尽可能适中，问题的跨度尽可能小，让学生在短暂的思考后能得出层次清晰的答案。

第二份“学案”包括“自主预习（课前准备）”“合作交流（互动探究）”“典例鉴赏（课堂精练）”“回顾总结（知识结构）”四个部分。

“自主预习（课前准备）”部分，作者以填空题检测学生课前预习的效果，进而以“谈一谈”“议一议”“比一比”的形式，考查学生对“光荣革命”、英国权力中心的转移以及英国内阁与中国明朝内阁的区别等内容的掌握情况。让学生带着问题预习，引导学生比较中英两国的内阁制度，以加深对历史概念的认识，这为课堂上自主探究能力的培养奠定了一定的基础。

“合作交流（互动探究）”部分，作者按教材内容设置三个探究点，先明确提出探究目标，再提供浅显易懂的文字材料，辅以教材内容进行设问。在这一部分，作者把学习目标分布在三个探究点中，而没有笼统地表述，使学生在探究学习的过程中方向更明确、具体。同时，作者提供的文字材料篇幅很短，结构图比较直观，符合高一学生的认知特点。

“典例鉴赏（课堂精练）”部分，作者选取典型的高考原题和模拟题，检测课堂学习的效果。特别是后一个选择题的题干中，“运用议会的财政权蚕食王权、用战争打败王权、用架空术改造王权”，以排比的句式概括英国王权被逐步剥夺的过程，十分直观形象，用它进行课堂小结应该是一个不错的选择。

“回顾总结（知识结构）”部分，作者以流程图回顾本课内容，与第一份设计的做法大致相同，不过稍显单薄。

第一，要辨析一下“学案”与“导学提纲”这两个说法。

顾名思义，学案应该是学生学习的方案。导学提纲是引导学生学习的提纲。学案强调的实施主体应该是学生，因此制订学习方案时应该让学生参与其中，或者至少应该针对学生的需要。就是说，学案制订要么是学生自主制订的学习活动与程序，要么就需要进行具体的学生“已知”和“欲知”的分析，并根据学生的兴趣爱好设计以学生为主体的阅读、思考或参与式活动。导学提纲可以老师根据教学内容制订的引导学生学习与思考的方案，是课堂教学活动的预案，是教学设计变成教学实施步骤的程序性规划。它的侧重点是把知识学习、能力培养与教学设计的过程有机结合起来，期望通过所设计的活动达成教学目标。而让学生参与自主学习方案的制订，在常规教学中是不太现实的。在探究性学习中有可能变成现实。因此，呈现教学设计过程的较节约的方式是编制导学提纲。

第二，在设计和编制《英国君主立宪制的建立》导学提纲，呈现教学过程时，我们需要解决一个问题：如何使学生认识英国君主立宪制在世界政治文明史上的重要地位？进而深刻理解学习本课的意义？笔者认为应该从英国政治模式的独特性和普适性入手。

有学者认为英国式政治民主制的宏观特性表现为：原发的开拓性、累积的渐进性、曲折的连续性、灵活的稳定性和开放的示范性。而其政治文化溯源于三个方面：不列颠式的“岛国心态”、“重法轻权”的国民精神与国民性格和英国特定的历史文化背景。①

阿尔蒙德将政治文化解释为一个民族在特定时期流行的一套政治态度、信仰和感情，是由本民族的历史和现在社会、经济、政治活动进程所形成的。英国政治文化的特点可以概括为两个主要方面，即源于贵族文化的顺从型政治态度和源于理性精神的对渐进主义行为方式

① 刘骞，蒋媛萍．英国式政治民主制的发展特性及其文化溯源．学术论坛，2007，(2)：53.

的信仰。①

英国式政治民主制既溯源于历史上形成的独特的政治文化，也植根于 17 世纪英国乃至欧洲资本主义发展的客观环境。英国创造的通过渐进改革而逐步从传统向现代过渡的发展模式，被称为“英国模式”。钱乘旦教授曾对“英国模式”进行过经典的评价：

和世界上其他一切国家一样，英国的历史充满了斗争，斗争是历史发展的推动力，没有冲突的历史是不可想象的。但英国的历史又和其他许多国家不一样，在那些国家，斗争往往导致单方面的全胜或全败，事情可能发生突如其来的变化，结果则造成社会的改体，甚或崩溃，从而形成历史的断裂。胜利的一方完全消灭另一方。这种结局看似利落，但造成的社会撕裂却是巨大的，人民为此付出极大地代价，而重构社会则需要花费很长的时间。不幸的是，当社会重建后，被消灭的一方似乎又以改头换面的方式出现了，因此原有的冲突在和过去差不多的层面上继续进行，直至双方都被改变，或都被淘汰。在英国，由于种种偶然和必然的因素，斗争竟可一般以融合而告终，斗争的过程可能很激烈，融合的经历可能很漫长，但结局却不是一方吃掉另一方，而是双方都被改造、又都被保留。被改造的双方其实是互相吸取的，由此产生一个新事物，这个新事物从对应的双方都获得生长点，于是同时传承双方，又同时扬弃双方。新社会就是这样产生的，英国的现代社会产生在“传统与变革之间”。“这就造就了英国的和平、渐进、改革之路”；所谓“英国模式”，就是指这样一条历史发展的道路。“在英国模式中，冲突与融合缺一不可，缺少其中任何一方，这条道路就走不通”②。“英国模式”被证明是一种可行的模式。

尽管英国资产阶级革命进行了 48 年之久，但军事斗争只有 6 年，其余的时间基本是在各派势力的政治斗争中度过的。1688 年“光荣革命”使英国用一种和平方式完成了从专制王权向贵族政治的转换，而 1689 年《权利法案》颁布以后，英国的政治制度在相对和平的社会环境中不断变革，特别是 1832 年议会改革成功以后，英国式道路正式形成，这就是在冲突中融合的发展模式。

反观英吉利海峡另一边的法国，从专制政治到民主政治的变革过程却是一波三折、惊心动魄的。

英国政治模式的独特性，意义在于以最小的社会动荡换取国家的长足进步，成为近代世界的典范。当然，英国政治模式的普适性也是令世人瞩目的。作为英国政治制度核心的君主立宪制，在当今世界仍然有相当大的影响力。

从本质上来看，君主立宪制是资产阶级代议制民主最早的表现形式，英国在代议制民主的形成过程中发挥了不可替代的示范作用。13 世纪英国出现著名的“大会议”和“模范会议”的代议制形式，中世纪一些欧洲封建城市共和国相继采取的代议制的内容和形式，如法国的“三级会议”，德国的“帝国议会”，但是这些代议制形式多于内容，不能称为真正意义上的代议制度，近代意义上的代议制度起源于英国。1688 年“光荣革命”后产生的封建等级代表会议，与内阁制相结合而正式确立，进而形成了凌驾于国王之上的最高立法机关。这种议会制被其他资产阶级国家认可且迅速传播和效仿。③

---

① 康晓．英国民主制度的主要特点及其文化成因探析．经济与社会发展，2007，(10)：27.

② 钱乘旦，陈晓律．英国文化模式溯源．上海：上海社会科学院出版社，2003：2.

③ 据统计，当今世界实行君主立宪制的国家一共有 38 个：其中，亚洲 9 个、欧洲 11 个、非洲 2 个、美洲 10 个、大洋洲 6 个。

当代国家政体的基本类型有君主立宪制和民主共和制。君主立宪制又称“立宪君主制”，是资本主义国家以世袭的君主（国王、天皇、女王）为国家元首，君主权力按宪法规定受到一定限制的政权组织形式，它在当代主要是议会制君主立宪制的形式。议会制君主立宪制，简称议会君主制，它的主要特征是：第一，议会拥有立法、组织和监督政府的权力；第二，君主是象征性的国家元首，其职责多数是礼仪性的，如代表国家出访、签署法律文件等；第三，政府（内阁）掌握行政权力，它由议会产生并对议会负责。

3. 导学提纲编制的原则与策略

导学提纲的编制过程，就是授课教师根据课标、教材、学情和师情进行教学设计，为学生提供个性化学习辅助资料的过程。导学提纲是学生学习历史的“先行组织者”，是学习的“支架”，是引导学生走向最近发展区的过程和活动预案。

一般的导学提纲应该满足学生课前预习、课中学习和课后复习三个环节的需要。笔者尝试以《英国君主立宪制的建立》一课为例，谈谈高中历史导学提纲编制的一般原则和策略。

第一，深入领会课程标准，明确学习目标和重难点。

高中历史必修课程政治文明史部分，精选中外历史上一些具有代表性的重要政治制度、政治事件和政治人物，“以人类政治活动发展主线为线索，精选能够反映一个历史时期基本特征的重要政治制度、历史性政治变革、重大政治事件及其重要历史人物作为专题的学习内容”①。“通过学习，了解人类历史上重要政治制度、政治事件及其代表人物等基本史实，正确认识历史上的阶级、阶级关系和阶级斗争，认识人类社会发展的基本规律；学习搜集历史上有关政治活动方面的资料，并能进行初步的归纳与分析；学会从历史的角度来看待不同政治制度的产生、发展及其历史影响，理解政治变革是社会历史发展多种因素共同作用的结果，并能对其进行科学的评价与解释；理解从专制到民主、从人治到法治是人类社会一个漫长而艰难的历史过程，树立为社会主义政治文明建设而奋斗的人生理想”。②

概而言之，政治史教学内容充分体现文明史观，着重传达人类政治文明史发展的基本规律和趋势，反映不同时代和不同国家政治发展的多元性，致力于培养学生作为现代公民的政治素养。

第二，正确认识本册教科书和本课在高中课程中的地位。

君主立宪制属于一种政权组织形式（政体），而有关政体的几个基本概念，初中思想政治和历史课程都没有涉及。因此，有必要把政体的相关知识做成资料卡或背景材料，方便学生课前自主学习。这种做法也为学生以后政治课程的学习打下一定基础，有利于学科知识的横向联系，使学生逐步树立大文科的理念。

通过第一单元的学习，学生对中国古代政治制度的发展演变过程有大致的了解，特别是对中央集权制度和君主专制制度有一些印象。通过第二单元的学习，学生对古代希腊罗马的政治制度，特别是以雅典为代表的民主政治和罗马法律的发展演变过程，也形成了初步印象。通过探究活动课《“黑暗”的西欧中世纪》的学习，学生初步认识了西欧封建社会的政治状况和特点，为理解近代资本主义政治制度如何从封建制度下萌生与发展，补充了必要的背景知识。

---

① 朱汉国，等．普通高中历史课程标准（实验）解读．南京：江苏教育出版社，2004：50.

② 中华人民共和国教育部：普通高中历史课程标准（实验）．北京：人民教育出版社，2003：9.

第三，大致了解学生的学习起点。学习起点包括知识基础、生活经验和兴趣点及历史思维结构。

从知识基础来看，英国君主立宪制的内容，在人教版八年级下册《历史与社会》教科书《我们传承的文明》中有所涉及，即第五单元第四课《资产阶级革命：新体制的创立》，其中“议会对王权的胜利”部分，介绍了以下内容：查理一世的专制统治导致国王同资产阶级和新贵族的矛盾激化；新议会召开后，议会与王权展开斗争；英国内战爆发，议会军取胜，查理一世被押上断头台；“光荣革命”后，议会通过《权利法案》；君主立宪制的含义及影响。通过初中阶段的学习，学生对英国资产阶级革命和君主立宪制的基本史实有初步的认识和了解。

从生活经验和兴趣点来看，一般学生通过各种媒体、网络、报刊和书籍，对米字旗、英国王室、唐宁街 10 号、议会大厦、英国足球、温网、近代中英关系、香港问题等常识比较熟悉，对“日不落帝国”“世界工厂”的说法有所耳闻，对英国目前的社会问题和在国际舞台上的作为也有所了解。教师在设计导学提纲时，可以选取其中的内容作为导入，激发学习兴趣。

从历史思维结构来看，刚刚完成初中学业的高一学生，感性认识和形象思维能力较强，但理性认识和抽象思维能力比较薄弱，正处于从前者到后者的过渡阶段。就本课而言，大多数学生还不能把英国的强大与 17 世纪以来的制度革新联系起来，至少这种意识很淡薄。因此，采用恰当有效的教学策略，引导学生思维习惯顺利迁移，才能在教授知识的同时逐步培养分析和解决问题的能力，收到良好的教学效果。

第四，宏观把握课程内容的主线，提高课堂有效性。

模块加专题的课程结构，注定了课程内容的跨度较大，在政治史中尤其如此。如果不能从宏观上把握政治制度的演进过程，就不能体会政治文明发展的趋势和规律。

陕西省西安市西安中学郭蕾老师，对岳麓版必修一第三单元第 8 课《渐进的制度创新》进行的教学设计（《中学历史教学参考》2010 年第 5 期），围绕两条线索进行：从王权无限到王权有限，从国王主权到议会主权。这种设计思路，抓住了国王权力逐渐削弱、议会权力逐渐增强的总趋势，让学生对本课的中心内容了然于胸，提高了课堂的有效性。在导学提纲的编制中突出主线，淡化繁杂的知识点，有助于教学效率的提高。

第五，关注史料教学，处理好教科书资源与其他材料的关系。

在编制导学提纲时，精选典型的课外材料是必要的，但应该以充分利用教材资源为前提。在人民教育出版社历史教材必修一中，第 29 页“历史纵横”部分提到英语国家的法律吸取了罗马法中的不少因素，如契约、债务和继承制度等，英国《权利法案》以罗马法学说为理论基础，由此可以得出英国深受罗马法律精神影响的结论。探究活动课《“黑暗”的西欧中世纪》提供的背景资料，也对英国的历史做过铺垫，具体情况如下：第 31 页介绍了英吉利王国形成的过程和建立中央集权的情况；第 33 页介绍了英国封建等级代表制度的背景、主要内容和影响。

这些材料的作用不容忽视。笔者认为可以在导学提纲的“自主学习”部分设置这样的题目：“请在第 6 课和探究活动课中，搜集和提炼有关英国政治制度演变的文字和图片材料，并简要写出自己的结论。”这一设计基于以下考虑：在完成第二单元的学习之后，进行及时的巩固和复习是很有必要的；以此作为课前预习的首要任务，有利于学生搭建前后知识的桥梁，而不是单纯地看书和做填空题。

编写导学提纲，合理创设教学情景，呈现教与学的过程，是教学设计的重要形式和手段。

5.4 历史课堂中辩论法的运用——以《辛亥革命》一课为例

5.4.1 《辛亥革命》内容分析

1. 课程标准要求

简述辛亥革命的主要过程，认识推翻君主专制制度、建立中华民国的历史意义。

2. 各版本高中历史教科书的具体安排

人民教育出版社高中历史教科书必修一第四单元第13课《辛亥革命》；

人民出版社高中历史教科书必修一专题三第二节《辛亥革命》；

岳麓书社高中历史教科书必修一第三单元第15课《辛亥革命》。

3. 本课重点内容分析

辛亥革命是近代以来各种矛盾激化所致的一次革命能量的大规模释放。武昌首义后，清政府瞬即土崩瓦解，中华民国建立；颁布《中华民国临时约法》，实行民主共和制。辛亥革命开启了中国近代民主制度的闸门，从此，民主共和思想逐渐深入人心。它客观上打击了帝国主义侵略势力，为中国民族资本主义的发展创造了条件。

在现今教材体系下，本课的处理确实很困难，因为辛亥革命的内容被支离到几本教材中，如必修二“近代中国经济结构的变动与资本主义的曲折发展”、“中国近代社会生活的变迁”；选修三“20世纪以来中国重大思想理论成果”；选修二“近代中国的民主思想与反对专制的斗争”；选修四“亚洲觉醒的先驱”，等等，要完整把握本课内容，必须将这些内容整合到一起。

没有内容的适当整合，所有课堂学生活动就没有载体了。但仅有内容的整合，不围绕本课的核心问题引导学生思考、讨论，教学的效益会大打折扣，更谈不上教育价值的挖掘了。

5.4.2 案例展示与分析

1. 案例展示：“你如何评价辛亥革命”的活动课设计与实践①

活动课的设计

(1) 时间安排：7～10天。选题：只针对“辛亥革命”这一个历史事件。

(2) 人员分工：设辩论主席1人，留下若干自由辩手后，每班平均分成8组，指定或自主推荐负责人。

(3) 小组讨论：8个小组自由安排组内讨论时间，要有记录；每组自主推荐一名优秀选

① 张博学．网络课件支持下的辩论式历史活动课——“你如何评价辛亥革命”的设计与实践．中国电化教育，2003，(5)：49-50.

手参加班级辩论。

（4）课堂辩论：主席主持，正、反方各 4 人参加辩论。指导教师负责组织专家、同学和老师组成评委对各位辩手、整个活动课进行综合评价和网络、信息技术的指导。

（5）网页制作：针对本次活动课的主题制作相关的网页即“网络多媒体课件”，链接相关的资料，集合学生的成果，展示学生利用信息技术、网络技术、多媒体技术的综合素质。

（6）论文撰写：通过每一个学生撰写的活动心得体会和小论文，展示开放性历史研究性学习的价值。

（7）评价与交流：专家评价、总结经验，完成对本次辩论式历史活动课的结题。优秀的学习成果要积极向有关刊物推荐。整个过程中，笔者只是指导者，并不是直接的指挥者，有什么情况会通知笔者，需要笔者协调或帮助的，如与学校信息技术中心联系允许学生在阅览、自习或上信息课的时候可以上网查找，可以下载有关资料，各部门允许学生打印自己的小论文等，笔者做的都是外围事情，是铺路的。笔者只要求进度，尽量在一周内完成各项任务，成果形式要多样化，笔者最希望看到学生自制的网页和创新论文。

辩论式历史活动课的实践——学生活动。

第一阶段：获取、筛选信息。每个人都要利用阅览时间、研究性学习时间、信息课教学时间到学生电子阅览室、学校图书馆、期刊阅览室等地查找与辛亥革命相关的资料、获取信息、初步筛选信息，寻找贴近辩论主题的相关资料。教师适度指导，把握方向。

第二阶段：小组讨论。正反方 8 个小组开展组内讨论，自主选拔优秀选手参加班级辩论。同时选拔自由选手若干。

第三阶段：制作活动课网页——网络多媒体课件。网络多媒体课件是辩论式历史活动课的基础和操作平台，有一个成熟的课件，才有以后的一切。学生们在准备如何评价辛亥革命辩论材料的过程中，查找到许多有价值的资料、有价值的网站、好的已经成型的网页，要把它展示给其他同学，尽可能地多连接一些，让其他同学少走弯路。制作网页是活动课的重点之一。

网页内容包括：以“你如何评价辛亥革命”为例，有史海钩沉、辛亥英烈、后人评说、相关链接、我们的争论、留言簿、与我们联系等几个版块。“史海钩沉”，如领导人的纪念辛亥革命周年讲话，文学作品中的孙中山，经典战役，孙中山的建国思想，大事纪年，求知岁月等；“后人评说”，如毛泽东等名家评论；“相关链接”，如世纪中国第一次历史巨变，黄花岗起义，武昌起义，廖仲恺、蔡锷、李烈钧、孙中山等的亲人，民国时代的文学、艺术、教育等，版面活跃、生动，为课堂辩论奠定了坚实的基础。网页内容丰富是好事，但不必太多、太复杂，能说明问题就行。

第四阶段：课堂辩论（以班级为单位）。

（1）技术支持：宽带网络多媒体教室一个，每人一台计算机，保证学生可以在“留言簿”上自由发表观点，主席可以广播同学精彩的言论。

（2）人员分配：主席 1 人，学生自主推荐。正方 4 人，同一个班的学生自主安排。反方 4 人，同一个班的学生自主安排。其他同学自由参与、自由发言、自由留言、人人都要准备资料。

（3）人员分工：主席主持，利用多媒体教室的控制台，广播或转播同学在本节课的网页“留言簿”上争论的焦点和热点；控制双方辩论的时间、记录辩手的表现；正反方的 4 位辩手 1～3 辩手负责陈述，4 辩手总结；自由辩论时都可以发言，班级同学自由参与讨论，站在哪方都可以。教师负责组织专家评委会，辩论结束后负责总结、点评。

第五阶段：撰写小论文和参加历史活动课的体会。各位辩手的发言稍加整理就是一篇好的文章，观点新、奇、有创意。撰写小论文也是对学生综合素质的锻炼和检验。

第六阶段：网页的再丰富、成果的推荐和交流。学生论文可以粘贴在活动课的网页上，连接到校园网上，请更多的同学参加讨论。读后感就是经验总结，老师可以听一听学生是怎样评价活动课、评价自己的。这些努力等于培养了学生对历史材料的阅读、分析、综合等能力。好的、优秀的要推荐给有关刊物，促进学生学习历史积极性的再提高，把参与“网络课件”支持下的辩论式历史活动课过程中形成的能力应用到日常学习中去。

2. 案例点评与分析

从布鲁姆和布罗德、古德诺和佩蒂格鲁等的实验研究中，我们可以发现，那些把任务看作有待解决的问题的人，其行为表现完全不同于那些没有问题意识的人。学校是一个特殊的亚文化环境，需要考虑上述问题。在学校的日子里，孩子们会逐渐地形成这样一些看法，认为成人们总是很武断地向他们提出一些无意义的要求。在许多情况下，导致这种结果出现的主要原因是，大人们没有意识到有必要将任务转换为问题，并使儿童明白所提问题的意义。当然，如果儿童能够认识到这种问题的意义，他们也会很努力地解决问题。但是，孩子们通常缺乏去主动发现问题、识别任务中有潜在价值的信息的心理准备或者相应的技能。但是，我们可以通过鼓励与教学等方式，引导学校里的孩子们快速地学会如何发现问题。推测与两难困境的思考赋予了某种知识体系以生命和持续发展的方向，但是，现行的教育并不会让孩子们产生这种猜想与两难思考的意识。课程设计者和教师们的任务就是为提供这种心智能力而提供练习的机会。如果只考虑课程的材料和内容，就容易忽略重要的问题。①

从布鲁纳这段论述中不难发现我们新课标的遵循目标——将任务转化为问题，激发学生的探究，促进师生共同成长。在学生认知水平和学科技能还不足够的时候，教师的课堂设计可以通过引导学生思考一些两难的问题，帮助学生养成探究的习惯和培育学科的技能。

教学性辩论在教学性机构的指导下进行，其目的是给学生提供锻炼机会。教学性辩论绝不仅仅限于教师和辩论课上。教学性辩论为有效地参与到一个民主社会中去做准备；为走上领导者岗位做准备；为调查和深入细致地分析当代重大问题做准备；为了促进批判思维的掌握；为了培养目的性调查的熟练程度；为了培养果断和分析性能力；为了训练批判性倾听能力；为了培养写作的熟练程度；促进成熟的判断；为了培养成熟的社交能力；为了鼓励有力的写作和动人的演讲；为了培养勇气和信心。②

课堂辩论是一种不太正式的讨论方式，先由双方的发言人重点发言，然后再由双方的其他成员轮流提出评论与问题。这种辩论适用于大多数班级，因为它可以让更多的人参加讨论。辩论的程序是：

（1）选择辩论的问题或命题。

（2）将班级分为两组，一组赞成命题，另一组反对命题。

（3）每组挑选两名主要发言人。

（4）每组有一位发言人用五分钟时间提出自己的论点。

---

① 布鲁纳．教学论．姚梅林，郭安译．北京：中国轻工业出版社，2008：139-140.

② 奥斯丁·J. 弗里莱．辩论与论辩．李建强，李书春，何美兰，等译．保定：河北大学出版社，1996.

（5）每组另一位发言人用三分钟时间提出自己的论点。

（6）两组对辩论的问题互相提出评语、问题和答案。为了做到公平合理，正反两组成员应轮流发言。

（7）每组由一名成员就本组发言做总结。做总结的一般是各组的第一发言人，但如由各组的第三主要发言人来总结，就可以让更多的人参加班级讨论。

（8）接着展开普遍讨论。①

讨论法教学法的 15 点好处：①有助于学生思考多方面的意见。②增强学生对含糊和复杂事情的关心和容忍度。③有助于学生承认和研究他们的假设。④鼓励学生学会专心地、有礼貌地倾听。⑤有助于学生对不同意见形成新的理解。⑥增加了学生思维的灵活性。⑦使学生都关心所谈的话题。⑧使学生的想法和体验得到尊重。⑨有助于学生了解民主讨论的过程和特点。⑩使学生成为知识的共同创造者。⑪发展学生清晰明白地交流思想和看法的能力。⑫有助于学生养成合作学习的习惯。⑬使学生变得心胸博大，并更容易理解他人。⑭有助于发展学生分析和综合的能力。⑮能够导致思想转变。②

本案例跟过去我们常见的辩论式教学设计相比，既有相似性，又有创新点。从结构上说，它突破了以往课前准备、课上辩论、课后总结的三段式组织形式。第一部分站在教师立场，从宏观上主导整个辩论流程；第二部分则主要从学生角度出发，指明他们要做的六个阶段的任务；第三部分主动权又交到教师手上，总结整个历史活动课的得失。这种安排将学生任务从头到尾条理化，对辩论课不很了解的学生主体起到很具体清晰的指导作用。另外，本课设计还有一大亮点，就是在 21 世纪初，笔者已经能很前卫地指导学生借助网络环境进行教学，突破传统教学设计的条件限制，充分利用先进教学资源，指导学生查找网络资料，自建资源平台等。下面从各部分具体内容入手分析。

第一部分，整个辩论活动计划的很周密，包括时间的安排、论题的选取、人员的分工、正式辩论前的小组筛选、课堂辩论、设计网页、后期的论文撰写及专家点评与交流。第一个亮点是在全班讨论之前安排了小组辩论。如此，既是选拔优秀辩手，也达到给学生热身的效果，尽量在最大程度上保证了全班每个人都能参与。第二个亮点是将辩论课做了很好的延伸。一般情况下，课堂辩论就达到了一节辩论课的高潮，但是在本案例中，增加了网页制作、论文撰写两个环节，这不仅提高学生制作网页的能力，而且还将学生参与历史活动课的收获具体化，是对学生的鼓励，有利于下一次活动课的开展，十分必要。当然这个延伸是密切联系课题而设，即照应标题所说网络课件支持下的辩论式历史活动课，突出对信息技术的利用。

第二部分，是教学设计的主题部分，主要表现为学生的实践。在这个阶段中，学生的任务被分为前期找资料、中间辩论、后期对辩论活动的总结。找资料特别强调利用计算机，在找寻、筛选信息基础上制作活动课网页，制作网页标准，并结合如何评价辛亥革命这一问题，为网页内容提供了许多思路以供参考，是很不错的。只是仅通过教学设计，难区分运用计算机获取、筛选信息跟运用计算机整合资料制作网页之间有什么本质区别，似乎可以考虑

---

① 杜芳．新理念历史教学论．北京：北京大学出版社，2009：6.

② 布鲁克菲尔德，普瑞斯基尔．实用讨论式教学法（第 2 版）．罗静，褚保堂，王文秀，等译．北京：中国轻工业出版社，2011：19.

合二为一。第二部分当中另一个值得称道的地方是辩论当时用多媒体教室辅助教学的设想很有价值。其他未被推选出参加辩论的学生可以自由参与发言，照顾到大部分人，可以克服以往那种少数人参与，少数人获得锻炼与进步的弊端。在课堂辩论结束后，安排了专家点评环节，及时的点评比课后点评效果更好，所以尽管后面还有点评总结，在这里先设置一个是合理的。一般的辩论课只有一个总结，本案例设置了两个，正是由于他注重辩论后续工作而产生的必然结果，如第五阶段撰写小论文，第六阶段网页再丰富等。

第三部分，指导教师的总结对一堂辩论课来说非常重要。本案例主要是从优缺点两个方面展开，能从正反两个方面来比较，采用的是较为传统的模式。

这次辩论使得每个学生基本都参与进来，从而充分激起了学生的学习兴趣，使得学生对本课的知识点也掌握得比较牢固。在辩论之前，学生所收集到的关于辛亥革命的资料已远远超过了本课上传授的知识，从而扩大了学生的知识面。在辩论过程中，学生运用自己所掌握的资料与知识，想方设法驳倒对方。这一方面锻炼了学生学习历史的基础素养，论从史出的原理，而且还提高了学生的思辨能力。

案例的不足主要表现为以下几点。第一，选题是否合理值得商榷。一个好的辩题设计，应该是在教师讲授过程中自然产生的，而不是刻意安排的。辩题的设计应该是两难的，让学生的论辩有充分的张力又不至于信马由缰。本案例设计者做了两个限制——“评价辛亥革命”和“只针对辛亥革命这一事件”。辛亥革命本有广义和狭义之别，如同“五四”等；要评价辛亥革命，必然涉及辛亥革命的背景、历程、影响等各个层面，而每一层面又涉及社会的方方面面，这本是多么宏大的场景，如何有效限制而令学生不至于在资料收集及辩论中信马由缰？但就这一事件本身，所涉及的人物、空间很多，如何限制又不至于让学生离题（如学生很容易在讨论中将话题演绎成对孙中山的评价等）。而学生在面对海量信息时，如何收集有效的信息，主要源于对辩题本身的理解。因此，辩题本身的设计应该直白地揭示正反双方的冲突。例如，“辛亥革命是成功的还是失败的”、“辛亥革命改变了中国还是没有改变中国”、“武昌成为首义之区是必然的还是偶然的”，等等。

第二，课堂辩论只是一种教学策略，是讨论法的一种表现形式。辩论本身不是目的，而是服务于教学目的的。一位美国教师说：“尽管课堂以学生为中心，但通过提出难题或挑战学生的假设来促进课堂讨论和认知冲突，这仍是我的重要工作。”而《辛亥革命》这一课这类资源是丰富的，主要是学生对这一时期中国社会的矛盾理解达不到相应的深度（或者说是体会感），而这也就是学生认识辛亥革命意义不到位的原因。而认识辛亥革命的意义恰恰是课堂教学目标（本篇设计发表于新课程标准实施之前，但目标是一致的）。而设计者显然并没有突出这一点，整体设计完全放手让学生去做，显然是设计上的缺陷。

第三，布鲁克菲尔德指出：“教育者帮助学习者获得了解问题所有相关资料的机会，使得他们能尽可能接触到所有相关观点……获得这些资料的一个最简单的办法就是在上课前把这些资料发送到每个学生手中。”① 在学生活动的第一阶段、第二阶段，学生怎么分工，学生查阅资料后如何筛选？不明确。教师的适度指导、把握方向究竟是什么表现？不明确。作为历史学习和研究的初级阶段，收集资料、占有资料固然是重要的，但是，高中生具备在海量

---

① 布鲁克菲尔德，普瑞斯基尔．实用讨论式教学法（第2版）．罗静，褚保堂，王文秀，等译．北京：中国轻工业出版社，2011.

信息中进行分析、筛选的能力吗？在大量史料中，哪些是有效的信息，哪些是无效的甚至是反信息？而且现在大量网站资料简单重复，结论多而史实及严谨的论证不足，学生如何选取？教师应该适当提出备选网站。学生小组内的分工，应该各有侧重，有的关注民国初年的报纸评论，有的关注民国初年生活状况，有的关注民国初年工厂投资、经济资料等，有的关注民国初年一系列政府法令，等等，这是需要指导的。

第四，众所周知，课堂设计必须基于学生的认知水平。在辩论前的网页制作及辩论后的网页更新、论文写作的环节设计中，教师总结都明确提到学生在各个环节上不如意的表现，这应该说就是超越了学生认知水平的后果，抑或是教学设计指导不到位的后果。

第五，作为这堂辩论课的延伸，即后续的论文写作和网页完善，是很好的创意，体现了评价、调查、回应的效应。但是，不难发现，设计者在这个阶段设计中忽略了讨论式教学三维目标中的第三维，即情感态度与价值观。在布鲁克菲尔德的论述中，通过讨论式教学实现民主；提倡尊重、实践尊重是至关重要的，这种目标是通过在辩论中构建民主氛围，在辩论后给学生创造充分的自我展示的空间，和引导学生对不同观点的再认识实现的。“评价的一个主要构成要素应该是鉴赏……我们认为讨论中的重要时刻就是小组成员对彼此的努力表示赞赏的时候。”

综上所述，辩论式教学更多地被我们理解为一种教学的方式，一种表演的方式，设计中是否充分考虑了学生的认知水平、是否考虑了设计服务于发展学生等，恐怕都还值得探讨。

布鲁克菲尔德在分析教师们对讨论式教学法失去信心（辩论式的讨论就更严重了）的原因时总结了几点：①他们对这种方法不切实际的期望；②他们没让学生为讨论做准备；③他们未对进行讨论的基本原则给予足够的重视；④他们未把讨论和奖励紧密地联系起来；⑤他们在让学生参加这次讨论之前没有进行模拟讨论，或者即使他们做了，那也是给那些好辩和有地位的人的一些特权。确实颇值得深思。

关于《辛亥革命》一课，还有其他一些有益的辩论角度值得探索。

革命党人选举黎元洪，是不是就一定体现了资产阶级的软弱性和妥协性？黎元洪出任都督，是不是就一定使革命潜伏了失败危机？湖北军政府成立，这么复杂的历史过程用一个两个简单的结论来套，是否有利于现代化国家公民素质的提高？作为一名历史老师对这些问题应该有一个基本认识：革命党人推选黎元洪做都督虽为无奈之举，但也并非毫无道理，除了当时群龙无首的革命形势和黎元洪“厚重知兵”的个人素质外，还应有十分重要的政治因素在里面。黎元洪是一个汉族旧军官，“预备立宪”骗局暴露后，立宪派对清廷彻底丧失了信心，汉族官僚离心。革命前，“报界中人士，对元洪均具好感”，因此，黎元洪在湖北革命党人眼里，被“视为比较开明的可以争取的共事者”。革命党人推举黎元洪为都督，确属无奈，但是这不仅联合了立宪派，壮大了革命力量，而且借黎之名，号召了全国革命，争取了更多支持者，稳定了局势，使革命站稳了脚跟。这一点在章太炎的《大总统黎公碑》里也有描述。但我们课本上反复强调，让黎元洪当都督是革命派“错误”认识所决定，是资产阶级软弱性和妥协性的表现，甚至将革命潜伏失败危机也归于这件事上，实欠公允。[①]

《历史课程标准（实验）解读》一书中在分析这一课的内容标准时建议很具体：“在这一问题的学习中，教师须避免就事论事，应指导和帮助学生从世界潮流和中国社会进步趋势的

① 李红．“清朝统治危机的加深和辛亥革命的爆发”教学实录．历史教学，2007，(1)：44.

高度，展开对辛亥革命历史意义的探讨，在这种指导和帮助中，教师和学生的关系不是居高临下式的，探讨的问题也不是预先给定封闭性结论的，而是一种平等的、民主的、思想开放、思维自由的探究活动。”①

显然，用开放的、民主的课堂去感知追求民主的历史，也是“神入”历史的尝试。

当然，关于辛亥革命的辩论选题、取材等都很广泛：

(1) 武昌成为“首义之区”与张之洞的“新政”有无关联？

(2) 辛亥革命后，分裂的局势愈演愈烈，是否与暴力革命的形式有关？

(3) 辛亥革命后，出现民族资本主义的短暂发展，主要是因为辛亥革命还是因为第一次世界大战的契机？

(4) 清末新政以来出现民间办厂的热潮，清政府也出现革新的种种迹象，辛亥革命是不是把局势搞糟了？

在近代中国复杂的社会形态下，社会阶层错综复杂、观念错综复杂、矛盾错综复杂，这些都为课堂辩论提供了足够的素材，况且近代社会的几次思想解放都是以辩论为主要形式实现的（维新派与顽固派的论战、革命派与保皇派的论战、问题与主义之争等）。然而，我们必须清醒地认识到，不要把辩论这种形式理解成教学目的。随意的、缺乏组织的辩论课是不可能有好的效果的。

3. 课堂辩论的基本环节

要用辩论法上好一堂历史辩论课，必须要注意到辩论的每个环节。

第一，在辩论的选题上，要选某一课文的重点、难点、学生比较感兴趣的话题或比较中性且有两难特质的辩题。只有这样的辩点，才有必要去辩论。

第二，在收集材料的过程中，资料收集要多样化，包括音像资料、图片资料和文字资料等。其中又以收集原始档案资料难度最大。有了原始材料，在辩论的时候说服性更大。在这个收集材料的过程中，也充分锻炼学生论从史出的意识，也是一种历史研究性学习的表现。

第三，辩论课是为了争取民主、实现民主课堂的一种努力，因此布鲁克菲尔德建议“指导者在班级讨论开始的几分钟内要做到‘五不要’：不要讲解，即使你在讲述过程中小心谨慎、尽量客观，但也会让你的学生觉察到你希望他们在讨论中讲些什么的蛛丝马迹；不要模糊不清；不要有任何偏向；不要害怕沉默；不要误解沉默”。当然他的建议主要针对讨论，在辩论中也是一样，观察、欣赏学生的学习过程是老师的美德。我们也不必过于拘泥于辩论程序，辩论可以是一堂讨论课的一部分。因为讨论、交谈、对话这样一些方式是可以混用的。在学生有充分的资料收集和掌握的讨论前提下，辩论是可以在课堂中随机产生的。

第四，教师在点评辩论时，不能仅从整体上去评论，而且还要评论学生在辩论中的具体表现，如评论学生的思维方式、评论学生的辩论技巧、评论学生的语言组织能力、评论学生收集的材料，等等。学生在辩论中不可避免地会出现片面的、肤浅的、错误的观点。因此，教师要帮助学生发现矛盾，循循善诱地启发学生自己纠正错误，启发学生能够学会全面地、辩证地看问题，以提高抽象思维的能力。②

---

① 朱汉国，王斯德．普通高中历史课程标准（实验）解读．南京：江苏教育出版社，2004：61.

② 赵守良．对历史课辩论式学习的探索和思考．中国西部科技，2005，4月下半月刊：90.

那么，历史教学辩论的目的不是为了分出胜负，而是为了达到对课程知识的深入理解。① 这里所谓的深入理解已经不仅仅局限于历史课本上给出的内容了，应该更多地掌握本节课知识的深度和广度。所以，在强调辩论应该怎么样进行的同时，千万别忘记了课堂辩论最根本的目的是提高学生各方面的能力以及对知识的掌握。

在历史课堂上进行辩论是一种有效性的学习方式之一。这种方式不仅突破了传统的老师教和学生学的上课方式，还充分体现出“双主”的地位——老师的主导地位和学生的主体地位。有一位研究历史课堂辩论的教师曾说过这么一句话：“历史课堂辩论赛有利于学生学习方式的变革；辩论赛有利于学生掌握基本知识、提高思想认识和培养综合能力；辩论赛教学有助于提高学生的综合素质。”② 所以，运用辩论的方式来展开教学，还需要我们共同努力。

复习与思考

1. 你怎么认识“过程与方法”目标设计与教学过程设计的关联？教学过程设计与课堂师生活动设计的关系应如何处理？

2. 课堂中，你认为应如何协调好老师讲授与学生自主活动的关系？你的依据是什么？

3. 结合教学实践，设计一份完整的导学提纲，开展一次高效的课堂讨论，并写成实录或反思。

拓展资源

1. 姜守明，邵政达，陈正兰，等．世界尽头的发现：大航海时代的欧洲水手．北京：北京大学出版社，2011.

2. 奥斯丁·J. 弗里莱．辩论与论辩．李建强，李书春，何美兰，等译．保定：河北大学出版社，1996.

3. 朱英．辛亥革命与近代中国社会变迁．武汉：华中师范大学出版社，2011.

4. 徐中约．中国近代史．北京：世界图书出版公司，2008.

5. 布鲁纳．教学论．姚梅林，郭安译．北京：中国轻工业出版社，2008.

6. 杜芳．新理念历史教学论．北京大学出版社，2009.

7. 布鲁克菲尔德，普瑞斯基尔．实用讨论式教学法（第二版）．罗静，褚保堂，王文秀，等译．北京：中国轻工业出版社，2011.

---

① 邵新星．把辩论赛引进历史课堂的实践与思考．安徽教育，2008，(11)：30.

② 李惠芳．辩论赛在历史教学中的尝试．中国电力教育，2010，(27)：97.

第 6 章 历史教学中的问题设计与提问

学习目标

1. 了解问题教学设计的基本要求。
2. 掌握有效提问的技能与策略。
3. 通过案例分析，理解课堂教学设计中问题的预设性与生成性的关系。

关键词 有效提问；问题教学；预设与生成；案例分析

6.1 历史教学中的问题教学与提问

6.1.1 问题与提问的内涵

古人说：学起于思，思源于疑。说明疑问、问题及思考在学习活动中有重要地位。教学过程中，问题和提问具有不同的内涵。

在教学过程中，问题是要求学生回答或解释的题目，是需要研究和解决的在教与学中出现的矛盾或疑难。历史教学中的“问题”包括历史学问题、历史教学问题、历史学习问题。

历史学问题是历史研究的起点。有学者提出：“提出问题是所有史学研究的开端和终结。没有问题，便没有史学。”可见史学问题在研究中的重要性。史学研究的一般程序包括六步：“提出问题—了解研究现状、确定研究起点—搜集资料—提炼思想、形成学术观点—选择研究方法—完成论题写作”。郑天挺先生在谈到提出问题的重要性时说：“研究历史，要多问几个为什么。问得越多，解决问题越彻底。应当一个问题扣一问题地追问下去，找到问题的根本性原因和规律。”学术界流行一句话：“有了好的问题，就等于成功了一半。”[①] 在课程标准和教科书编写时，大致为我们规定了讨论哪些历史学问题。也就是说，教科书编写基本上是围绕一些重大历史学问题展开的。因此，教学中理顺课程标准或教科书中相关历史问题的逻辑关系，是十分重要的。

历史教学问题是老师在教学中碰到的问题。历史学习问题是老师或学生在学习历史时碰到的问题。在实际教学中，要提高教学的有效性，就要想办法解决学生学习中碰到的问题。如果学生不能发现问题，就要老师预设问题启发学生思考历史，帮助学生理解历史。教学设计时应尽可能把教学中存在的问题（如知识呈现、教学过程设计等）和学生可能会遇到的问题预设周全。“以往将问题看做是评估具体学习细节问题的工具，现在将问题看做是积极处理、思考及创造性地运用信息的方式。很多教育者正在逐渐让学生放弃认为问题一定有特定

① 李剑鸣．历史学家的修养与技艺．上海：上海三联书店，2007：219，345，351.

的答案的观念，并帮助学生将问题视为了解知识的多样性、复杂性以及丰富性的主要工具。更多的教育者正在帮助学生理解问题是思维和知识产生的语言学目标。”[①]

无论在史学研究还是在历史教学中，多读书、勤观察、善思考，是发现问题、提出问题的必由之路。正如古人所说，“学者先要会疑”（程颐），“为学患无疑，疑则有进”（陆九渊），强调要带着问题来读书，才会发现问题，有所收获。[②]

提问就是指出、举出问题，是呈现问题的方式、过程、情景的综合体。对学生而言，是学习思考遇到障碍时的外显行为；对老师而言，是引导学生思考、帮助学生理解的预设，是促进学生学习、实现师生互动的载体。在实际教学中，“问题和提问形成了教学与学习行为的核心。”[①]提问是教学对话的关键。提问能激发学生思考，能激励学生反思自己对问题的回答。提问的目的是推动学生学会思考、学会学习。“提问对老师组织有效教学、深化学生的学习和理解具有举足轻重的作用。”[③]

如果说问题是思想的工具，那么提问过程决定着谁将参与其中。

提问过程影响学生的学习，一方面取决于老师让谁来回答问题，另一方面是等待时间的运用。提问过程不仅仅只是一个从学生中获得答案的工具，还能引导学生在找出答案时进行思考和学习。因此，提问者的策略影响学生的学习，提问行为是教学与学习行为的核心。

历史课堂提问要讲求一些基本的规范。“提问需要理论的参与，理论可以照亮观察事物的视点，引导思考的方向，并影响到思想的深度。”[②]就是说课堂提问，要符合历史学科的基本规范，问题的呈现适合相关历史情景或细节，问题的分析解释过程要符合历史发展的基本逻辑。同时，提出的问题在层次性和递进性方面要符合基本的教育学、教育心理学和学习心理学的基本规律。

“提问—思考—理解，这三个过程以动态的形式相互作用来促进学生的学习、表现和成就。课堂上的思考，是学生工作的能量和学习的燃料”。[④] 课堂的活力，就表现为提问引发的思考、交流、理解等活动的程度与深度。研究显示，“绝大多数提问（约占总数的 2/3）都与死记硬背的记忆问题直接相关”，“教师在课堂上仍然固执己见，坚持让学生回答低水平的、以记忆为导向的问题。这些问题根本不要求学生展开任何具有反思性、创造性或具有批判性的思考”。教师在课堂提问对话中常犯的毛病：提对答案有诱导性的问题；接受教师本身认同的不具体且不具挑战性的观点；只发展争端的某条孤立线索或问题的某个方面；把自己的观点插入讨论中；评论学生的回答（例如，“非常棒！我以你为骄傲”，或者“我认为你最好重新考虑你的答案。你忽视了一些东西”）；最后一种方式是试图达成小组的一致意见。[⑤]

因此，“教师应该怎么提问才能把学科知识与学生的个体经验联结起来，调动学生思考的积极性，让学生承担起学习的责任？教师应该如何发展与完善自己的提问技能，把教学过程当做自己的学习过程？”[⑥] 是我们每一次教学设计和每堂课都值得思考或反思的问题。可以说，提问本身也是困扰老师教学的一个重要问题。

---

① 沃尔什 J A，萨特斯 B D. 优质提问教学法．刘彦译．北京：中国轻工业出版社，2009：8.

② 李剑鸣．历史学家的修养与技艺．上海：上海三联书店，2007：353.

③ 丹东尼奥 M，贝森赫兹 P C. 课堂提问的艺术．宋玲译．北京：中国轻工业出版社，2006：26，29.

④ 沃尔什 J A. 优质提问教学法．刘彦译．北京：中国轻工业出版社，2009：1.

⑤ 丹东尼奥 M，贝森赫兹 P C. 课堂提问的艺术．宋玲译．北京：中国轻工业出版社，2006：26，29.

⑥ 丹东尼奥 M，贝森赫兹 P C. 课堂提问的艺术——发展教师的有效提问技能．宋玲译．北京：中国轻工业出版社，2006：1.

有学者为教师的有效提问提供以下建议："设计提示课文结构和指导的关键问题；问题的措词必须清晰、明确；提出的问题要符合学生的能力水平；要有逻辑地、连续地提问；设计的问题要有水平区分度；问题要紧跟学生的反馈；回答问题时，要给学生充足的时间思考；采用能调动更多学生参与积极性的问题；鼓励学生提问。仔细倾听学生回答，在剖析学生观点的提问中，利用这些回答来强调重点。"课堂应表达清楚"核心问题"，核心问题应该是：①包含学习者容易理解的措词；②陈述简单，问题中没有混杂额外的问题或说明；③让学生关注课堂内容；④确定学生回答问题时将会用到的单个思维操作。[①]

6.1.2 问题设计的基本原则

有效性提问是高中历史课堂教学的生命线，是沟通教师与学生之间的有效的桥梁和纽带，是教师传授知识和实现有效教学的重要手段，实现课堂教学真正为学生发展服务，激发学生主动参与的欲望，培养学生的创造性思维，从而实现教与学的良性互动。

教师在设计问题时应注意以下几点。

趣味性。对身处信息时代的学生而言，教材文本对他们的吸引力往往不够，怎样激发学生的兴趣，调动学生的积极性就成为关键。这就要求教师要从教材中选择由易到难、层次分明，符合学生的认知心理，能引起学生兴趣的热点内容来建构问题，力求问题设计新颖、形象、生动，提问贴近学生生活。

针对性。问题设计要针对不同教学内容、不同的课型、不同的学习要求，设计知识性问题、认识性问题、方法性问题。问题设置过程中要注意处理好开放性与针对性的关系。一个问题提出要立足学生思维特点，有一定的弹性空间，才能使学生获得更大的思维空间。但是开放性的问题又不能够脱离文本，要具有一定的针对性。所以对开放性和针对性，要把握好两者之间的关系。

启发性。由于学生各方面条件的限制，在阅读课文，尤其是一些经典之作时，思想上往往是困惑迷茫的。他们常常不知道作品好在何处，应该学习与借鉴什么。即使偶尔有一些美的体验与感悟，也往往是凭借直觉，无法从理论上加以阐释，无法用言辞加以表达处于一种知其然而不知其所以然的状态。这就需要教师通过问题来启发引导他们。在这一类提问中，问题要具有一定的思考性，既可以是对文本的拓展，也可以是对学生发散性思维的训练。

顺序性。问题需要一定的梯度，从学生实际情况出发，由浅入深，由易到难，由简到繁地设计问题，带领学生由表及里地解读文本，适当地进行追问非常必要。在学生回答问题后，教师应该等待足够的时间，再对学生的回答进行评价或者再提另外的问题，这样可以使学生有一定的时间来详细说明、斟酌、补充或者修改他们的回答，从而使回答更加系统、完善，而不至于打断他们的思路。

现实性。要从社会热点与生活热点入手，从学生的认知实际出发，设计问题。克罗齐称一切历史都是当代史。柯林伍德断言："历史学的终极目的不是知晓过去，而是理解现在。"问题引导学生对历史学习作出正确的判断。没有价值判断就没有历史。

问题设计要围绕课堂教学重点，有利教学目标的达成，要具体而明确、能引发学生思考，要有一定难度，适合学生的最近发展区，不能没有疑义、没有启发性、指向不明、问题过大，更不能为了为难学生而设问。还要设计好应对学生不同回答的处理方式，不指责学

① 丹东尼奥 M，贝森赫兹 P C. 课堂提问的艺术．宋玲译．北京：中国轻工业出版社，2006：44，47.

生、不紧逼、不嘲讽、注意启发、注意从思路情感话语方面的亲和。问题设计与辨析更不能有违学科基本规范。

案例 6-1

《秦朝中央集权制度的形成》问题设计①

1. 秦朝的中央集权是怎样形成的？
2. 为什么说秦朝的中央行政体制是以皇权为中心的？
3. 秦统一后为了巩固统一的多民族封建国家，采取了哪些措施？
4. 中央集权对中国社会发展产生了什么影响？

这些问题设计紧扣重点，指向明确，通过解决这些问题，帮助学生理解历史，提高认识水平。但这些问题要引导学生思考与回答，还得进行细分、分解，并创设更适应学生的问题情景。否则学生很难真正参与其中。

学界视点

历史教学中“问题设计”的规范性思考②

“问题”是开展教学、引导学生自主学习的一个重要手段，但“问什么”、“如何问”、“为什么要问”需要精心设计。规范性的历史教学“问题设计”，一要体现历史学科的特点，符合历史学科的内在逻辑；二要适应学生的发展需求，符合教育学的内在逻辑。

一、关于史学的尺度

从史学的角度设计问题不仅要梳理重大史实，还要体现历史学科的方法。

第一，把握历史过程。历史具有过程性，只有将历史发展的脉络梳理清楚，学生才能理解人类文明的连续性，感受到历史的鲜活与生动。

第二，找准教学的核心内容。历史知识内容纷繁复杂，只有抓住核心问题设问，才能突破教学难点，增强问题的深度和牵动力。

第三，尽量避免提出简单化的认识。要求教师在设计问题时要具有一定的开放性，对含有定性的问题则应审慎运用，否则，很容易出现绝对化、片面化的认识。

二、关于教学的尺度

就历史教学而言，恰当的设问是实现有效的师生双边活动的重要手段。所谓“恰当”就是着眼于学生的“最近发展区”，依据学生已有的知识经验和认知水平确定设问的内容，通过问题提高学生归纳、比较、分析的能力，使学生获得实际的发展，“从

① 刘新胜.《秦朝中央集权制度的形成》问题设计及其设计的原因.
http://eblog.cersp.com/userlog8/93061/archives/2007/496340.shtml.2011.

② 石蕾.历史教学中“问题设计”的规范性思考.历史教学（中学版），2009，7：53-55.

而创造出另一个新的最近发展区”。

第一，问什么——从学生已有的知识经验中选取素材，创设问题情境。情境是问题产生的基础，问题与情境结合，有利于吸引学生的注意力，使学生意识到问题的意义。

第二，如何问——问题的指向明确，并给学生提示思考的方向。提问是教师开展课堂教学、引导学生思维活动的重要手段，但课堂教学的目标却不能仅仅关注“思考了没有”，追求表面的思维活跃，还要进一步追问“是怎样思考的”，聚焦思考的力度和效度。这不仅关系到学生是否能获得知识与能力的问题，更重要的是还涉及学生的情感态度与价值观的问题。

第三，为什么问——锁定本节课的教学主题，为完成教学任务服务。教学时间的有限性和教学内容的繁杂，强调历史教学要锁定教学主题，设问要解决关键问题。“为什么问”就是要求教师用正确的方法设计“问题”的思维导向，从而引导学生完成对历史课“教学主题”的认识。

教师能否科学准确地理解历史教学内容，并采用恰当的教法处置，是实现“问题设计”规范性的必要条件，有效避免历史教学中的盲目性和随意性。

6.1.3 课堂有效提问的基本技能

从提问的技术层面上看，教育目标分类的层次不同，教师提示语的指向和问题对学生的刺激与暗示是有区别的。记忆、理解、应用型的问题，可用“请你用一个例子说明……”“你说的……是什么意思?”“在课本中什么地方?”“你从哪里看到关于……的?”“还想到了什么”等句式。分析、评价、创造型的问题，可用“请说出你的理由”“你是怎样知道的”“请解释你是怎样得出该结论的”“你的观点依据什么资料”“你判断的标准是什么”等句式[①]。因此，根据不同的学习内容和思考深度要求，提问的表述上应该是不同的。“问题的名词用来确定思考的内容……问题的动词或谓语提供了一个动作词汇，象征着必需的思维操作”[②]。提问预设时，用好这些引导学生思考的词，结合学科内容的逻辑预设学生的思考活动，这样的课堂提问才能真正促进学生思维的发展。

课堂提问是组织课堂教学的重要手段，是教师传递信息、达到师生和谐交流的一条主要渠道。巧妙、科学的课堂提问，对调动学生的积极性，激活学生的思维，以及提高学生的思维能力和语言表达能力，毫无疑问会有巨大的作用。

好问题是促进学习的燃料。教育的真正目的就是让人不断地提出问题、思索问题。课堂提问要尽量少提封闭性问题，多提开放性问题及加工性问题。典型的封闭式问题：“你懂了吗?”很多老师并没有察觉自己倾向于用“能不能”“是不是”“会不会”“好不好”一类的词开始提问。“提出封闭式问题是有效提问带动学生参与有意义的课堂对话的一大屏障”[②]，如表 6-1 所示。

---

① 沃尔什 J A，萨特斯 B D. 优质提问教学法. 刘彦译. 北京：中国轻工业出版社，2009：35.

② 丹东尼奥 M，贝森赫兹 P C. 课堂提问的艺术. 宋玲译. 北京：中国轻工业出版社，2006：178.

表 6-1　封闭式问题的主干与开放式问题的主干

封闭式问题的主干	开放式问题的主干
你……吗	什么是……
你能……吗	以什么方式……
你会……吗	怎样……
你知道……吗	为什么……
你有……吗	哪些是关于……

注：丹东尼奥 M，贝森赫兹 P C. 课堂提问的艺术．宋玲译．北京：中国轻工业出版社，2006：165

在追问学生的过程中，要预设好加工性问题，可分为：重新聚焦的问题（例如，在你的回答里，你说××。你的答案是怎么与××建立联系的）、解释性问题（例如，你想用××表述什么意思?）、验证性问题（例如，你怎么知道××?）、限定焦点问题（例如，关于××你思考些什么?）、支持性问题（例如，你依据什么判断××?）、重新直接询问的问题（例如，关于××，你还有其他什么资料?）。布鲁姆修订的教育目标分类，从知识维度分为：事实性知识、概念性知识、程序性知识和元认知知识，从认知过程维度分为：记忆(remember)、理解（understand)、应用（apply)、分析（analyze)、评价（evaluate)、创造(create)[①]。不同能力维度的问题设计应该有所不同（表 6-2)。

表 6-2　与所有认知水平的问题和回答相关的问题

<table>
<tr><th>项目</th><th>教师提示</th><th>学生表现</th><th>探索</th></tr>
<tr><td>1. 记忆</td><td>谁？什么？时间？地点？多少？哪一个？选择</td><td>重现、识别、命名、匹配、分辨、提取、列表、识记</td><td rowspan="3">请你举出××的例子
你这样的观点或细节还有哪些内涵
对于××，这是什么意思
你说的××在课本中什么地方
说出更多的内容
告诉我更多的内容</td></tr>
<tr><td>2. 理解</td><td>用你自己的话进行回答；读图或读表；改述；我准备回答什么样的问题？我们准备解决什么样的问题？举出一个例子；可能得出什么样的结论</td><td>阐释、举例、解释、展示、翻译、总结、比较、提示、分类</td></tr>
<tr><td>3. 应用</td><td>我们会应用什么样的方法或策略？应当考虑什么样的替代方法？哪里发生了失误</td><td>执行、施行、实行、解决、运用</td></tr>
<tr><td>4. 分析</td><td>对比与比较；两者的关系？你可能推断出什么？主要的观点？主题？假设是什么？证据是什么？陈述观点；找出类型；作者的意图是什么</td><td>区分、分类、剖析、排序、参与、归类、辩护、区别、组织、归因</td><td rowspan="3">请给出你的理由
你是怎样知道的
请解释你是怎样得出该结论的
什么样的资料支持了你的观点？帮我认识你背后的想法
你运用什么标准得出了该判断</td></tr>
<tr><td>5. 评价</td><td>你的标准是什么？哪个更重要？哪个更具有道德性？哪个更可靠？有什么失误或不一致之处？辩论</td><td>批判、判断、评价、分级、评估、证明、辩护</td></tr>
<tr><td>6. 创造</td><td>预测；你会怎样进行测试？提出替代性方案还有其他的可能吗？想象这是什么？我们怎样进行证明或确定？假设；写一个研究计划</td><td>产生、计划、设计、构建、开发、生产、提议、发明、建构</td></tr>
</table>

注：沃尔什 J A，萨特斯 B D. 优质提问教学法．刘彦译．北京：中国轻工业出版社，2009：35

叶小兵教授研究指出，问题的类型大致有：记忆性的问题、解释性的问题、理解性的问

---

① 沃尔什 J A，萨特斯 B D. 优质提问教学法．刘彦译．北京：中国轻工业出版社，2009：28.

题、深入性的问题、推论性的问题、评判性的问题、总结性的问题。“好问题”的主要特征是：①围绕着教学的重点提出问题，使问题的提出与解答有利于完成教学任务；②提出的问题是明确而具体的，便于使学生领会要求；③提出的问题能够引起学生的兴趣，促使学生进行探究；④问题有一定的疑难性，能够调动、引发学生积极思考；⑤问题有一定的难度，又适合学生的“最近发展区”，学生经过努力是可以回答的，等等。[①]

6.1.4 问题教学的设计与实施应注意的事项

问题是学生惊奇与怀疑的开始，问题是联系教师的教与学生的学的纽带。但是，在实际教学中，有学者研究发现[②]，教师提出的问题中有60％为低水平记忆问题，20％为方法问题，只有20％的问题要求学生思考。

课堂提问是指教师有目的地提供教学提示或传递所学内容的刺激，以及做些什么、如何做的暗示，从而引导学生积极参与课堂活动。课堂有效提问能有效地促进学生的全面发展，特别是学生情感态度、创新思维、批判思维的发展；有效地改善学生的学习方式，掌握学习方法，促进学生学习能力的发展；有效地发展教师的教学效能，促进教师的专业成长，实现教师的教育价值。但是，在日常教学的过程中，问题教学还普遍存在以下问题：

教师在教学备课时忽视对问题的精心设计，大多数的问题设计没有针对性、缺乏梯度；教师的提问具有较大随意性，为了课堂表面上的热闹而简单、随意、重复的提问；不重视创设问题情境，缺少置疑和认知冲突的激发，史实类问题过多地抑制了学生思维的发展；提问只有单向性，缺乏互动性等。

问题教学在设计与实施中应注意以下两个问题。

1. 问题设计要符合史学基本规范和教学原理

美国学者费希尔认为：“史学是一个解决问题的学科。”“问题是智力的引擎，是将能量转化为运动、将好奇心转化为有控制的探索活动的脑力机器。不提问题就不可能思考。”[③]

过去是一个时间的延续过程，过去事实是存在于时间之流中的事件、观念、制度和趋势。这些根本上规定了它的学科特性。规范的历史学科问题应关注事件，关注变化，关注具体。有效的提问就是提出符合史学范式的问题，就是要紧扣核心目标设计，探究历史“真”问题。而实际教学中，很多问题是不规范的问题，是伪问题，是假问题，甚至不是问题。

案例 6-2

例 1 浙江巡抚刘韻珂在致耆英的信中说：“（当时）文官爱钱而又惜死，武官惜死而又爱钱，加以兵无斗志，民有乱心，帑藏空虚，脂膏竭尽。”想一想，如果清政府不撤换林则徐，能避免鸦片战争的失败吗？

例 2 英国驻上海领事阿礼国在给英国驻香港总督文翰的信中说：“我们或者满足于条约的既得利益，或者制造纠纷，扩大我们的利益。”想一想，如果没有发生亚罗号事件和马神甫事件，第二次鸦片战争会爆发吗？

---

① 叶小兵．老师的提问．历史教学，2005，(11)：74.

② 丹东尼奥 M，贝森赫兹 P C. 课堂提问的艺术．宋玲译．北京：中国轻工业出版社，2006：30.

③ 李剑鸣．历史学家的修养与技艺．上海：上海三联书店，2007：219.

例 3　张之洞提出禁用煤油的主张，他说：“粤省民间素用花生油，自火油盛行，相形见绌，销路愈滞，价值日昂。种植少则害在农，榨制稀则害在工，贩卖微则害在商。吾民生计所关，实应禁止。”想想，用禁止的办法能解决他提出的问题吗？

这三个问题都是虚拟的问题，都是封闭性问题。虚拟的问题没有探究价值。学生想都不用想就能作出简单的有利于自己的判断，“能”或“不能”、“会”或“不会”。因为思考是困难的事。封闭性问题不能引发学生的思考。例 1 中的问题如果改为：想一想，这与战争失败有何关系？就是个开放的真实的历史问题了。例 2 中的问题如果改为：阿礼国所说的“既得利益”指什么？他的观点与第二次鸦片战争爆发有什么联系？就与学生的知识学习更贴近，也能激发学生参与课堂思考。例 3 中的问题是要让学生去假想一个结果。这事实上是用我们已知的结果去批驳古人的行为，典型的发“后见之明”。如果改成探究“张之洞提出这样观点的原因”就有意义了。

好的课堂提问，从提问技术的角度来看，有五个特征：“能够达成一个或更多的教学目标”——有目的性；“关注重要的课程内容”——有清晰的内容关注点；“能够促进在规定的认知水平上思考”——学生参与多种认知水平的互动；“清晰地阐明所要问的内容”——简洁明晰；“充分预设”——很少是偶然提出来的。[①] 而从历史学科的角度看，史学家费希尔界定了规范史学问题的六条准则：“可操作性——可用经验的方式来解决；没有设定的答案——只规定用什么事实来解答一个问题，而不规定解答本身；具有弹性——可以调整、补充和修正；分析性——可以拆分为几个部分来探讨；明了而准确——对问题的预设和暗含的意思都必须有具体的说明；可检验性——可用经验事实来证明”[②]。多读书、勤观察、善思考，是培养提问能力的基本途径。读书思考时要有问题意识。

什么样的问题是符合历史学科规范的问题？历史学家提出了自己的观点。

学界视点

现代史学范式简要概括为：以问题为中心开展研究，而且任何问题都必须置于具体的历史情境之中；注重史料的批判和考辨，言必有据，信必有征；以考证、叙事和分析为主要方法，研究成果多以历史解释的形式出现；研究事物的形成和变化的过程，而不是静止的状态；任何论点都是从材料中提炼出来的，而不是先定的概念或假设；论证必须符合一般的思维逻辑；使用的语言必须中性和准确。

就提问而言，有些问题不是真正的史学问题：拿破仑怎样才能在滑铁卢取胜？这是个虚拟的问题，不能作为研究对象。中国封建社会为什么长期延续？中国古代是否属于封建社会本身就是个问题。美国政党制度的特征是什么？问题侧重于静止状态，不能单独成为史学探讨的对象。现代工业什么时候出现于中国？问题不符合史学

① 沃尔什 J A，萨特斯 B D. 优质提问教学法．刘彦译．北京：中国轻工业出版社，2009：21-42.

② 李剑鸣．历史学家的修养与技艺．上海：上海三联书店，2007：223.

的范式，因为现代工业不是一个在某个时刻出现的固定样本，而是在时间之流中逐渐形成的①。

2. 问题教学要依据核心目标提出核心问题，并创设合适的问题情景

问题教学要围绕课堂的核心目标开展，要提出一个核心问题，再根据教学内容的逻辑关系把问题进行分解、细化，在学生回答的基础上进行追问，提出加工性问题或矫正性问题。历史教学课堂上核心问题可分为：观察类（你发现了什么）、回忆类（你想到了什么）、比较类（哪些是相似的）、对照类（二者间有何差异），以培养学生对历史问题的深度思考、理性思辨。

教学中，很多老师把不同类型的问题都冠以“探究”之名。其实，并不是所有的问题都值得探究。

案例 6-3

“探究问题”的确定②

在《世界经济的全球化进程》一课教学中，一位教师提出的探究性问题：

（1）展示经济全球化的相关图片并让学生结合自己的实际生活，讨论经济全球化的原因及主要表现。

（2）展示各国反对经济全球化的示威游行图片，探究为什么会有这种反对经济全球化的示威游行呢？

（3）以辩论的形式，把学生分为正反两方，分析探究世界经济的全球化进程究竟是利大于弊，还是弊大于利？

（4）创设情境，播放中国入世的录像，探究中国加入 WTO 后面临哪些机遇与挑战？

上述问题，有的是一般陈述性的问题，有的是一般分析性的问题，真正需要探究的问题是“经济全球化的利弊”。在有限时间内，一节课不允许有多个探究的问题；有些陈述性知识，也不需要学生去进行探究。应当把“经济全球化的发展趋势”作为本课的中心内容，而把“探讨经济全球化进程中的利弊”作为本课探究的一个中心问题。

海口市实验中学邱桂兰老师用多媒体课件展示漫画《经济全球化》及其他图文信息，要求学生“结合上面的材料，谈谈你从中感受到的世界各地人们对经济全球化的态度”，老师积极肯定学生的思维成果，再展示中国加入世界贸易组织的相关材料，进一步设问：“有人说‘中国入世是羊入狼群’，大家怎么看待这一观点？”这样由远及近，切入中国，就在“利弊”的问题上找准了一个很好的探究点，且用“羊入狼群”来比喻中国入世面临的挑战，形象艺术地引发了学生探究解疑的兴趣，在师生、生生互动中，促进了学生的有效学习。

进行问题教学时，还要根据核心问题创设合理的教学情景。台湾清华大学教授张元先生

① 李剑鸣．历史学家的修养与技艺．上海：上海三联书店，2007：147.

② 傅元根．对“一课一个中心”问题的再思考——兼评海南省第三届普通高中历史课堂教学优质课评比活动．历史教学．2006，(8)：65.

提出，课堂教学中创新情景、选取材料的“标准”——应当符合“有见解”和“故事性”两个特点[①]。创设问题情景就要规范引用史料。这个问题前面章节有专门的叙述。

当然，问题教学中值得研究的问题很多。例如，如何在问题教学中尊重每个学生？进行问题教学时老师要注意哪些细节（如老师站位的确定、互动的模式、老师的手势和语调）？总之，只有不断提高自身专业素养，不断进行学习、积累、思考和实践，在教学设计和课堂教学中，发现好问题，提出好问题，预设好问题，解释好问题，问题教学的有效性就会提高。

6.2　问题教学设计策略
——以《古代雅典民主政治》一课为例

6.2.1　《古代雅典民主政治》内容分析

1. 课程标准的要求

了解希腊自然地理环境和希腊城邦制度对希腊文明的影响，认识希腊民主政治产生的历史条件；

知道希腊民主政治的主要内容，认识希腊民主政治对人类文明发展的重要意义。

2. 各版本高中历史教科书的具体安排

人民教育出版社高中历史教科书必修一第二单元第五课《古代希腊民主政治》；

人民出版社高中历史教科书必修一专题六第二节《卓尔不群的雅典》；

大象出版社高中历史教科书必修一第五单元第十六课《雅典的奴隶主民主政治》；

岳麓书社高中历史教科书必修一第二单元第六课《雅典城邦民主政治》。

3. 本课重点内容分析

古希腊是古代世界五大文明中心之一，也是欧洲最早跨入文明门槛的地区。古希腊的地形使各地区成为一个个地理上相互隔绝的小单位，这对形成多城邦的政治格局有重要的影响。城邦很小，也方便了居民参与城邦的政治生活，且城邦间是相互独立、自治的，没有形成兼并国家。古希腊多山多岛的自然地理环境适宜栽植葡萄、橄榄，发展园艺业。与古埃及等地区联系的便利通道，商业的发展产生了新的富户，债务奴也增加。贵族统治者将权力交给梭伦，奠定了希腊民主政治的基础。经济状况的改善和民主力量不断壮大，贵族势力相对削弱，促成民主政治的确立。

梭伦改革奠定了古希腊民主政治兴起的基础。雅典民主是成年男性公民的民主。在专制盛行的古代世界率先建立了较为健全的民主制度，促成了雅典政治、经济和文化的高度繁盛，它是伟大文明的催化剂。从其历史演进看，西方民主大致经历了古希腊直接民主、代议制民主与当代协商民主三种形态。

古雅典民主制的特征体现为：城邦政制与直接民主、主权在民与轮番而治、崇尚法治与抽签任官、权力制约与多数原则。雅典之所以能够实行直接民主制而不是代议制，主要依赖于雅典城邦的自然经济和建立在城邦基础之上的公民美德，而美德是直接民主的首要特征和原则。卢梭也认为：在实行直接民主的地方，经济不能太发达，人民不能太富裕，人民不能

① 张元．一课时讲完隋唐史的实验．历史教学（中学版）．2008，(10)：10.

有私心。从古代希腊开始，特别是从公元前5世纪末以来，柏拉图、亚里士多德、修昔底德到中世纪的思想巨人托马斯·阿奎那，人们对雅典民主政治的批判就没有停止。由于雅典在伯罗奔尼撒战争中惨败，民主政治的缺点逐渐暴露，批评逐渐成为主流。这些批评大多来自上流社会，言论具有更深刻的理论思考和分析色彩。马其顿征服希腊，民主制度衰落。公元前2世纪中期，罗马征服希腊，建立君主专制制度。国家需要的不再是民主制度的赞歌，而是君主制度合法化的理论。阿奎那曾这样指称民主，不义的政治主张可以由许多人施行，那就叫做民主政治：当平民利用他们人数上的优势来压迫富人时，这种政治就是暴民统治。在这样的情况下，整个下等社会则变成一种暴君。①

因此，学者在评价这一政体时，指出“雅典民主政治——理想的政体；有产阶级眼中的雅典民主——民众暴政”②。也有学者研究指出，“考察雅典民主政治的历史，从中很容易发现，雅典民主政治的几个极端：一是对个人权威的过分警醒；二是对多数表决的毫无制约；三是对私人空间的肆意践踏”③。而这种直接民主因受“实践空间规模小、持续时间性较短、在增加公民群体的匀质性和政治共同体的内聚性时效率相对低下等约束性条件的限制，必然为代议制民主所取代。代议制民主以选举这种全新的形式将民主空前扩大化”④。在代议制民主中，全体人民或一大部分人民通过他们定期选出的代表行使国家最高权力，人民直接参与政治决策并进行公共选择的概率骤减，少数精英在议会中协商成为一种常见的现象。议会辩论制度传承了古希腊直接民主的公议精神，对英国、美国民主制建立影响巨大。

自20世纪70年代以来，直接民主呈现复兴的态势，“主观上人们认识到了直接民主的价值和代议制民主（间接民主）的问题，客观上由于技术的进步特别是信息技术的发展使得人们认为直接民主有了物质上的支持。当然，必须承认的是直接民主的复兴还应同人们的权利意识的日益上升密切相关”⑤，与直接民主的“内在价值”和“工具价值”相关，这也是为什么古希腊的直接民主尽管同现代民主有那么大的差异，但西方仍然将其视为思想摇篮的原因。

现代政治思想起源于古代雅典。公共意志、法律面前人人平等、选举、轮流执政、主权在民、拥有发言权和表决权等，这些当今民主政治的基本程序和基本原则，均源自希腊。毋庸置疑的是，雅典民主的理论与实践，为近现代西方政治制度奠定了最初的基础。

但希腊民主也存在一些问题，当时的苏格拉底就指出，抽签的方法危害很多，他也因说真话而受到审判，并且雅典的民主不是所有人的民主，妇女、外邦人和奴隶全部被排斥在外。

6.2.2 案例展示与分析

1. 案例展示——“古代希腊民主政治”教学设计及反思⑥

（1）观察图6-1，上海世博会希腊馆。图片给大家的直观感受是什么？

---

① 佟德志．传统政治哲学对雅典民主的批判．思想战线．2008，(2)：67.

② 晏绍祥．从理想到暴政—古典时代希腊人的雅典民主观．华东师范大学学报．（哲学社会科学版），2003，(11)：49-52.

③ 杨姗姗．雅典民主的极端及其启示．法制与社会．2007，(9)：467-468.

④ 肖北庚，邓慧强．协商民主：中国宪政民主新趋势．湖南社院学报．2009，(3)：18.

⑤ 严友良．民主形态的否定之“否定”——如何看待20世纪70年代以来直接民主的复兴．理论界．2009，(9)：44.

⑥ 刘芃．“古代希腊民主政治”教学设计．成才．2010，(1)．

图 6-1　上海世博会希腊馆

图 6-2　希腊三维地形模型图

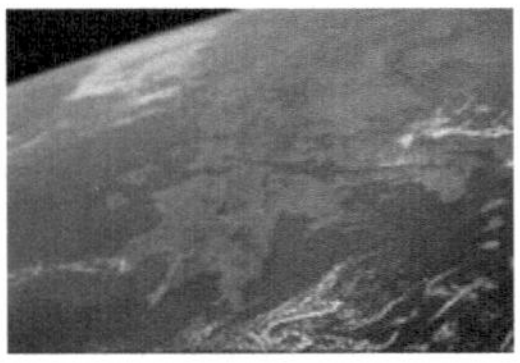
图 6-3　希腊卫星地图

（2）图 6-2 是希腊三维地形模型图，图 6-3 是希腊的卫星地图。从这两张图中，得到关于希腊的哪些信息？

（3）这样的地形，会带来怎样的影响？

材料 1　希腊半岛上多山，许多山脉呈西北东南方向贯穿半岛……由于山势陡峭，很难翻越，因此形成了一个个地理上相互隔绝的小单位，这对形成多城邦的政治格局有重要的影响。（马克垚主编《世界文明史》）

（4）图 6-1 中 POLIS（波利斯）就是城邦的意思。从材料 1 你能概括出什么样的观点？

（5）请同学们读教科书第 22 页第二、第三自然段，找出几句话，概括一下什么是“城邦”？什么是公民？

材料 2　据不完全统计，希腊城邦的总数达到 300 多个，都是土地和人口十分有限的弹丸小国。其中最大的城邦斯巴达也仅有 8400 平方公里，人口约 40 万人。另一大城邦雅典领土约 2500 平方公里，人口 20 万～30 万人。（齐世荣总主编《世界史·古代卷》）

材料 3　每个城邦向它的邻邦要求它的自由和自治，要求有权按照它自己的意愿处理它自己的事务……城邦虽然不容忍它境界以内主权的分割，对它邻邦的独立却是容忍的。（顾准著《顾准文集·希腊城邦制度》）

（6）根据材料 2、材料 3，找出描述城邦特征的几个关键词。

（7）城邦的这些特点，对公民的政治生活有怎样的影响？

材料 4　希腊多山多岛的自然地理环境，不可能像东方大河流域平原那样可以提供大片肥沃的宜农耕地，但起伏山坡却适宜栽植葡萄、橄榄，发展园艺业。（王斯德主编《世界通史——前工业文明与地域性历史：1500 年以前的世界》）

材料 5　海上贸易和海上交通的发达，反过来对希腊各殖民地城邦和本土诸国的经济，又产生巨大影响。它使本土诸国古老的自然经济，迅速转为商品货币经济。（顾准著《顾准文集·希腊城邦制度》）

（8）阅读材料 4、材料 5 及教科书第 23 页“历史纵横”，概括古希腊人的社会经济生活。

（9）这样的经济生活，与民主政治的产生有怎样的联系呢？

（10）如果我用 1 只鸡来换你 1 只羊，你愿意吗？为什么不换呢？如果我用 50 只鸡来换呢？商品交换的基本原则是怎样的？

（11）商品交换的这些原则，与民主政治的产生有怎样的关系？

材料 6　新的致富机会和贵金属铸币的使用所促成的金钱贪欲，刺激了许多人作各种各样的冒险，或从事创造性的经济活动。一部分当政的土地贵族，利用权势取得了财富；同时也出现了贵族以外的工商业的富裕阶层，而他们是被摒除于政权之外的。这样，政治权力的分配和各阶级实际力量的对比之间，出现了矛盾，这种矛盾日益加剧。

一方面，经济发展和海外移民都造成了人力的不足，使得土地贵族难于掌握他们支配之下的人手。另一方面，商品货币经济的发展，刺激了土地贵族的金钱贪欲，从而使他们加深了对平民群众的剥削。(顾准著《顾准文集·希腊城邦制度》)

(12) 请同学们根据材料 6 和教科书第 23 页的内容，说明梭伦改革的目的是什么？协调了哪些人之间的关系？

(13) 请同学们阅读教科书第 23～24 页的内容，填写表 6-3 中的空白处。

表 6-3 雅典民主政治的主要内容

项目	梭伦时期	克里斯提尼时期	伯利克里时期
公民大会		有权终止任何对民主造成威胁的公民的政治生涯	每个公民在会上都有发言权和表决权
四（五）百人会议			每个成员都有机会担当公民大会的轮值主席，执掌国家权力
陪审法庭		从 10 个部落中 30 岁以上的男性公民中选举产生	
其他规定			

(14) 在归纳雅典民主政治发展的过程中，是如何一步步削弱氏族贵族的权利、扩大公民权利的？

材料 7 人口结构与公民所占的比例如图 6-4 所示。

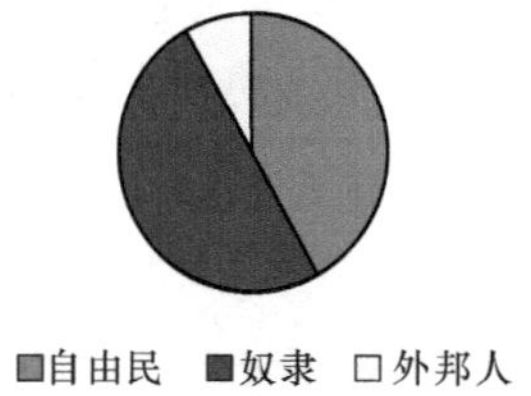

(a) 人口结构(据哈蒙德《希腊史》)

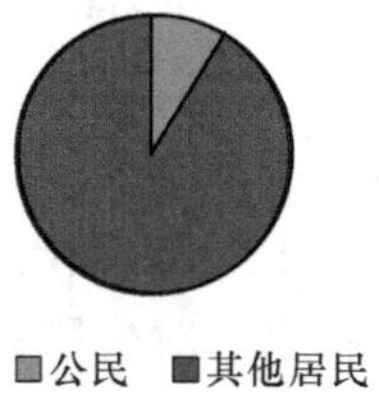

(b) 公民所占的比例(据哈蒙德《希腊史》)

图 6-4 人口结构与公民所占比例

(15) 从材料 7 中可以得到什么信息？

(16) 是否所有的自由民都享有公民权？

(17) 雅典的民主是哪些人享有民主？雅典民主是否如伯利克里所说属于“全体人民”？

材料 8 没有人愿意用抽签的方法去雇佣一位舵手和建筑师、吹笛手或其他行业的人，而这类事若出错的话，危害还比在管理国家事务上出错轻得多。(苏格拉底)

(18) 雅典民主是一种直接民主。阅读材料 8，苏格拉底认为雅典民主政治存在什么弊端？如何理解苏格拉底这句话？

(19) 苏格拉底用这样的比喻想告诉我们什么？

材料 9 希腊人对波斯国王谈及自己的同胞时说：“虽然他们是自由人，但并非在各个方面都是自由的；法律是他们的主人，他们畏惧这位主人甚于你的臣民害怕你。法律规定他们做什么，他们就做什么；法律的条文始终如一。法律禁止他们临战逃脱，不管遇到的敌人有多少；要求他们作战时坚如磐石，或者战胜敌人，或者死于敌手。”(斯塔夫里阿诺斯著《全

球通史》)

(20) 阅读材料 9，指出希腊人在民主政治中奉行什么原则?

材料 10　德国历史学家西格弗里德·劳菲尔指出："这两条原则，即所有公民都应该享有平等权利，所有决定必须以大多数人的意志为基础，是古代民主政治和现代民主政治相似的特征。从古代到现代，它们都被迅速接受……所以现代政治思想起源于古代雅典，而不是其他任何过去的政治形式。"(巴克勒等著，霍文利等译，《西方社会史》)

(21) 阅读材料 10，劳菲尔认为现代民主继承了古希腊民主的哪两条原则?

(22) 当代西方民主政治的一些基本原则和程序，在雅典已经存在。结合今天所学内容，举例说明当今哪些民主原则或程序起源于古希腊?

2. 案例点评与分析

高中新课程课堂教学强调以问题探究为中心、以解释为主要形式、以意义构建为目的、关注教学资源的拓展，强调文明发展过程中问题的产生及解决。既重视教科书知识结构建构，更注重问题的提出与探究。课堂有效提问是新课程教学绕不过的重要问题。在听课、观课和反思中，笔者感到课堂教学的有效性，与课堂提问是否调动学生的思维有很大关系。

"问题是智力的引擎，是将能量转化为运动、将好奇心转化为有控制的探索活动的脑力机器。不提问题就不可能思考。"① 提问不是为了让学生对讲授内容的简单记忆，而要"关注和指导课堂对话的内容和认知操作"。本课设计时，通过提供材料设计提问，帮助学生理解所学内容，建构合理的历史解释。设计的提问包括观察类问题、回忆类问题、比较类问题、思辨类问题，以历史事实为依据展开学生的思考过程，通过核心问题的提出和穷追不舍的加工性问题，揭示历史发展的动态过程，目的是"要求学生通过反思自己的初始回答来解释、验证和支持自己的所思所想，或者生成个性化的观点"②。实践证明，并不是所有提问都达到预设的目的。

在教学案例 1 中，问题 (1)、问题 (2)、问题 (3) 把学生的现实生活与历史联系起来。POLIS (波利斯) 原义十分丰富，既可以指城堡、城寨，又可以指公民团体，后来引申为城市和国家。希腊语中城市、公民、政治以及文明都是基于 POLIS 这个词根。希腊地图和材料 1～5，能帮助学生理解教材提到的"多山、山势陡峭、有很多小的岛屿""商品经济发展起来，形成了新兴工商业阶层"等结论。

但问题 (3) 中"这样的地形，会带来怎样的影响?"没有限定学生思考的范围，表面上看起来问题提得很开放，其实不能调动学生思考。地形对社会生活的影响那么多方面，哪个方向是学生应该思考的? 这对学生来说很难选择。问题 (4) 中"观点"一词也让学生不好把握。如果改成"信息"可能更好些。

问题 (5)、问题 (6)、问题 (8)、问题 (12) ～ (16) 中的"找出""概括""说明""填写""得到"等词汇即是一般能力要求的具体体现。这样的行为动词不仅让学生思考活动通过具体的动作体现出来，更突出了学习材料特别是教科书的核心地位，突出了课堂教学的核心内容和核心问题。通过归纳历史发展的过程，揭示民主发展的动态历程，帮助学生理解

① 李剑鸣．历史学家的修养与技艺．上海：上海三联书店，2007：219.

② 丹东尼奥 M，贝森赫兹 P C．课堂提问的艺术．宋玲译．北京：中国轻工业出版社，2006：46，50.

“奠定了基础”、“得以确立”、“发展到顶峰”这些历史结论。这也突出了教学中最核心的教学资源——教科书的处理和应用。如果脱离教科书，完全根据材料来，学生会失去这个基本的学习依据。因此，材料拓展时，应从帮助学生理解、有利于调动学生思考的角度来选择材料，而不是为了史料教学而史料。

问题（9）“这样的经济生活，与民主政治的产生有怎样的联系呢?”超出了学生的知识积累和理解水平。因此，不得不用一系列加工性问题进行追问。问题（10）、问题（11）学生得出“商品交换需要自由、公平、协商”的结论，是基于自己的政治学科知识。学生只是按预设概括出一些条款式的结论：商品交换中的平等观念为民主政治产生准备了社会思想条件；商品经济和海外贸易也改变了社会政治力量；城邦的出现有了政治活动的中心；地域狭小使公民能广泛直接地参与政治生活；继承了原始社会的民主平等观念等。

“到底这与民主政治的产生有怎样的关系”、“中国也存在物物交换，为什么没有产生民主政治而古代希腊却产生了直接民主政治”、“自然地理条件到底在民主政治产生中产生多大的作用”，这些问题和疑虑并没有真正从学生心中消失。公元前5世纪，雅典的商品经济开始发展起来，但仍是个面积小、人口少、自给自足的农业国。所有公民过着一种自然状态的生活，有大量空闲时间进城参加公民大会。公议是古希腊民主的核心。因此，自然经济是城邦存在的第一法则。城邦中的生活是狭小范围内的政治生活、自足的经济生活和丰富的文化生活的共同体。对雅典人而言，城邦是他们生活的载体，每个人心里装的都是城邦，他们为了城邦利益可以放弃任何个人的私利甚至生命，并通过取消公民权来制裁漠视城邦利益的人。

问题的程式化和解释的线性分析，使学生的思考也没有办法复杂起来。

问题（17）～（22），对学生的能力要求较高，也为学生思考和活动提供了纵深空间。这也是围绕课程标准的要求和意义建构来进行预设的。尽管学生还没有学到当代西方民主，但学生还是通过自己的知识积累，概括出“法律至上、公共意志、法律面前人人平等、选举、轮流执政、主权在民、拥有发言权和表决权”等，认识到当今民主政治中，仍然有古代雅典民主政治运行的基本程序和基本原则。为了使这些问题的解释，不至于引发学生出现“时空倒错”和“与历史人物争辩”的毛病，围绕这些问题的解释提供了相关历史材料，让学生的结论有依据。结论从材料中得出，生成的情感态度与价值观的目标和意义建构不至于“贴标签”。特别是问题（19），学生均能有话可说，较有效地转换了学生思考历史问题的角度。

柯林伍德说，一切历史都是思想史。历史学习也应该是思考的过程。提问的能力预设或者思考问题的动作暗示，要是能体现一般能力和学科特殊方法的提示语。

讲到西方民主，教师一般首先想到的是它的“虚伪性”。这里刻意避免了让学生用阶级分析的方法来分析所谓“局限性”，强调用文明史观来认识历史，避免发“后见之明”。但并不等于就不应该引导学生讨论雅典直接民主的利弊。古代希腊的民主与我们相距那么遥远，如何能让学生在探究中更真切地学习好这一内容，也是我们应该关注的问题。

那么古代希腊这一课到底应该探究哪些问题呢？有教师基于自己的实践提出了看法（略）。

如何探究古代希腊的民主政治?①

问题 1：地理环境对希腊文明产生的影响。

问题 2：雅典民主政治的主要内容。

问题 3：古希腊城邦制度的特点。

问题 4：如何评价古希腊的民主制度。

古希腊民主制度对历史的行进起过重要的积极作用：

(1) 对希腊：促进了希腊的全面繁荣，使古代希腊在众多文化领域取得辉煌成就，成为西方文化的摇篮。

(2) 对人类文明发展：它重视公民的个体自由和责任感，铸就了希腊人渴求知识、乐于探究的民族性格，使古代希腊在众多文化领域取得辉煌成就，产生了一大批文化巨匠；其思想与实践（主权在民、轮番而治、公民平等、法律至上，权力分立等思想与差额选举制、任期制、议会制、比例代表制等民主运作方式）为后来欧美资产阶级提供了思想基础。古代雅典的民主政治制度与实践成为近代西方政治思想和实践的源头。

古希腊民主制度也有其自身的局限性。

(1) 它是少数人（成年男性公民）的民主（主要局限）。本邦妇女、广大奴隶和外邦人都无民主权利，它是建立在奴隶制度基础之上的。

(2) 这种直接民主只适应于小国寡民体制。

(3) 轮番而治和抽签形式不能保证参政人员的素质。苏格拉底曾说过：用豆子拈阄的办法来选举国家的领导人是非常愚蠢的。没有人用豆子拈阄的办法来雇佣一个舵手或建筑师或吹笛子的人……而在这些事上如果做错了的话，其危害是要比在管理国务方面发生的错误轻得多。

(4) 这种直接民主有时成为社会不公的一种暴力机器，过滥的直接民主，容易导致社会动荡。

问题 5：古代希腊与古代罗马政治文明的区别：①就文明拓展的方式而言；②就国家的形式而言；③就政治体制和统治方式而言；④就政治文明领域的突出贡献而言。

问题 6：雅典民主政治与今天西方民主政治的区别与联系。

设计好课堂提问不仅是个技术问题，更是个学科教学处理与把握能力的问题。课堂有效提问，关键是应能激发学生思维。这就要注意以下几点：

一要理性处理教科书，注意问题之间符合学科逻辑关系。新课程教学既不能抱着教科书打滚，照本宣科，也不能丢掉教科书这个核心教学资源，盲目拓展。本课是在文明史观指导下编写的。文明史观的主要观点包括：现代文明是历史传承演变而来，强调历史与现实的紧密结合，省略与现实不相关东西；制度比事件重要，应从长时段的历史变迁来分析、解释历史现象；与现实联系紧密的文明成果是教学的重点，也就是现在仍起作用的文明成果要帮助学生理解认识；全世界同处工业文明阶段面临很多共性问题，不用中国的观念看西方历史，也不用西方的观念看中国的问题。只有文明史观来指导自己的教学，才能准确把握课程标准、才能合理处理好教科书。

二要理清知识的逻辑关系，应在课本知识的盲点处、学生理解难点处和史实不足处，以

① 夏克传．如何探究古代希腊的民主政治．历史教学问题，2010，(5)：127-128.

激发学生的思考。抓住本课的线索、中心词或关键词；理清课文知识点间的发展关系；弄清本课在单元、在模块中的地位；搞清本课对学生发展的价值和与其他学科的关系。例如，古希腊古罗马民主政治与后一单元有何关系？近代西方民主继承了些什么东西？就要揭示出继承了“轮流执政、选举、平等参与、权利平等、自然法理”等；近代民主又在哪些方面发展了古代民主？就是改变了直接民主，并举抽签等直接民主的办法发成为代议制。

三要扣住核心目标，设计核心问题，注意拓展的切入点及拓展的深度与宽度。我们说到“目标”时，要区分课程目标、课堂目标、学业水平测试目标和高考目标四者间的关系。哪里进行拓展？要围绕核心目标展开，有利于理解教材的核心知识、结论和线索，能作为创新情景设计问题引导学生参与学习活动，可能或已经成为考试试题题眼的地方，就要拓展。补充些什么材料最好？可以补充与教科书内容相关的观点、图片、材料、故事、客观史实。说到底，就是要确立教科书是核心教学资源的观念，并从学生接受理解的难点处着手进行讲解、拓展或还原，沟通历史与学生生活现实间的差异，“架时空之桥”帮助学生理解。这样，学生的理解就会更准确更深刻。提高课堂教学效率的核心是设计好课堂提问，提高学生的思维参与度。要反思一下：教过学生思考吗？教过学生读书吗？笔者最近一直在思考两个问题：怎么知道学生没有思考？又怎么知道学生正在思考？我们提出一个问题，学生回答了，但仅是知识的再现、回顾，能说学生思考了吗？不能。如果引导学生为自己的回答找到合理的解释，那么学生就是正在思考。我们常说的比较、联想、归类，是思考的类型或者思维的类型，它与思考的属性是有区别的。

四要注意并不是每个知识点都需要组织学生探究。探究是在有问题的地方展开，在有价值的地方展开，未必每课必探究。客观的历史事实要督促学生记忆，只有这样才能帮助学生了解、理解和解释历史现象和历史结论。例如，教学案例 1 设计了解释性探究问题，帮助学生理解“雅典民主只是成年男性公民当家作主的政治制度”和“雅典民主的理论与实践，为近现代西方政治制度奠定了最初的基础”两个结论，就是从认识存在冲突的方面进行设计的。同时要求学生围绕雅典民主政治的内容阅读教材、填写表格，重视知识的归纳整理；因为没有丰富的历史知识储备，其他的目标均是无源之水。

五要关注学术研究动态，提高问题的开放性和思辨性。要注意指导学生分析问题、解释问题、论证观点的方法，培养学生符合学科规范的思维习惯。

6.3 课堂教学生成性问题的处理策略——以《新文化运动》一课为例

6.3.1 《新文化运动》内容分析

1. 课程标准的要求

了解新文化运动的背景、概况及其时代特征，理解新文化运动的内容及其影响，感受先进知识分子崇高的社会责任感，初步学会运用多元价值观看待东西方文化和评价新文化运动。

2. 各版本高中历史教科书的具体安排

人民教育出版社高中历史教科书必修三第五单元第 15 课《新文化运动与马克思主义的

传播》;

人民出版社高中历史教科书必修三专题三第 2 节《新文化运动》;

大象出版社高中历史教科书必修三第三单元第 11 课《新文化运动》;

岳麓书社高中历史教科书必修三第五单元第 22 课《新文化运动》。

3. 本课重点内容分析

新文化运动是 20 世纪初中国社会历史的必然产物。民国初期，时局动荡，中央政府对国家的控制力有限，思想界处于相对自由状态，再加上西方思想的涌入，思想界的民主意识日益增强。第一次世界大战期间，民主情绪与民族主义交织在一起，成为大部分青年知识分子的思想倾向。以蔡元培、鲁迅、胡适等为代表，他们既深深植根于中国古典文化，又深谙西方文明，充当了这一时期文化转型的发酵剂。

新文化运动将民主与科学作为近代新文化的核心观念加以追求和崇尚，又与对封建专制主义、迷信愚昧思想，以及旧伦理、旧道德及整个传统文化的批判与反思联系起来，使民主与科学开始成为一种社会意识、价值观念。

对新文化运动的评价，学术界众说纷纭。它在动摇儒家思想的主体地位，推动思想解放方面的作用基本能够达成共识，但它是否对传统文化存在全盘否定的问题，学术界有不同的看法。

6.3.2　案例展示与分析

1. 案例展示

1)《新文化运动》一课教学内容分析[①]

我给学生提供了如下两则材料。

材料 1　1915 年 9 月 15 日《青年杂志》在上海创刊，月刊，陈独秀主编。陈在创刊号上发表《敬告青年》一文。提示了六条“新青年”准则。1916 年 9 月自第 2 卷起改名《新青年》。就作者而言，《新青年》第 1 卷几乎是清一色的皖籍。第 2 卷虽然突破了“地域圈”，但仍局限于陈独秀个人的“朋友圈”内。1917 年 8 月，《新青年》出完第 3 卷后，因发行不广，销路不畅，群益书社感到实在难以为继，一度中止出版。早期《新青年》没有多大影响。每期印数仅 1000 本。

1917 年 1 月，陈独秀到北京就任北大文科学长。1918 年 1 月，《新青年》在中断四个月之后重新出版。从第 4 卷起改同人刊物。一批北大教授加盟《新青年》，使杂志真正以全国最高学府为依托。1919 年初春，《新青年》声名大振。杂志的最高印数约为一万五六千份。1919 年 5 月，《新青年》决定重印前 5 卷。

自 1920 年 9 月第 8 卷起，成为上海共产主义小组的机关刊物。中国共产党成立，一度成为党中央的机关刊物，由陈独秀主编。1922 年 7 月休刊。1923 年 6 月改出季刊，成为中国共产党中央委员会的理论性机关刊物，迁至广州。自 1925 年 4 月改为不定期刊物，次年 7 月停刊。

材料 2　《新青年》涉及的论题包括孔教、“欧战”、白话文、世界语、注音字母、女子贞操、偶像破坏、家族制度、青年问题、人口问题、劳动问题、工读互助团、易卜生主义、

---

① 胡军哲．在真实的历史情境中激活学生思维——《新文化运动》一课教学内容分析．历史教学，2011，(7)：34-35.

罗素哲学、俄罗斯研究，以及马克思主义宣传与社会主义讨论等众多话题。

1918年12月和1919年1月，《每周评论》和《新潮》的相继创刊，结束了《新青年》孤军奋战的局面。三刊同声协唱，同气相求，很快产生了群体效应。五四运动发生后，各地的学生团体很快办起了约400种白话报刊。数百种报刊的群体响应，意味着“新文化”由少数精英的鼓吹，发展为知识大众的唱和。正是在这一层意义上，“新文化”才真正成为一场空前规模的“运动”。

要求学生阅读后回答：《新青年》究竟是一本怎样的刊物（办刊宗旨、发展阶段、作者队伍、社会影响等方面）？材料中哪些内容改变了以前的看法？

通过这些材料，学生的认识得到了提升。高二（5）班的姚靓同学说：“关于《新青年》的介绍，让我知道了太多以前不了解或误解的东西，如它并非一开始就是‘名刊’，也并非初期即有很多名人参与，而且很多人是在五四运动以后才逐渐成名的。刊物的内容相当广泛，涉及众多社会问题，并非只与中共的思想相关。”张金同学说：“《新青年》等刊物通过传播新思想而孕育出了五四运动，但陈独秀创办《青年杂志》时，显然不曾预想四五年后将引发一场全国规模的‘新文化运动’。故上述诸话题不可能是预先设计好的，而是在办刊过程中逐渐‘寻觅’‘发掘’出来的。时代赋予了该刊成长的养分。”还有学生指出教材所说的“1917年《新青年》每期发行量达到16 000多份”，明显的错误。另有学生道出感慨：“读一本刊物，品一本刊物，品一段历史，原来历史是这么的丰富和具体。”

2）历史课堂生成性问题应对策略①

生：在新文化运动中，北洋军阀政府为什么不阻止危及他们统治的言论呢？

师：同学们思考一下，谁能回答这个问题？请历史课代表回答。

生：如果是我，我会阻止的，我还没想好为什么。

……

师：这要联系当时的社会背景。我们知道袁世凯以后，中国进入北洋军阀混战时期，但是各个派系谁也没有绝对权威控制中央政府，他们关注的焦点是军事，是如何控制政权，这使得中央政权相对架空，使得思想文化的发展出现了一个高峰期，这和春秋时期百家争鸣也有相似之处。不知道我的回答能不能令你满意？

案例中学生提的问题，教科书上根本没有介绍，这就需要教师要有广博的知识储备，在课前充分的备课预设。很多时候，学生提出的问题老师也不知道，这就促使教师去读书，不断学习专业知识、专业理论，丰富自己的知识储备，以应对学生日益活跃的思维。如果教师无法回答的问题，可以鼓励学生课下查阅资料，继续思考。

2. 案例点评与分析

学界视点

在生成性教学中，互动性的教学方法，如谈话、讨论、共同探究等方式备受青睐。互动，创造了一种新型的关系。在互动中，不仅师生关系由“我—他”关系变成

---

① 郭强．历史课堂生成性问题应对策略及原则探讨．广西教育学院学报，2008，(1)：81.

了“我—你”的关系，而且学生与文本、教师与文本的关系也由“我—他”变成了“我—你”的关系…… 在教学中要恰当运用互动性教学方法，必须以对话的理念贯穿始终。对话不是简单地指教学过程中师生之间的会话、语言交流，而是指师生以平等的关系、开放的心态、谦虚的态度来交换彼此的思想，探讨对文本的理解。对话的目的主要不是为了知识的传递，也不仅仅是达成共识，而更多的是视野的拓展、精神的会通、人格的交流。理解不仅是接纳，而且更多的是心胸的宽容与豁达、思想的广博与精深。所以，在罗蒂（R. Rorty）的对话理论中，他“要求对话者平等、开放、富有创造性、具有多元价值观”①。

教学案例 1 中涉及“新文化运动中标志性刊物——《新青年》”，通过几段与《新青年》相关的材料来说明新文化运动的复杂性和曲折性，及其影响逐步扩大的过程。其中有些较好的做法。

（1）教师在预先设计教学内容时考虑到学生可能会产生的疑问：《新青年》是一份什么样的刊物？它为什么会从上海迁到北京？它又对当时的中国社会产生了多大影响？针对这些可能出现的疑问，教师选取了几段材料来补充学生的认识。在预设中准备好课堂上可能生成的问题，这也是生成性教学的重要手段。

（2）通过补充材料完成师生之间、学生与文本之间的对话。教材正文部分的结论，在学生看来带有相当高的权威性，所以很难与学生形成平等的对话关系，在顺理成章的接受教材结论过程中也很难产生生成性问题，补充适当的材料就显得格外重要。案例中选取的材料让学生认识到，《新青年》并非一诞生就取得成功，而是伴随新文化运动的发展而逐渐成长起来的，与其说是《新青年》推动新文化运动的发展，不如说两者是相互促进的关系。这一认识对学生的传统思维冲击很大，所以容易引起思想的碰撞，迸发出思想的火花。

（3）通过学生与文本的对话，让学生之间交换彼此的思想，从而达成共识。案例中，教师在读完几段材料后，让学生们各抒己见。从这些课堂笔录来看，学生表现得非常活跃，从而生成了一些新的思想和认识。例如，姚婧同学开始转变对《新青年》的误解，明白了其内容的广泛性；张金同学认识到《新青年》的产生和发展是时代赋予的；更有同学依据材料指出了教材中的错误，颠覆了学生对教材内容的盲从；还有同学从中体验到历史的丰富多彩。

教学案例 1 为生成性教学提供了一个好的开端：通过补充材料打开学生的思路，并且让更多的学生参与到思想的交流中来，从而生成各种新认识。接下来，就该把这些零散的认识串接起来，回归到教学预设的主题中来。本案例教师之所以高度重视《新青年》，理由有三点：一是它是作为新文化运动兴起的标志；二是在新文化运动中《新青年》的影响大，当时很多的新思想、新观点都是通过《新青年》发表出来的，深刻影响了后来改造中国社会的革命青年，它是与旧派势力做思想斗争的主要阵地；三是对《新青年》在教材中出现频率如此之高存在一些困惑。而通过这些补充材料，究竟想让学生得到什么样的认识？这些认识与本课的主题存在什么样的联系呢？这是在处理课堂生成性问题时必须考虑清楚的。

我想本案教师应该是想让学生们得出这样一些认识：①《新青年》的影响力与它迁至北

① 罗祖兵．生成性教学及其基本理念．课程·教材·教法，2006，(10)：31-32.

京，与北京大学“思想自由、兼容并包”的学术氛围有密切的联系。这一点本案中学生们似乎没有关注到。②《新青年》涉及的话题广泛，反映出新文化运动关注的问题很多，不仅仅局限于民主与专制之争、新旧文学之争、马克思主义的宣传等，它是各种思想内容、学术流派传播，“百家争鸣”的时代。由于受到俄国十月革命、第一次世界大战、五四运动等因素的影响，《新青年》逐渐成为中共的机关刊物，重点宣传马克思主义和社会主义理论，并且逐渐成为新文化运动中思想宣传的主流。③之所以以《新青年》的创刊作为新文化运动的标志，是因为它引领时代的潮流，在它的带动下，全国范围内出现办刊浪潮，“新文化”才真正为知识大众所接受，从而对五四运动产生宣传和动员作用。这些认识对于理解新文化运动的发展变化以及它的影响有重要意义，所以，教师在问题抛出去以后还需要对学生中产生的生成性话题进行收拢、汇聚，从而达到思想的升华。

教学案例1也给我们提供了一些启示：在预先设计教学内容时，充分考虑学生中可能普遍存在的疑惑，提供一些补充材料。同时，也要充分考虑学生面对补充材料可能会产生的反应，即生成性问题，预先设计好处理方案；补充的材料实际上是为学生的思想交流搭建平台，教师应以真诚、开放、平等的态度鼓励学生畅所欲言，从学生的言论中发现他们对文本的解读是否准确、到位；对课堂上生成的思想火花，不能一味的肯定或者否定，需要把它们归引到本课的主题内容中来，即回归到预设的教学目标中。

在教学案例2中，学生的注意力放在了北洋政府对待新文化运动的态度问题上，它属于教学预设之外的突发性问题，这位教师处理方式比较好，既然学生感兴趣，就先抛给学生讨论，看看学生的知识储备和认知能力，同时也给教师思考的缓冲时间。历史课代表的回答很有代表性，反映出学生对北洋政府时期的社会状况普遍存在欠缺，所以教师联系当时的社会背景分析出现思想界异常活跃局面的原因，并把它与春秋战国时期的百家争鸣做比较，让学生更加深刻理解思想文化与政治环境之间的内在联系。

教学案例2较成功之处在于：①根据学生课堂表现的兴趣对教学行为和思路进行机智性调整，不完全由教学预设牵着鼻子走；②在教学过程中注重师生互动，不是通过一问一答的传统方式解决问题，而是集思广益，先征集学生的看法，从学生的发言中找到问题的症结，再来加以解决，做到对症下药；③以真诚的态度与学生进行平等对话。首先，重视学生提出的问题，不是敷衍了事，而是当做话题供大家探讨，这让提出问题的学生很有成就感。其次，在教师的言语中有这样一句话：“不知道我的回答能不能令你满意?”让学生倍感亲切。以平等的身份对话，尊重学生，在处理教学生成问题过程中非常重要。

面对类似案例2中的突发性生成问题，也可以进行以下处理：当学生的看法如“我还没想好为什么”或者五花八门时，教师可以给出思考问题的角度，引导学生逐步接近事实真相。关于“北洋军阀的统治”在必修一的教材中已经涉及，学生应该能够分析出新文化运动的历史背景，通过“军阀割据混战”的史实逐层剥析出当时中央政府与地方势力的关系，得出中央集权薄弱的结论。但如此处理的前提条件是教师对这一生成问题有充分的理解，如果课堂生成问题是教师无法回答的问题，不适宜采用学生讨论、逐层引导等方式，只需向学生说明：“我对这一问题也不是太清楚，我们都在课后查阅一些资料，下次课再来交流。”切忌教师不懂装懂，在学生面前承认自身的不足也是平等对话的一种形式。但针对课堂生成问题，在下次课上务必解决，不要给学生留下遗憾。

对《新文化运动》一课可能出现的课堂生成性问题包括以下两类。

一类是预设下的现象。对教材中涉及的一些教学内容可能存在困惑，如为什么以《新青年》的创刊作为新文化运动开始的标志，新文化运动与马克思主义的传播之间的联系，为什么说新文化运动起到了思想解放的作用，等等；对不同的教学方式可能存在的反应，如在讲到新文化运动的内容时，如果只是简单罗列出教材谈到的三个方面，学生可能会感觉枯燥无味，甚至可能出现打瞌睡的现象，所以这里的处理方式最好是补充一些新鲜的材料让学生归纳出结论。讲到对新文化运动的评价时，学生很容易就陷入死记硬背教材结论的困境，而没法真正理解结论的内涵，而且不同的历史时期人们对历史现象的看法也有差异，教材结论仅为一家之言、一个时代的看法，所以这里的处理方式最好是给出当时人和现代人的不同评价，从而使学生更加全面地认识新文化运动在当时的影响，和掌握历史研究的方法；在教学过程中可能出现的兴奋点，如对北京大学校训、校风、教学风格的关注，鲁迅的《狂人日记》等多篇反映封建礼教束缚人性的文章，等等，在教学预设中对兴奋点的处理应当适度，既照顾到学生的情绪，让他们感受到学习的快乐，又不能喧宾夺主，用过长的时间去处理这些内容，而偏离教学预设轨道。

另一类是不曾预设到的现象。课堂上出现不带有普遍性的个案，如有的学生对教学内容中的某一简单的知识点存在疑惑或误解，其他学生可能发出哄闹声，面对这种意外生成问题，给学生鼓励，尽量找出他的闪光点，使其重拾信心，非常重要；有的学生在课堂上有些情绪性的表达，如何平复学生的情绪，如何指导学生，对教师也提出了新的考验；学生在课堂上呈现出的状态与本人的教学预设存在差异，如教师提供关于对新文化运动评价的材料太难，学生无法理解和归纳，此时，如何引导学生最终得出正确结论，这对教师课堂处理问题的灵活性要求较高，课后需对教学内容进行反思和再设计。

历史课堂教学是教师和学生共同经历的生命体验过程，要从生命的高度用动态生成的观念重新认识课堂教学，高度重视课堂生成性问题的研究。

第一，依据教学目标，精心准备课堂教学预设。预设，是课前对教学目标，教学内容，教学过程，教学方法等的预先设计。“凡事预则立，不预则废。”除了对教学常规内容进行设计外，还要对每个教学环节可能出现的问题进行预设，准备好相应情形下的应对方法，如预设学生会提出哪些问题、生活中有怎样的体验、解读的可能答案等，还要考虑如何回应，如怎样鼓励、引导和矫正学生的理解等。只有精心的准备，预设与生成才能相得益彰。例如，学生对“新文化运动”中的一些概念会存在困惑，“新文化”“新旧道德”“新文学”等，这些“新”的文化内容与“根本之救亡”之间存在什么样的联系，马克思主义传播与“新文化运动”之间的关系，教师在预设中必须有所准备，学生可能会出现逻辑紊乱。新文化运动所批判的是封建专制主义赖以生存的思想基础，思想解放对反封建事业具有至关重要的意义。由于知识分子对第一次世界大战和俄国十月革命的思考，再加上五四运动的推动，传播马克思主义逐渐成为新文化运动中的主要内容。

第二，在课堂提问设计中提供生成问题的机会。课程改革强调的师生互动和学生主体性的突现，需要在教学过程中产生对话，师生之间的对话或者学生之间的对话，在对话中生成问题，解决问题。这就对设计的提问提出了更高的要求：首先，要让学生愿意开口，提的问能够激发学生的参与热情，从“开口”中打开缺口。例如，案例 1 中给出的问题有材料可以作为依据，学生参与度高。其次，要让学生学会开口，提的问题过于简单，既不利于提升学生的思维能力，也很难出现精彩的生成性问题，学生学习过程中存在的困惑就很难体现出来。所以提的问题要带有驱动力，即一定的梯度和思维难度，给学生答错的机会。最后，要让学生体验开口的乐趣。提出一些带有探究性的问题，能够让学生多角度多层次解答问题，甚至引起争鸣，学生对答案的发表有成就感。

第三，做到“机”不可失。借助预设外的生成性问题所提供的“机会”，给课堂增色。一是伺“机”而动，价值引导。学生由于思维偏差，对设问提出了错误的信息，或者没有抓住问题的本质，或者不恰当地表达了自己的观点，教师可以及时把问题分解为几个简单设问层层引导，或者从错误信息入手进行反证，最终回归到教学目标当中来。二是随“机”应变，顺应学情。课堂生成性问题往往反映学生的真实情况，需要依靠教师在课堂上迅速捕捉到这些真实的学生信息，灵活处理，切忌视而不见的做法。三是借“机”施教，放大生成。有时学生思考问题的角度与教师预设角度存在差异，尤其是一些开放式的命题，当学生的思维角度存在探究价值时，教师大可以以此切入新的话题，甚至展开讨论，从而实现“柳暗花明又一村”的效果。案例 2 中学生的意外话题极具普遍性和探究性，从而引发讨论，通过讨论和教师的讲解，学生进一步认识到新文化运动的社会背景。

第四，活用评价，把握生成性问题。在教学过程中经常会出现预设之外的情况，当学生的思维受到激发，敢于质疑，敢于发表自己的观点，提出自己不懂的问题时，教师的惊喜可以流露于外，巧妙评价，评价既包括对学生睿智与勇敢的赞叹之词，也包括对学生观点的归纳、梳理，上升到一定的理论高度，让学生为自己的见解感到自豪，还包括对学生思维缺陷的分析，不让任何一名学生带着遗憾坐下。

第五，坚持进行教学反思。教师既是教学实践者也是研究者，用研究者的眼光审视学生，也审视自己，不断反思自己的方法和策略，调节教学行为。课堂生成性问题的出现既反映学生的真实状况，也反映教学设计中的问题，教师应从这两方面进行反思，进一步掌握学生自身特点，同时也对教学进行再设计。对课堂生成性问题的处理反映了教师知识积累的程度、广度以及处理教学行为的能力，教师应在教学反思中不断寻找自身知识与能力方面的优势和缺陷，并加以提升。

如何成功处理课堂生成性问题，对教师的基本素质和能力提出了更高的要求。

一要多读书。参照不同版本的教材，全面掌握教学内容；多读历史专著和时评文章，增加学科的知识储备；多读教育学、心理学著作，掌握新的教育理念和教育方法，应用于教学实践中。

二要多思考。不断进行教学反思，改进教学设计，提升教学水平；对新课程下的教育教学观念、方式进行理论和实践的探究，包括互动、对话式的教学模式，学生自主探究学习模式等。

三要多关注。通过生成性教学，关注学生的课堂表现、心理动态、认识水平等，全面掌握学生的个性和心理特征，做到对症下药。以平等、开放、真诚的态度对待学生，更容易为学生所接受。

复习与思考

1. 结合教学实践，谈谈你对问题教学设计的技能与策略的认识，怎样处理好问题设计中的规范性、递进性和层次性。

2. 通过案例分析，你如何认识课堂教学中问题的预设性和生成性的关系？

拓展资源

1. 张华．课程与教学论．上海：华东师范大学出版社，2000.
2. 丹东尼奥 M，贝森赫兹 P C. 课堂提问的艺术．宋玲译．北京：中国轻工业出版社，2006.
3. 沃尔什 J A，萨特斯 B D. 优质提问教学法．刘彦译．北京：中国轻工业出版社，2009.
4. 肖锋．学会教学：课堂教学技能的理论与实践．杭州：浙江大学出版社，2004.

第 7 章　历史教学中的图片选择与应用策略

学习目标

1. 理解历史图片应用于教学的原则与意义。
2. 明确历史图片选择与应用的基本策略与方法。
3. 通过《新航路开辟》和《文艺复兴》两个案例分析，加深图片应用于课堂对提高教学有效性的认识。

关键词　历史地图；历史图画；选择与应用；案例分析

7.1　历史教学图片的选择与应用技巧

在历史教学中，使用图片作为可资利用的教学资源是极为常用的。图片，是进行教学的直观性教具，也是重要的教学资源。使用图片，可以在教学过程中引导学生提供视觉材料，让他们直接或间接地感知具体历史事物和形象，从而使学生在学习中获得鲜明的表象，为他们掌握历史概念、历史理论奠定感性认识的基础。图片等直观教具的使用能够帮助学生形成比较清晰的思想，帮助学生把学习从字面的了解提升到真正的理解。它对培养学生的注意力、观察力，特别是培养他们的历史想象力是大有益处的。“学习历史是一个从感知历史到不断积累历史知识，进而不断加深对历史和现实的理解过程；同时也是主动参与、学会学习的过程。”① 毫无疑义，从中学生的认知特点来看，感知是一切认识活动的开始。“感知历史”是学习历史知识，理解历史事物与现象的基础和出发点。

美国学者 L. H. 克拉克与 I. S. 斯塔尔在《中学教学法》一书中，把图片、地图等都归于视听辅助教具（audio-visual aids）。在这部书中，他们指出：“有待于教师使用的许多教具中包括各种各样的视听材料——影片、幻灯胶卷、图片、地图、地球仪、挂图、模型、图解、大实物模型、地形板、拍摄的快照、幻灯片、反射投影机、显微投影仪、高架投影器、显微镜、粉笔板（chalkboard）、唱片、录音磁带、无线电收音机、电视、改编的剧本和示教实物。列举的这些并不详尽，也许还能补充。由于材料如此丰富，如何去发现什么样的教具适用于我们使用，怎样有效地使用所选教具就成为一个问题。”②

7.1.1　教学中应用历史地图和图片应遵循的原则

历史事物都是已经逝去的，都是“过去式”的。历史教学就要充分开发与利用各种教学资源，为学生认识历史提供条件。《普通高中历史课程标准（实验）》更把图片等列为“教学

① 中华人民共和国教育部．普通高中历史课程标准（实验）．北京：人民教育出版社，2003：4.
② 克拉克 L H，斯塔尔 I S. 中学教学法·下册．赵宝恒，等译．北京：人民教育出版社，1985：210.

资源”之一，并指出，“课程资源的利用与开发水平同教学质量的高低密切相关，充分利用和开发历史课程资源，有利于历史课程目标的实现”，“历史音像资料包括图片、照片、录音、录像和历史题材的影视作品等。充分利用历史音像资料，有利于培养学生学习历史的兴趣和历史理解能力”。[①]

“水排”，对中学生来说仅仅从字面上是无法理解的，即使为他们提供相关的历史记载“其制，当选湍流之侧，架木立轴，作二卧轮；用水激下轮。则上轮所用弦通缴轮前旋鼓，棹枝一侧随转。其棹枝所贯行桄而推挽卧轴左右攀耳，以及排前直木，则排随来去，搧冶甚速，过于人力”，他们也想象不出那是什么东西。但是，只要给学生看看“水排”的图片，这个历史词汇就变得有意义了(图 7-1)。

图 7-1　《农书》中的“水排”图

在实际教学中，教师的讲授、师生的讨论，阅读教科书及其他文字材料等都是必要的。但是，我们的学生是青少年，他们的阅历有限，因此如果历史教学拘泥于文字层面，那么学生对于有些历史事物是难以认识、难以理解的。要让他们记忆这些历史知识，那就只能死记硬背，而要让他们对无法感知、无法理解的东西感兴趣，那更是天方夜谭。荀子说，“不闻不若闻之，闻之不若见之”。精选的且又适量的图片、地图，对学生都有明显的吸引力，提高他们注意的强度而使学习更加有效，因而它在历史教学中有很大作用。对于图片、地图及其他音像材料的科学利用，不仅有助于学生对历史事物的感知，而且会刺激他们对一些直观材料进行比较、抽象和概括等思维活动。

在历史课堂教学中选择图片、地图，必须遵循下列四条原则。

其一，认真贯彻落实《普通高中历史课程标准（实验）》，在课程标准提出的“课程的基本理念”的指导下，充分利用和开发历史课程资源，有利于历史课程目标的实现，紧扣本章节、本课时的核心目标，是在历史课堂教学中选择图片、地图的首要原则。

以历史教科书为核心的历史教材是历史课程资源的重要组成部分。各种版本的教科书都在每课课文中选用了一些插图。这些插图是课文的有机组成部分。教师在进行教学时应该引导学生阅读、理解、赏析这些图片与地图。另外，由于教科书的篇幅有限，所选图片不能满足课堂教学需要，教师适量地补充一些图片和地图也是必要的，但是，这些图片应当围绕中心，突出核心，精选典型。

其二，了解自己的学生，选用有利于他们思维发展的图片与地图，是在历史课堂教学中选择图片、地图的重要原则。

教学具有整体性，每个环节对学生的成长都会造成影响。因此，不仅在组织教学、师生互动、课外活动诸方面，要依据学生的发展状况制定与实施教育教学方案，在图片的选用上，也必须从学生的实际出发，精选对他们的思维发展有利的历史照片、绘画等。根据他们的兴趣、爱好、发展方向、成长环境等，选用历史教学的图片。同一课程内容，在不同的班级，选用的图片也不尽相同。

---

① 中华人民共和国教育部．普通高中历史课程标准（实验）．北京：人民教育出版社，2003：32-33.

案例 7-1

第二次世界大战教学中图片的选用

下面两幅图片（图 7-2）都是反映伏尔加格勒保卫战中巷战场面的，它们所反映的基本史实、基本思想是完全相同的。但是，作者所处的时间是不同的。油画是第二次世界大战结束之后，作者根据历史照片、亲历者的回忆以及自己的想象创作的，是对历史事物艺术的再现。历史照片，是作者在伏尔加格勒战斗的历史现场用摄影机作出的记录。同样是进行高中历史选修Ⅲ中“第二次世界大战”一章的教学，在不同班级就要选用不同的图片：在艺术生较为集中的班级，选用油画，效果更好，因为美术作品更能够引起他们的共鸣，对他们的吸引力更大。在一般班级则以选用历史照片为宜，因为一般学生认为历史照片更具有真实性。

油画：伏尔加格勒保卫战

历史照片：伏尔加格勒保卫战

图 7-2

每个学生有自己不同的兴趣与爱好，他们的兴趣、爱好、需求、心情常常会改变——这正是他们这个特定的发展阶段的心理特征，因此，动态地看待学生是非常重要的。我们为他们做任何事情，包括课堂教学的图片选择与使用，都必须了解他们当前的热门话题，理解他们的新词语，甚至引导他们的注意，引领他们进入一个又一个新的热点。

其三，了解自己，既要选用适合于自己教学风格的图片与地图，尽量发挥自己的长处，又要注意避免在教学中形成盲区。

每个教师都有自己的个性、自己的擅长、自己的学识与经验，在教学实践中，形成了自己的教学风格。如果在教学上邯郸学步，照搬别人的长处，照抄别人的教案，那么往往是落个东施效颦的结果。正视自己，扬长避短。在图片、地图的选用方面，也要细细斟酌，哪些图片更有利于自己的发挥，哪些图片更有利于自己与学生的互动。

但是，一味强调自己的个性、喜好，也会形成对教学内容不恰当的取舍，甚至会背离教学目标。

其四，在选用图片、地图，以及其他音像教学资源“除其适用性以外，教师应当考虑到许多问题，如能见度、清晰度、能理解的程度、操作的简易，以及材料是否易于获得……如果完全有可能的话，教师应当在上课以前试一试……失败的示范比不用更坏。”[①]

现在由于教学条件的不断改善，一些学校的硬件设施不断完善，许多教师使用多媒体辅助教学，制作电子演示文稿（power point），在课堂上利用投影仪展示图片、地图。在这些有条件的学校，教师必须注意，图片的翻页速度不宜太快，要给学生留有观察图片与思考问题的时间，而且图片的数量也不宜过多，应当围绕本课时的中心内容与核心目标，精选图片，当相关内容的教学已经告一段落之后，我们应该及时翻页，不要让原有的画面干扰后面的教学，同时，还应该注意演示文稿模板的底色，使它不至于形成视觉疲劳，不至于干扰图片的内容。有的教师在演示图片或地图时，喜欢在演示文稿的边角上加有装饰性的剪贴画，甚至是动画型的剪贴画，这是不恰当的，因为这些剪贴画分散了学生的注意力。

适用的图片、地图，都是历史课程的物质资源，是对实现课程目标有利的因素。课程资源的利用与开发水平同教学质量的高低密切相关。

图片、地图等教学资源，具有直观性的特点，运用这些教学资源可以使学生获得对历史事物的感性认识，但是，展示图片本身不是教学的全部过程，它需要与讲解相结合，需要有讲解的技巧才能产生效果，达到有效教学的目的。讲解的作用在组织教学，指引学生明确观察的目的和方向，指导学生对图片或地图作出定向理解，帮助他们了解相关历史事物的本质，使他们提高思维的有效性，发展学生的创造性思维。

利用图片、地图也不是减轻教师指导学生自主学习、相互合作的责任，而是使教师有更好的条件进行更有效的指导。在展示图片或地图的时候，教师可能经常需要向学生解释他们正在看的是什么，因此，有时候给学生恰当地提供一份图片目录与建议学生思考的问题，提供一份学习指南是必要的。中国古代教育家朱熹说：“读书无疑者，须教有疑；有疑者，却教无疑。到这里方是长进。”[②] 使用图片与地图，就是为了促进学生“从无疑到有疑”，“从有疑到无疑”。在火候恰当之时，教师就可以组织讨论，让学生积极参与，共同解决一些新情境下出现的新问题。

尽管历史图片、地图比文字叙述生动而更富感召力，但是，它也可能使有的学生对部分教学内容产生误读、误判或者遮蔽了部分主要的教学内容。教师在发现这样的情况时，应该及时地回放图片，让学生再次仔细观察，同时以教师指导，评议图片内容，或者学生讨论，来纠正部分学生的误解（或弥补遗漏，突出主题）。

7.1.2　历史教学地图的选择与应用技巧

历史地图，是历史叙述的另一种形式。它用地理专业的地图形式，以视觉语言具体描述历史事物在特定历史时期的空间状态。《辞海》把历史地图解释为“专题地图之一。反映人类某一历史时期自然、经济、政治、军事、文化状况的地图。如历史事件的地点、历史时期疆域和政区、历代政治形势、国内外战争、民族迁徙、经济和文化发展等。”[③] 研究与学习历史都离不开历史地图，否则就无法理清历史事物的空间关系。

---

① 克拉克 L H，斯塔尔 I S. 中学教学法·下册. 赵宝恒，等译. 北京：人民教育出版社，1985. 212.
② 黎清德. 朱子语类（卷十一）. 北京：中华书局，1986.
③ 夏征农. 辞海（上卷）（1999 版）. 上海：上海辞书出版社，1999：407.

学界视点

对历史地图的重要作用，当代著名历史学家葛剑雄先生在他为陆运高著的《看版图学中国历史》一书所写的《序言》[①] 中说：

先师谭其骧（季龙）先生有言："历史好比演剧，地理就是舞台；如果找不到舞台，哪里看到的戏剧！"

任何历史都是特定的人物在特定的时间和空间范围中的活动，当然离不开地理环境，并受其制约。

历史和地理是密不可分的。例如，古今地名的变化，我们就必须了解。如果不了解，不是找不到这个地名，就是张冠李戴，以致无法理解本来很明白的历史事实。中学语文课本曾经选用了唐朝诗人岑参的《白雪歌送武判官归京》。根据作者的描述，他在"忽如一夜春风来，千树万树梨花开"的景况下，在轮台目送武判官进天山。今天的轮台，离天山数百千米，在轮台无论如何也看不到天山。但是如果了解唐朝的轮台是在今天乌鲁木齐附近，这个疑问就不存在了。又如，北宋覆灭后，赵构在南京即位，又在金兵的追逼下逃到扬州，再渡过长江。如果以为这个南京就是今天的南京，则无法理解当时的军事形势：既然金兵是从北向南进军的，赵构为什么还要从南京北上逃到扬州？这不是正中（金兵的）下怀吗？实际上，北宋的南京是今天河南省的商丘。由此南下，沿着当时的汴渠，渡过淮水逃到扬州，这样的逃跑路线就顺理成章了。

"历史是动态的，不是静态的"，历史地图可以"运用适当的视觉手段来突出变化、扩展和收缩"，它能够"体现历史进程连续性"[②]。在中学历史教学中，历史地图不仅可以明白古今地名的变化，借此顺理成章地了解历史事件的发生发展的真实过程，而且还可以借用历史地图，使难以理解的文字表述、语言表述转化为便于理解与记忆的符号，使复杂的历史叙述通过图示变得简单明了、一目了然。

唐朝由盛而衰，用文字叙述是需要很大篇幅的，用语言讲述也不是一两句话可以讲清楚的。然而使用谭其骧（季龙）先生主编的《中国历史地图集》中的两幅疆域图，学生只要简单地比较一下唐朝前期（669 年）与晚期（820 年），这个朝代实际直接管辖的区域，其结论就不言而喻了（图 7-3）。

诚如《辞海》"历史地图"条目的解释所言，历史地图可以直观反映的方面非常广泛，该条目对历史地图的大致分类也十分精当。

在课堂教学中使用地图要创造条件让学生接受地图专用的视觉语言。因此，要与地理学科配合，指导学生明白地图的一般通用的图例，同时又要指明历史地图，特别是反映战争、战役过程的历史军事地图的专用图例。教师自己制作历史地图时也要按照通常的约定俗成的图例来绘制。

---

① 葛剑雄．看版图学中国历史．北京：星球地图出版社：1.

② 杰弗里．巴勒克拉夫．泰晤士世界历史地图集．北京：三联书店，1982：13.

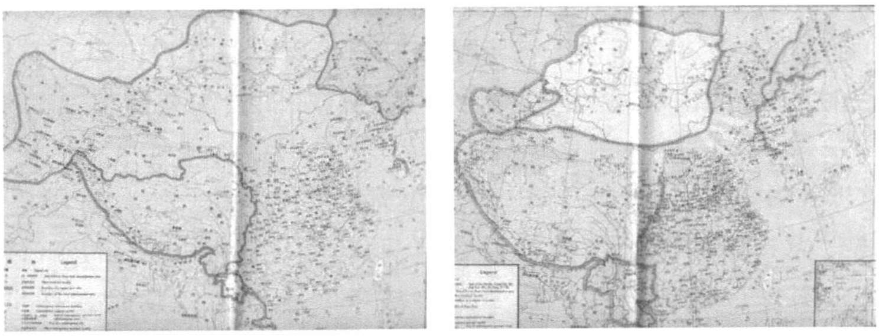

(a)总章二年（669年）　　(b)元和十五年（820年）

图 7-3

使用历史地图，充分利用这一教学资源，就必须把它与教师讲授、学生思考相结合。有的老师，在教学实践中，给学生提供地图，同时提供文字材料，并且提出问题，引导学生进行思考。

案例 7-2

有一位很有教学经验的老师在高中《古希腊民主政治》（人民教育出版社版，《历史 · 必修Ⅰ》）的教学中，向学生展示了希腊的卫星地图与地形图，她的具体做法是：

问题　哪些因素促使古代希腊民主政治的产生？

材料 1　从卫星上拍摄的希腊地图（图 7-4）

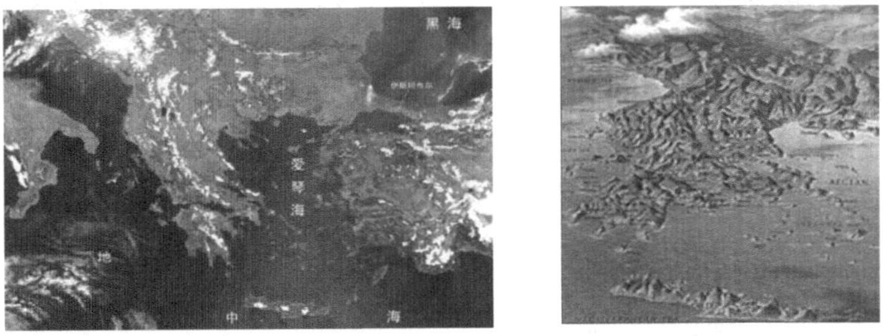

(a)　　(b)

图 7-4

材料 2　希腊半岛上多山，许多山脉呈西北东南方向贯穿半岛……由于山势陡峭，很难翻越，因此形成了一个个地理上相互隔绝的小单位，这为形成多城邦的政治格局有重要的影响。（马克垚主编，《世界文明史》）

设问 1：这是从卫星上拍摄的希腊地图，这张地图给同学们最直接的感受是什么呢？

设问 2：依据材料 2，说说这样的地形特征带来怎样的影响？

说明：以上两则材料的选用，主要是为了让学生对希腊的地形有一个直观的视觉感受。学生有了这种地形上“多山、环海”等直观印象。

授课中，教师力图实践课程标准提出的教学理念，以展示地图的形式，引领学生感知历史。在这里，如果仅仅提供材料 2 的文字不展示地图的话，学生的经验与阅历还是不能真正理解希腊的地理环境与城邦出现的关系，教科书所提供的地图（“古代希腊城邦分布示意图”）是一幅平面地图，学生只能从这幅地图提取的信息只能是“希腊文明依托海洋”，不能理解课文所述“希腊半岛没有肥沃的大河流域和广阔平原，纵横的山岭和交错的河流，把希腊人分割在彼此相对孤立的山谷里和海岛上”。这位老师的做法就能够让学生通过观察，自然得出结论。

地图在历史课堂中使学生进入特定的历史环境，把早已逝去的历史事物的空间位置、发展状态转化为具体的可以想象的材料。只有把历史人物、历史事件置于一定的历史环境，才能得出科学的结论。在论及“鸦片战争”一课的教学时，任世江先生设计了一个供学生阅读的图文并茂的文本——“虎门大战”，在这个2700字的文本中，他提供了“三重门防御体系示意图”、“虎门大战示意图”、“威远炮台鸟瞰图”三幅地图，并且指出，“如果教师再补充一些细节，充分利用示意图展示事件发生的地理位置、距离、方向等，这样就使学生进入具体的历史环境，从当时的历史条件考虑问题；同时也将爱国将领的行为具体化，让学生不是仅仅从‘战死’来理解他们”①。这种提供阅读文本的做法使地图、图片与文字叙述结合成为整体，有利于学生有目的地观察历史地图，认识当时的历史环境。

历史地图因读者而异，有详有简。谭其骧先生主编的《中国历史地图集》煌煌九册，且无文字解读，那是供研究者使用的。后来，他又主编了《简明中国历史地图集》，以求普及。在历史课堂教学中，历史地图的绘制与选用需要考虑教学实际与学生状况，以简明为宜。有些比较详细的地图宜于教师查阅，或者提供给兴趣小组开展研究时使用，不宜用于课堂。下列两幅《伏尔加格勒战役示意图》（图7-5），前一幅就不适于课堂教学，尽管它很详细，很精确，但是太复杂，学生不可能在很短的时间内了解这幅地图的内容，而后一幅省略了许多信息，但是它突出了教学基本内容。

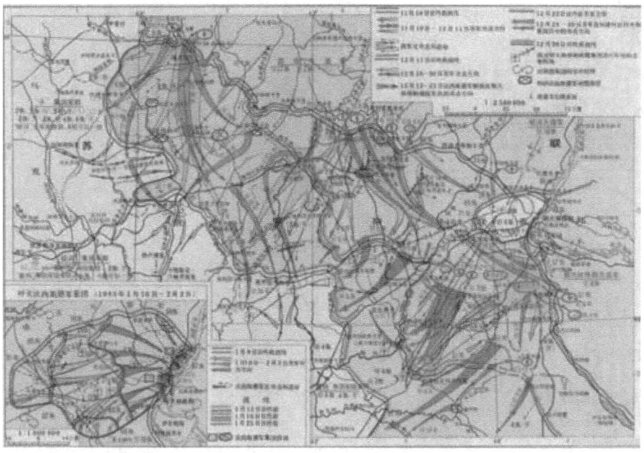

(a) 伏尔加格勒战役示意图(一)

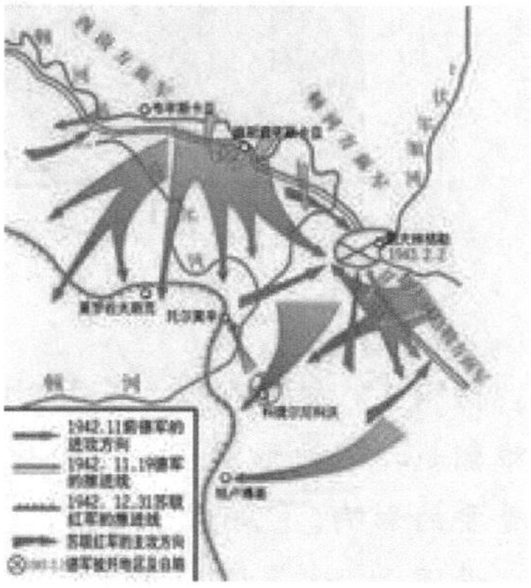

(b) 伏尔加格勒战役示意图(二)

图 7-5

① 任世江．改革初中历史教学内容的探讨——以“鸦片战争”为例的教材和教学设计．见：任世江．编余杂俎．天津：天津古籍出版社，2010：41-46.

学界视点

历史地图中的地图符号通常有：表示区域范围的经纬度、海岸线、国界线或区域线、河流走向线，表示地理环境的各种小圆圈，表示方向或态势的各种箭头和其他图例规定的特殊符号。历史地图的优势正在于它运用地图语言形象直观而又简洁生动地反映历史现象、历史事件发生的区域、位置及发展态势，成为学习和研究历史的不可缺少的工具。

一、掌握历史地图语言的历史含义是培养历史地图分析能力的基础

面对历史地图要从三个方面去思考。第一，该图反映历史现象或历史事件的空间状态，包括范围区间、重要地名及相对位置、发展变化的方向或态势，图中使用了什么样的地图语言。第二，图中各种特殊符号（含地名）表达的历史含义。第三，综合图中的地图语言，该图反映的历史主题。通过长期的训练，就可以不断地提高学生运用地图语言分析历史现象的能力。

二、联系历史地图的背景，分析其反映历史空间状态的原因，是提高历史地图分析能力的关键

面对每一幅历史地图，首先应当注意的是该图反映的历史背景。有的直接标明了时间或时期，有的则需要根据图中的有关信息作出判断。只有准确地掌握了历史背景，才能正确地分析原因。分析历史地图反映历史现象、历史概念空间状态的原因，是读图识图的重点。

三、对相关多幅历史地图的综合分析，是培养学科综合能力的有效途径

综合分析地图要把着眼点放在历史地图反映的历史现象空间状态的发展变化趋势上，并分析其中的原因、影响和对当今社会的启示。

四、注意历史地图的地理、政治因素是培养跨学科综合分析能力的重要手段

由于历史地图的特殊功能，它已成为历史、地理、政治文科综合考试的重要载体。历史地图通常应注意的地理因素有：气候和环境、人口和资源、经济与产业等。政治因素通常包括：政治制度和经济制度、内政和外交、民族与宗教及外国势力的染指等。①

7.1.3　历史教学图片的选择与应用技巧

想象是对头脑中已有的表象进行加工改造而形成新形象的过程，是一种高级的复杂的认识过程。据《汉语大词典》，历史是“过去事实的记载”，它不可能再现重演，学习历史学科是尤其需要历史的想象力的。由于学生的经验有限，要培养学生的历史想象力，把已学知识转化成为可以认识的历史情境，在教学中使用历史图片是必不可少的。“在教学中运用历史图片，目的是配合教师的讲述和学生的学习，将教学内容涉及的人物面貌、事件场景、器物形状等以形象的方式展现出来，使学生在感觉上对历史产生亲近感、真实感，从而形成历史

① 曾凡国．关于历史地图分析能力的培养．历史教学，2004，(1)：55-56.

表象，为进一步形成历史概念打下基础。历史图片中有着大量的历史信息，而且这种信息是直观的、鲜明的。作为历史教学材料，历史图片的运用可以使学生从中获取有效信息，可以培养学生的观察力，可以引起学生的联想，促进学生的思维活动；由于图像对感官的刺激往往要比言语更直接，因而更有助于学生对所学内容的理解和记忆。所以，历史图片的演示，不是因为图片美观好看，而是因为图片对学生的历史学习有重要的作用。”①

一些关于文化史方面，特别是艺术方面的教学内容，如果不提供图片，教师根本不可能进行教学。教师空谈某某的艺术风格，学生莫名其妙。更何况培养学生的艺术修养是我们的任务。只有提供相关的艺术作品（复制品或者照片），学生才能真正了解其艺术成就与风格，理解其社会影响。长期熏陶，潜移默化，对学生文化素养与气质的养成，必然大有裨益。

在“充满魅力的书画和戏剧艺术”（高中《历史・必修Ⅲ》）一课中，仅仅教科书提供的那几帧图片是不够的，学生对那几帧图片的欣赏与观察也不可能得出“充满魅力”这个结论。以“楷书”为例，人民教育出版社出版的教科书提及五位对楷书发展有贡献的书法家，说到“欧体、颜体、柳体”，但是图片仅仅一幅“欧阳询的楷书”。这里，必须补充图片，才能达到《历史课程标准（实验）》所规定的内容标准“概述汉字、绘画起源、演变的过程，了解中国书画的基本特征和发展脉络”。图 7-6 中六枚邮票对了解楷书的基本特征和发展脉络是有帮助的。这套邮票的前两枚是魏碑，后四枚顺次是欧阳询、褚遂良、颜真卿、柳公权的书法代表作。

图 7-6

为课堂教学选用图片时，教师应该考虑下列问题：首先必须考虑图片是否符合教学目的，与课程目标与内容是否有关，是否重要。作为历史学科，我们还必须考虑这一图片是否确切、可靠地反映了历史的真实。同时还需要考虑任教年级的学生是否容易理解这一图片的要点，是否能引起学生的学习兴趣，是否看得清。

历史图片的种类很多，主要有：历史照片（包括历史老照片、文物或历史遗址的照片、后人模拟历史场景的照片等）、绘画作品（包括历史题材的绘画作品、历史上曾经使用过的宣传画、艺术作品等）、电子计算机模拟复原的图片等。其中历史老照片（原始的、未经改制的历史老照片）、文物照片、历史上曾经使用过的宣传画、传世的艺术作品等，比文字更加真实地记录了历史事物，本身就是第一手的历史资料。

下面几幅图片（图 7-7）都是关于第二次世界大战日本法西斯偷袭珍珠港的。第一幅是珍珠港事件的历史照片；第二幅是当时美国的宣传海报《复仇珍珠港・我们的子弹会这样做》；第三幅是油画作品；第四幅是历史遗址照片珍珠港事件亚利桑那号纪念馆（水下就是被击沉的亚利桑那号战列舰）。

---

① 叶小兵．图片的演示．历史教学，2006，(2)：69.

图 7-7

对历史题材的绘画作品则需审慎，有的这类作品，因为作者并非生活在作品所反映的历史时代，是否完全符合历史真实，尚须考证；有的这类作品则由于其他因素的干扰，作者修改原作，这种修改使一些不符合历史真实的内容裹入。当然，一些好的绘画作品比历史老照片更具有感染力，所以常常被教师选用。

案例 7-3

在高中《历史必修Ⅰ》“抗日战争”一课中，课文里有一幅“侵华日军代表向中国代表递交投降书”的历史照片（图 7-8），但是，有一位老师认为这幅照片很真实地反映了抗日战争胜利的历史事实，但是对于这样一件中华民族取得抗击外来侵略胜利的重大历史事件，仅有这幅照片，对学生的震撼力还不够，于是他又选用了一幅油画。在教学中，他既指导学生观察教科书上的历史照片，又用投影机放映出这幅油画。二者相互配合，效果更好。

图 7-8

历史老照片是历史事物的原始记录，可信度高，但是也要仔细甄别，防止有一些被人用拼接、删抹等手段制作混入。

选用图片是需要根据教学设计的需要来确定的。如果认为某一图片特别美观，就硬塞进课堂，那是削足适履，本末倒置。图片也不是越多越好，而是教师要精挑细选，舍去不适用或不太适用的，取用对理解教学内容最有利的。

案例 7-4

有一位老师在讲授《罗马法的起源与发展》（高中《历史（必修Ⅰ）》）时，为了讲清楚“罗马共和国早期，贵族垄断着立法和司法大权”（人民教育出版社版），他补充了“元老院”这一内容。如果使用古代石雕，原件最古老，相对而言可信度最高；如果使用近代油画，场景的描述最能让中学生接受；如果使用当代人制作的复原图，最具有高科技感。如果三幅图片全都用上去，那又太多太杂了，为了不冲淡本课的核心内容，只能用一幅。最终这位老师选用了油画作品。他的理由是这幅油画比较真实地反映了古代罗马贵族政治的历史状况，人物形象比较生动，适合高中一年级学生的认识水平与审美情趣（图 7-9）。

(a)罗马元老院(古代石雕)　　(b)罗马元老院(近代油画)　　(c)罗马元老院(电脑复原图)

图 7-9

图片的来源十分广泛。许多地方都能够找到可供历史教学使用的图片。教师应该尽可能多地收集图片，以便在需要时进行筛选。实际上许多教师已经养成了收集历史图片的习惯，并且成为他们的业余爱好。在图片收集中，不必拘泥于历史照片与各种图集，不妨把视野放得更宽广一些，像邮票、明信片、年画等也是很适用的（图 7-10、图 7-11）。

图 7-10　中国香港发行的“中国古代四大发明”邮票

图 7-11　年画：人民代表选举大会（1949 年）

“左图右史”是中国长期以来优秀的传统。宋代学者郑樵说：“古之学者为学有要：置图于左，置书于右；索像于图，索理于书。”（《通志略·图谱略》）清代著名学者冯桂芬《〈太上感应篇图说〉序》：“古之学者，有左图右史之设。史以纪媺恶（měi è），示劝惩也；图载星辰、山川、草木、鸟兽之形，以资多识。”现在有很多教师，特别是中学教师，把“左图右史”理解为地图与历史著作，那是一种较为狭隘的解释。其实，这些大学问家们所说的“图”，是包括各种图片的，不仅仅专指地图。我们在历史教学以及个人进修时，都应该继承与发扬中国古代的这一读书传统。

7.2　历史地图选择与运用
——《新航路开辟》教学案例分析

7.2.1　《新航路开辟》内容分析

1. 课程标准的要求

概述迪亚士、哥伦布开辟新航路的史实，认识地理大发现对世界市场形成的意义。

2. 各版本高中历史教科书的具体安排

人民教育出版社高中历史教科书必修二第二单元第五课《新航路开辟》；
人民出版社高中历史教科书必修二专题五第一节《开辟文明交往的航线》；
大象出版社高中历史教科书必修二第五单元第十四课《新航路开辟》；
岳麓书社高中历史教科书必修二第二单元第七课《新航路开辟》。

3. 本课重点知识分析

在漫长的古代，我们生活的欧亚板块是由相对隔绝的 3 个中心构成的。那就是东方的中国、南亚的印度和西方的地中海世界。将这 3 个相对隔绝的中心联系起来的主干道是“丝绸之路”。不过，这条路时通时断，依东西方两端和丝绸之路上的国际格局而定。[①]

15 世纪以后，欧洲比过去更加富裕，原因是出现了资本主义。长期以来困扰欧洲的人口压力、技术发展缓慢等，也因为资本主义的兴起而找到出路。[②] 货币逐渐成为普遍的支付手段。包括土地贵族和商人在内的社会各界大多充满了对贵金属和东方商品的渴望。《马可·波罗行记》对东方黄金遍地、香料满野的描绘使很多西方人神往，与东方进行香料贸易成为极其诱人的事业。丝绸之路，至少是丝绸之路的西段越来越活跃。正在这时，信奉伊斯兰教的土耳其帝国兴起，1453 年，攻陷君士坦丁堡，以信仰基督教的罗马皇帝君士坦丁大帝命名，灭亡了东罗马帝国（也称“拜占庭帝国”），并迁都于此，改名伊斯坦布尔（土耳其语意为“伊斯兰城市”）。后来又在 1517 年攻占开罗，1529 年征服维也纳，终于成为地跨欧亚非三大洲的大国。土耳其的扩张，使西欧各国通过地中海到东方去的传统商路被彻底阻隔了。

形势的变化迫使欧洲人寻找通往东方的其他道路。老的陆路走不通了，所以，就寻找海路（航路），对当时的人来说，海路是新的，故称“新航路”。[③] 从概念的角度，我们也能看出开辟新航路的原因。与此同时，指南针、观象仪和分度器等运用于航海事业，造船和航海技术的提高也为出海远航创造了条件。

另外，对地理大发现来说，葡萄牙和西班牙统治者和广大航海家的努力是很重要的原因之一。葡萄牙人从 15 世纪初就开始沿着非洲西海岸南下，尤其在“航海王子”亨利（1394—1460）的主持下，不断进行远洋航行，并举办了航海学校培养了一代又一代的航海专业人才。这些活动给后来开辟新航路奠定了扎实的基础，包括人员准备、技术条件、社会精神风貌等。

---

① 计翔翔，周百鸣．地理大发现探幽（一）．历史教学（中学版）.2009，(10)：6.
② 马克垚．世界文明史（上编）．北京：北京大学出版社，2004：449.
③ 计翔翔，周百鸣．地理大发现探幽（一）．历史教学（中学版），2009，(10)：7.

地理大发现是世界历史上的重大事件，对欧洲乃至世界历史发展都产生了不可估量的影响。马克思、恩格斯高度评价地理大发现对现代资本主义崛起的意义。他们指出：地理大发现所造成的“美洲的发现、绕过非洲的航行，给新兴的资产阶级开辟了新的活动场所。东印度和中国的市场、美洲的殖民化、对殖民地的贸易、交换手段和一般的商品的增加，使商业、航海业和工业空前高涨，因而使正在崩溃的封建社会内部的革命因素迅速发展”。

地理大发现在欧洲主要引起了两场革命，一场叫“商业革命”，另一场叫“价格革命”。新航路开辟后，各地相互隔绝状态被打破，地区性贸易开始向世界性贸易扩展，贸易数量和贸易品种也急剧增加。世界市场的雏形开始出现。欧洲贸易中心由地中海地区转移到大西洋沿岸。

新航路开辟后，西欧获得了殖民地金银的新来源，大量低价的黄金白银流入欧洲，引起货币贬值，物价飞涨。16 世纪，西班牙和葡萄牙的物价上涨了 3 倍左右，法国、英国和德意志地区的物价上涨了 1～2 倍，上涨的幅度前所未有，被称为“价格革命”。[①] 在价格革命中受到冲击的是雇佣工人、贫苦农民和以传统方式收取固定货币地租的封建贵族地主，促使封建制度的瓦解，促进资本主义的发展。

地理大发现和这时正在蓬勃开展的文艺复兴运动互为因果。正是在文艺复兴运动中倡导的人文主义，推动了航海家大发现的事业。而在大发现中验证和弘扬的人文主义，又使文艺复兴的精神得到升华。地理大发现把人的注意力从“天上”转移到人间，追求财富、建功立业与现世享受的人生价值观念逐渐取代了中世纪一切为了来世和禁欲的观念。雄心勃勃、勇于献身被肯定，胆识超群、坚忍不拔是美德，“寻求未知世界”成为激励人们脚踏实地干一番事业的强大动力，追求新知、新鲜、新奇事物，崇尚自然和科学的理性精神日益成为时代的主旋律。民众共同的想法是“已经从我读过的许多书中知道许多事情，同样也从各种不同的人中了解了许多事情……我准备……去经历和亲眼看看那些事物，以便我可能因此使自己得到一些满足，以便我可能为后代赢得一些名声”（《麦哲伦航行记》的作者毕加费塔语）。

新航路的开辟结束了世界各地相对孤立的状态，人类各个文明被纳入统一的整体，也为资本主义的发展创造条件。由于新航路的开辟，东西两半球的不同文化圈的大汇合，加速了人类从传统农耕文明向现代工业文明转变的过程……没有美洲贡献的大量金银与物质财富，没有北美的自由移民垦殖区，西方资本主义的发展将会缓慢得多，英国也不可能成为发动工业革命的国家，同时在旧大陆也很难出现像美利坚合众国那样的自由资本主义试验场地。同样，没有把世界联成整体的地理大革命，也不可能出现推动否定旧传统的思想解放运动。[②]

7.2.2 案例展示与分析

1. 课堂教学中地图应用设计（一）[③]

1）案例展示

材料 1 T&O Map（图 7-12）

① 计翔翔，周百鸣．地理大发现探幽（二）．历史教学（中学版），2009，(11)：6.

② 黄邦和，等．通向现代世界的500年：哥伦布以来东西两半球汇合的世界影响．北京：北京大学出版社，1994.

③ 彭禹．《新航路的开辟》教学设计．历史教学，2010，(5)：33-34.

问题 1：你知道这是一幅什么图像吗？依据是什么？

问题 2：你能够解释为什么这幅图像呈这样的格局吗？这显示了什么历史因素的影响？

问题 3：在这种历史因素的影响下，欧洲人是如何看待图中的各个部分的？

图 7-12

这幅图像上的“ASIA EUROPE AFRICA”显示这是一幅地图。这幅地图与我们今天常见的地图相当不同，三个大洲的布局极为规整，根据我们对中世纪欧洲历史的了解，可以推测这一图像背后天主教因素的影响。实际上这是一幅“T&O 地图”，反过来叫“O&T 地图”也可以。根据维基百科，这种地图最初出现于 8 世纪，是一名僧侣创作的。所示的这幅地图已经经过了简化，出版于 15 世纪后期。此图反映了中世纪时期一般有阅读能力或者接受了宗教宣传的人对世界的看法：这个世界由亚洲、欧洲、非洲构成，分别是诺亚的三个儿子闪、雅弗与含的后代居所，被顿河、地中海与尼罗河分隔开来；亚洲因为是基督诞生与殉难的地方，因而具有神圣的意义，耶路撒冷处于世界的中心，在东方遥远的地方，是伊甸园的所在，在一些地图上，有六翼天使手执火剑保护的标识。在罗马看来，非洲是未开化之地，而东方则在异教的统治下沦陷，天主教徒有不可推卸的将基督教的圣帜插向远方的义务。（说明：一幅与当下迥然不同的地图带出的一个与今日迥然不同的世界观，以及在这种特殊世界观背后的特殊时代。也为说明宗教在新航路开辟方面的作用埋下伏笔。）

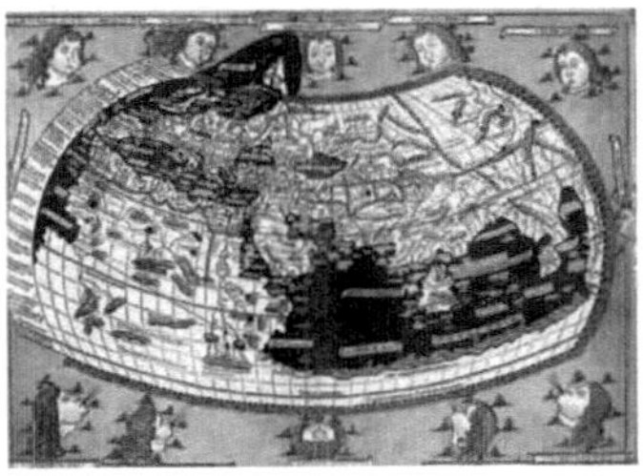
图 7-13

材料 2　托勒密地图（图 7-13）

这幅地图给西欧知识界带来了极大的冲击。托勒密最初于公元 2 世纪绘制，描绘了当时人所认知的世界，14 世纪末，一些僧侣对地图进行了改制，添入了当时的新的地理学知识，仍以托勒密的名义在 15 世纪初刊行。因为托勒密是教廷承认的地理学权威，而现在，托勒密地图的重现，使罗马对世界的描述出现了裂痕。

材料 3　新航路开辟示意图（图 7-14）

一切打破僵局的条件都已经具备，只等有人上路。15 世纪末到 16 世纪初，葡萄牙与西班牙航海家率先开拓了前往东方与美洲的“新航路”。

问题：你能够利用这幅地图为大家介绍新航路开辟的简要情况吗？结合课本，我们知道 15 世纪末迪亚士、达伽马开辟了绕过非洲前往印度的航路；而哥伦布开辟了向西通向美洲的航路；16 世纪初麦哲伦带领西班牙人首次进行了全球航行。（说明：此处仅对新航路开辟作表面的概述。一般来说，利用单张世界地图以及概括性的讲授，使学生理解一个较为复杂的历史脉络乃至得到相对牢固的记忆是不可能的。因此这里仅作为一个过渡环节，更高的目标则通过更加具体的材料、故事与问题来加以完成。）

图 7-14

材料4 新航路开辟组图（图 7-15）

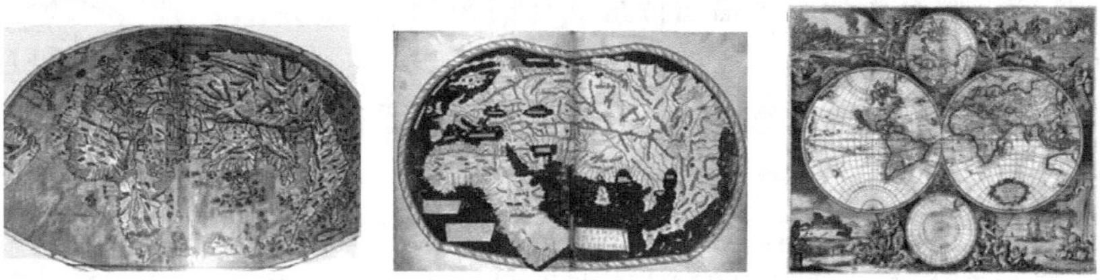

(a)　　(b)　　(c)

图 7-15

问题：你能够辨认这三幅地图的大致绘制时间吗？请说明依据。

这里的三幅地图显示了迪亚士、哥伦布与麦哲伦航海之后欧洲人对世界了解的变化。图(a) 仍与托勒密地图相当接近，印度被绘制成一个巨大的岛屿，非洲仅仅显出西部轮廓，可见这时地图的绘制者尚不知道达伽马航行的成果，但是应在迪亚士抵达好望角之后。而图 (b) 中仍未能准确绘制印度，但已出现了与非洲遥遥相对的美洲，可见这幅地图绘制于哥伦布航行之后，达伽马航行之前。图 (c) 对世界的描绘已经相当完整而且正确，应是在麦哲伦全球航行之后的产物。在葡萄牙与西班牙之后，荷兰、英国、法国等国家的航海家接踵而行，连续进行了两百多年的航海探索，之后的探索与较早的新航路开辟结合在一起，被称为“地理大发现”。和托勒密地图结合在一起，我们能够看到的不仅仅是地图的逐步完善，我们还能看到欧洲人对世界了解的逐渐深入。而欧洲人也终于要从中世纪的宗教蒙昧中走出来了。

说明：与开头的 T&O 地图一样，这里的地图也要训练学生的空间感，而且更进一步，希望学生追随空间变化的脉络形成时间感，由此在知识与技能上也可以达到两个目的：一是使学生借助具体的图像对比较抽象的新航路开辟的人物、路线、次序形成感性的认识；二是使学生意识到随着新航路的开辟，欧洲人的世界观正在发生重大的转变。由此，以下对马可·波罗及其游记的再认知就有了铺垫。

2）案例点评与分析

在彭禹的讲课中，注意到了对时间感和空间感的训练，选择性地运用了大量的地图。这些选择都不是偶然的，在彭禹对它们的运用中我体会到了他的思考。首先通过运用几张不同的地图进行“比较”，丰富了地图的内涵——它不再仅仅用于辨认位置，而且用于演示一种“空间”的演变，而这种空间感又是与世界观联系在一起的。新航路的开辟这一内容，用空间的演变来阐述是非常合适的。这同时也引出一个对三维目标的认识：每节课都有三维目标，但是每节课的三维目标是不同的，尤其在方法的使用上应该视内容的不同而各有侧重。不是每节课都要落实同样的目标，这一点在英美的课程标准里有非常明显的体现，但在我们这里，这方面还很不够。简而言之，每节课在方法上都应该有一根主线。当然，在这节课里，还有对于提取信息（如从课本的内容里总结出新航路开辟的条件等，）对历史阐释（菲律宾纪念碑），对组织能力（要求学生描述马可·波罗）的考查。刚才讲到了方法也即能力目标上的主线，在内容这一纬度，彭禹大致上也抓住了一条主线，避免了面面俱到、平铺直叙，使这节课具有了教师自己的结构。我认为这是“教材”与“课程”的关键性区别。①

① 顾春梅．从彭禹的《新航路开辟》一课谈“三维目标”．历史教学，2010，(5)：41-42.

历史上许多伟大的事件给后人的启示常常是无穷无尽的，但是如果学习历史的人缺乏历史情怀，没有挖掘历史素材的动力，没有与历史人物对话的感觉，那么，无论多么伟大的时代、多么伟大的人物，对我们都是一样遥不可及的——新航路开辟就是这样一个中学师生耳熟能详却又很难深入的历史话题。大多数老师都谙熟背景、原因、条件、过程、影响的教学套路。而彭禹老师设计的《新航路开辟》，则给人耳目一新的感觉。这样的设计在教学思想上带来了许多新观念。

彭老师并没有从我们惯常的 14～15 世纪西欧经济发展讲起，也没有从奥斯曼土耳其人制造的危机讲起，他从一幅世界地图开始。如果说起地图，我们都会想到地图是世界在图上的样子，但是，地图又是人的思想劳动的产物。于是，变化中的地图就是人对世界认识的变化，这样一来，人们对世界认识的观念变化就跃然纸上，无可捉摸的思想就成了可以触摸、可以停留、可以反复琢磨的对象了——把一个不可捉摸的对象具体化，这是教师具有的艺术天才。从 T&O 地图、托勒密世界地图到新航路开辟期间不同时期的地图，从宏观上，我们看到生硬的神的世界、神秘模糊的大陆、轮廓清晰可见的海岸线，人类认识世界的历程充满了曲折；从微观上，我们感受到每一次远洋航行都带来人们观念的变化，地图随之而变。在不断变化的地图中，我们体会到了历史发展的“有渐无顿”，看到了欧洲人终于从那个混沌的中世纪走向了近世——这种走进，不是像有的老师说的那样，文艺复兴一夜之间就改变了中世纪的黑暗；这种走进，带着近千年的对世界认识的矛盾与冲突，带着对马可·波罗传说的迷信与怀疑，正是有了几百年观念的困惑，随着现实危机的到来、可行性条件的成熟，新航路开辟才成就一个改变世界历史的伟大时代。①

历史课堂如何利用好地图资源是值得思考的问题？历史地图是指用地图语言表现历史现象、历史事件空间状态的特殊形式。正如丹尼斯·五德所说：“地图所赋予我们的现实，超出我们的视野、我们的掌握、我们的时间，那是一种我们别无他法可以获得的现实。地图使过去与未来得以呈现在我们面前，它使我们的生活成为可能。”② 我国古代即有读书时“左图右史”之说，可见古人在阅读史书时就非常重视地图。历史地图中往往都具有特殊含义，这正是历史地图与一般地图的区别。在不少情况下，地图能以十分简洁的线条，勾画出原来需要以复杂文字描绘的场面。③ 地图可以把众多的时间浓缩于一图之中，帮助学生跳出具体和孤立的事件，形成较为宏观的视野。地图既有一定的直观性，又具有一定的抽象性，可以起到培养学生形象思维和抽象思维能力的双重作用。

彭禹老师的新航路开辟一课共选用几幅不同的地图：①T-O 地图与托勒密地图；②新航路开辟示意图；③新航路开辟组图 3 幅。主要用于几个方面：第一是让学生理解中世纪人们的地理观念，第二是确认航海家开辟新航路，对地理图册编撰的影响。那么《新航路开辟》这一课还可以运用哪些图片，又可以如何运用呢？有的老师基于自己的实践提出了看法。以下教学案例是笔者借鉴徐赐成老师的《新航路开辟》教学实录和百度文库中有关《新航路开辟》的教学设计中与地图有关的部分整理而形成的。

① 夏辉辉．2010．观念的冲击——评彭禹《新航路开辟》一课．历史教学，（5）：39．
② 胡小玲．高中学生历史图片收集与解读能力培养的探索与实践．江西师范大学硕士学位论文，2005．
③ 芮信．试论中学世界史教科书地图的编制和使用．课程·教材·教法，2002，（12）：45．

2. 课堂教学中地图应用设计（二）

材料 1　15 世纪、16 世纪绘制的世界地图、现代世界地图比较。图 7-16 中三幅图分别是 15 世纪、16 世纪欧洲人绘制的世界地图和现代世界地图，仔细观察可以发现 15 世纪时欧洲人绘制的地图与现代世界地图有很大差别，而 16 世纪时看起来已经非常接近了。从地图上可以看出，15 世纪时欧洲人只认识到欧洲、亚洲、非洲一些地方，对整个世界认识还十分模糊。但是到 16 世纪，欧洲人的世界观已经与当代世界观非常接近，转变的关键事件是什么？以此导入新课。

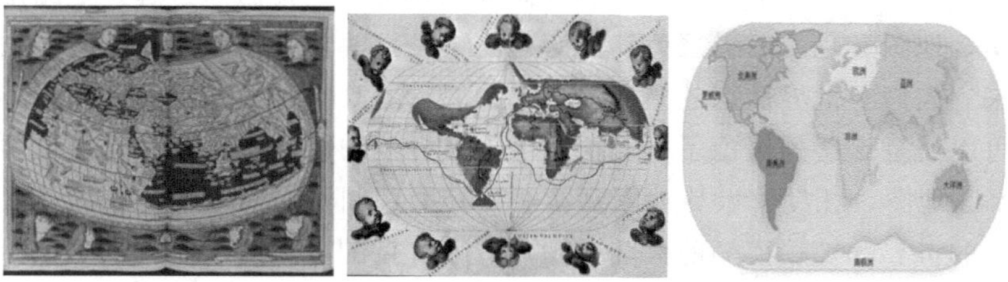

图 7-16

材料 2　首先要弄清楚一个问题，什么是“新航路”？关键在于“新”字，顾名思义，这种说法是相对于旧航路而言。由于欧洲人对东方尤其是中国的商品特别喜爱，因此传统的东西方商路就显得尤为重要。那么传统的东西方商路是怎样的呢？新的航路又是什么路线呢？请同学们看这幅地图《14 世纪前后欧亚之间的商路》和《新航路开辟》示意图（图 7-17）。

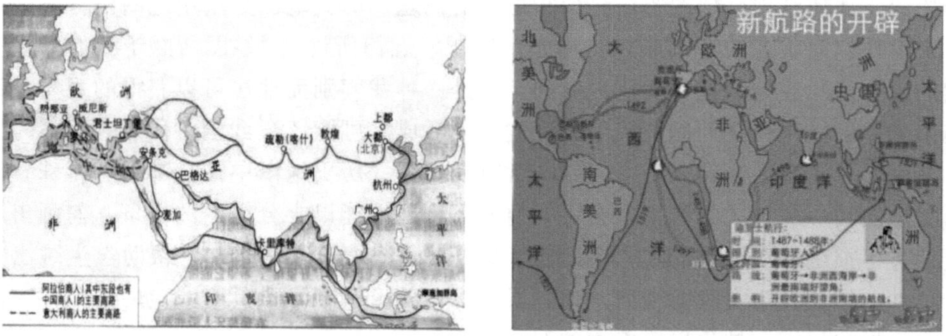

(a)　(b)

图 7-17

从图 7-17（a）看，传统的东西方商路大致有三条，陆路一条，中国商品由中国和阿拉伯商人从陆上丝绸之路经中亚沿里海、黑海到小亚细亚，再由意大利商人转运到欧洲；其余两条海陆并用，一条由海上丝绸之路到波斯湾，通过阿拉伯商人经两河流域、叙利亚转运到地中海，再由意大利商人转运到西欧；另一条由海上丝绸之路抵达红海，再穿越苏伊士地峡前往埃及的亚历山大入地中海，再由意大利商人转运到西欧。传统航路都要经过地中海东岸，再转运欧洲。提出问题：既然有传统商路，西欧各国在 15 世纪末 16 世纪初为什么还要开辟新航路？

从图 7-17（b）分析为什么说开辟新航路在当时是一种极大的冒险呢？我们还是通过地图来了解一下什么是新航路。由学生观察“新航路开辟”示意图，指出“新航路”，新航路是指从西欧出发沿非洲南端到达印度洋各国的一条航线和从西欧出发向西经大西洋、太平洋到达东方各国的另一条航线。新航路有三大突出特点，也可以说是三大目标。一是要建立大陆之间的海路交通；二是开通环球航行；三是新航线的目的地是要到达东方的印度和中国。要实现这三大目标，有两个主要前提，一是有能力在茫茫的大海上长时间航行；二是相信地球是圆的。这两点在今天已经成为常识，但在当时却带有极大的不确定性，甚至更多的人认为是不可能的（这可以从 15 世纪欧洲人绘制的世界地图得知）。探索新航路就是不归路，那么是什么力量推动欧洲航海家们的付诸改变世界的大冒险行动呢？以此引导学生分析新航路开辟的深刻根源。

从图 7-17（b）还可以讲解航海家开辟新航路的过程，请学生以航海家的身份讲述在航海过程中可能遇到的困难。领悟和学习航海家们不畏艰险、团结协作的精神。

材料 3　欧洲各国中，西班牙、葡萄牙最先踏上了开辟新航路的征程。那么为什么是西班牙、葡萄牙最初开辟新航路呢？首先请同学们注意观察西班牙、葡萄牙两国的地理位置，分析原因（图 7-18）。

图 7-18

从地理位置看，两国都处于大西洋沿岸，便于进行海上探险；且两国位于意大利通往尼德兰的海上商路上，造船业和航海业都较发达，还集中了许多富有航海经验的水手。也因为两国在地中海的西岸边缘地带，要购买东方商品就要付给中间商很高的价格，因此两国特别关心寻找新航路，以便直接与东方贸易。从政治因素看，15 世纪晚期两国均已完成了政治统一和中央集权化过程，国家有力量支持和供应远航所必需的装备。从宗教因素看，两国都热衷于传播天主教，以使穆斯林和其他异教徒皈依天主教。从社会因素看，市民和商人不满意大利人、阿拉伯人对东方贸易的垄断，期望新航路开辟带来新的财源。从思想层面看，受文艺复兴人文主义影响，军事贵族和骑士视海洋冒险为一种新的职业，渴望以此获得丰富的战利品。

历史有两个基本的要素：时间和空间，历史的过程，就处在时间的演变当中，空间则是地理位置，是古今中外历史演出的舞台。梁启超在《〈中国地理沿革图〉序》中指出："读史不明地理，则空间观念不确定，譬诸筑室而拔其础也。"把掌握历史空间概念比作掌握整个历史的基础。

在历史教学过程中，要注意不同地图的不同特点，既要突出地图中的重点，又注意地图中所隐含的文字所没有表达出的知识。

第一，指导学生阅读历史地图，弄清地图语言的历史含义。历史地图提供了直观的确切的地域空间图像，表现了文字难以达到的效果，与课文配合，相辅相成，是历史教材的有机组成部分。历史地图的优势正在于它运用地图语言形象直观而又简洁生动地反映历史现象、历史事件发生的区域、位置及发展态势。

第二，历史地图可以给予学生以宏观、整体的认识体系，利用历史地图可以形成正确的时空观，为今后学习打下一个初步的基础。通过借助地理学科的知识，使学生明确一些主要的地理概念及所涉及的地区，以此作为学生学习历史地图知识的基础。例如，《新航路开辟》中首先让学生对环地中海地区和大西洋东岸的国家和地区有所了解。为学习过程中运用知识解决问题做好准备。例如，《三角贸易示意图》，可以通过对地图的分析，非常直观地形成对欧、美、非之间的商贸往来，以及欧洲殖民扩张的概念。在分析新航路开辟的影响时也可以引入，形成从整体世界到欧洲、美洲、非洲局部的思维角度，对培养学生思维能力有很大的帮助。

第三，注意地图中的隐含内容，注重对历史地图知识间的变化、联系及相关基础知识的对照与结合，充分挖掘其中隐含的对照与结合，培养学生归纳、概括、综合图文知识分析问题的能力。在教学过程中，教师应不仅仅关注地图的显性知识，还要注意地图所包含的隐含内容。所谓地图中的隐含内容，是指那些教科书中没有或很少提到的内容。这些内容在不少地图中都或多或少的存在，虽然这些内容很少纳入考试内容，但有助于全面了解历史事件的发展演变，有助于扩大知识面，因而仍然有必要了解。而且可以增强学生的学习兴趣，扩大学生的知识面。

7.3 历史图画的选用策略
——《文艺复兴》教学案例分析

7.3.1 《文艺复兴》内容分析

1. 课程标准的要求

理解人文精神的内涵，知道薄伽丘等的主要作品，认识文艺复兴时期人文主义的含义。

2. 各版本高中历史教科书的具体安排

人民教育出版社高中历史教科书必修三第二单元第6课《文艺复兴和宗教改革》；
人民出版社高中历史教科书必修三专题六第2课《人性的复苏》；
大象出版社高中历史教科书必修三第六单元第2课《文艺复兴》；
岳麓书社高中历史教科书必修三第三单元第12课《文艺复兴巨匠的人文风采》。

3. 本课重点内容分析

文艺复兴（renaissance）泛指发生于14～16世纪西欧的思想文化运动。它兴起于意大利，16世纪时扩展到了整个西欧，涉及文学、艺术、宗教、哲学、政治学、天文学等各个领域。这个运动意义重大，这不仅是因为在运动中天才辈出，灿若群星，而且也因为它改变了人们对于生活的态度，其影响一直延续至今。

公元 476 年，西欧进入了封建社会时期，开始了长达千年的中世纪。这一时期基督教的神学世界观统治着整个西欧。14 世纪、15 世纪，资本主义开始出现于意大利，新兴资产阶级为了求得自身的发展，首先从思想上打破中世纪的宗教神学的禁锢，在他们心中，古希腊罗马是欧洲历史上的黄金时代，因此他们怀着一种复古的心情去挖掘古代遗产，力图恢复富有生活气息的、世俗的古典文化艺术，使之“再生”。但实际上，文艺复兴在很多方面都超越了古典希腊罗马的文化，鲜明地表现出新的时代精神。

第一，重视现世生活，追求物质幸福及肉欲上的满足，反对宗教禁欲主义。

第二，主张人应该奋发有为、追求事业成功和发财致富，反对消极无为的人生态度。

第三，注重表达人的真实情感，反对虚伪造作。

第四，勇于追根究底探求客观世界，重视科学实验。

第五，强调发展个性，反对自我克制。

第六，表现了乐观主义精神，反对悲观主义。伊拉斯谟说：“我几乎愿意再年轻几岁，这是因为我相信在最近的将来有一个黄金时代就要来临。”

这些特点概括起来，就是人文主义精神。1500 年前后完成的地理大发现也是这种人文主义精神的外在表现。文艺复兴虽然在哲学、科学方面成就有限，但它提倡科学方法和科学实验，为 17～19 世纪的自然科学的大发展打下了基础。它打破经院哲学的统一局面，各种世俗哲学、政治学兴起，为以后的思想进步扫清了道路，为宗教改革、启蒙运动提供了思想渊源。

7.3.2　案例展示与分析

案例 7-5[①]

一、探源文艺复兴

教师导入：1506 年这尊古希腊雕塑在罗马出土，引起了整个意大利的震惊，当时著名雕塑家米开朗基罗惊呼：“这是一件不可思议的作品”。我们现在看到这座雕像感到震惊吗？当年的意大利人为什么会对这座雕像感到震惊呢？为什么他们会觉得“不可思议”？这就要追溯到当时特定的时代背景，去体验当年意大利人的感受，去追问在那个时代为什么会兴起伟大的文艺复兴运动。

图 7-19　著名古希腊雕塑《拉奥孔》(1506 年罗马出土)

视频播放：(教师自制的一段视频，简要介绍了中世纪的西欧社会状况：宗教、神学统治社会各个角落)

① 教学实录根据 2008 年全国普通高中历史教学比赛录像整理，执教老师：广东省深圳宝安中学唐云波。

下面哪些词可以反映出文艺复兴时期人们的精神状态：

随心所欲　禁欲苦行　无拘无束

压抑人性　张扬个性　麻木顺从

思想开放　愚昧迷信　以人为本

言论自由　神权至上　追求享乐

学生回答（同时教师板书）

教师（再次出示图 7-19）：当年意大利人看到这尊雕塑的心情可想而知，他们从中看到了人的力量，看到了人的情感，进而想到自己也一样有人格、有人性，并希望自己的人格、人性得到尊重。他们希望改变中世纪的思想体系，可又苦于当时没有成熟的思想，因此他们便借古希腊罗马文化，掀起了一场文艺复兴运动。

出示问题：意大利成为文艺复兴发源地的原因有哪些？请从经济、阶级、思想、地理方面考虑（学生阅读课本后回答）。

视频播放：简介文艺复兴主要人物和作品。

填表格：文艺复兴主要人物和作品。

二、感受文艺复兴

教师引导：从前面的学习中，我们可以看到，文艺复兴时期是一个需要巨人而诞生了巨人的时代。这一时期，人才辈出，群星灿烂——薄伽丘、拉斐尔、米开朗基罗、达·芬奇、莎士比亚，正是他们天才般的创造力，卓越的文学艺术成就，引领人们打破了中世纪的宗教神学束缚，走向了尊重人性，崇尚自由的近代社会。下面，就让我们通过他们的作品，了解他们的内心世界，感受这场伟大的文艺复兴运动。

首先，让我们走进薄伽丘和他的《十日谈》（音频播放：《一对父子的故事》）。

提问：父亲将女人形容为“祸水”、“绿鹅”是受到什么观念的束缚？儿子在五光十色的世界里独独看中了“绿鹅”（女人），这说明什么问题？

图 7-20

从这则故事中，我们明白了，《十日谈》在当时为什么被多次列为禁书，原因正在于此——薄伽丘通过这个故事，嘲讽了宗教神学的伪善与荒谬，引导人们要摆脱中世纪禁欲苦行的束缚，顺从人欲。

教师简介拉斐尔生平：7 岁丧母、11 岁丧父，37 岁离开人间。他继承了父亲的绘画天赋，最擅长画圣母圣子图。下面，我们来欣赏一下拉斐尔圣母圣子图（图 7-20）。你们看到这幅画有什么感触？很温暖，对。拉斐尔的画在当时就被赞誉为明朗温馨，为了让大家更好理解拉斐尔的这幅作品，我另外选择了一幅同题材中世纪时期的作品（图 7-21），你们可以对比一下有什么不同。

图 7-21

教师：在这幅图中，你们能看到怎样的人物神态？

学生：表情呆板。

教师：是的，相比之下拉斐尔的圣母则显得非常柔和，慈祥，而圣子则充满了撒娇的神态，是真实感情的流露。那么，为什么会有这样的不同？中世纪的特点是压抑人性，而拉斐尔的作品则体现他希望能够“回归人性”。（教师板书“回归人性”）

教师：老师每次看到拉斐尔的这幅图都会很感动，我总在想是什么力量促使拉斐尔画出这么具有感染力的圣母圣子图？拉斐尔 7 岁丧母、11 岁丧父。正是画家这样一种特殊的经历，使你们看到他的笔下的圣母，洋溢着浓浓的母爱，他笔下的圣子，充满了对母爱的依恋。这种人间的母子情感，正是拉斐尔特殊经历、内心情感的真实流露。这也是我们欣赏文艺作品的一种方法：了解作者的生平经历。文艺复兴的巨人大多都有一些特殊的经历，同学们不妨动手去查查资料，这对于你们更好地欣赏他们的作品是有帮助的。

教师简介：大卫——古以色列——犹太国王，传说是一个杀死入侵巨人的英雄；摩西——拯救在埃及做奴隶的犹太人先知，也是一个英雄。

请同学们谈谈你们对这两座雕塑的感受（图 7-22）。

图 7-22

学生回答：力量、健美、正义……

教师总结：大家之所以会有这样的感受，是因为这两个英雄都在努力的追求自由，这也是米开朗基罗希望通过自己的作品所表达的。我们能得出这样的结论，是在了解作品人物背景的基础之上，这也是欣赏文艺作品的方法之一，请大家注意。

教师过渡：文艺复兴时期还有一位艺术家，同时也是一位科学家，当人们一提到他的名字，就自然地与神奇、睿智联系了起来，这位神奇、睿智的长发老人——就是达·芬奇。而他最令人感到神秘的作品，就是《蒙娜丽莎》（图 7-23）。

教师讲解：同学们，从《蒙娜丽莎》的微笑和蒙娜丽莎形象中，请大家谈谈自己的感受，你认为她是一个怎样身份的人？

学生（甲）：我认为她是一个贵妇人，她的表情很安详。

教师：好，是不是其他同学都同意这个观点？

图 7-23

学生（乙）：我认为她就是一个农村妇女。

教师：很好，也就是说，这个人物的身份可能是游走与贵妇与农夫之间，但不管怎么说，她应该就是现实生活中的“普通人”。

教师：我们再来看看她的微笑，专家还有这样的解读：

“对象的表情和含义，完全跟了你的情绪而转移。你悲哀吗？这微笑就变成感伤的，和你一起悲哀了。你快乐了吗？她的口角似乎在牵动，笑容在扩大，她面前的世界好像与你的同样光明同样快乐。”

教师：看了专家的解读后，大家对这幅画的理解是不是更加深刻了呢？参考专家解读，这也是我们欣赏文艺作品的方法之一，请大家记住。

老师不是专家，但老师对这幅画也有自己的解读，我认为达·芬奇能如此精准捕捉如此神秘的微笑，这不仅是由于他高超的绘画技巧，还因为他拥有其他方面的技能，大家知道他在哪个领域也有很高造诣？解剖学。

教师：从图 7-24 可以看出，达·芬奇这个人物，用现在的话说“太有才了”，他不仅是艺术家，还是工程师、科学家。达·芬奇有一句名言：“真理不在宗教之中，而在科学之中。”从中我们可以看出达·芬奇的终极追求是什么？（教师板书）“追求真理”。

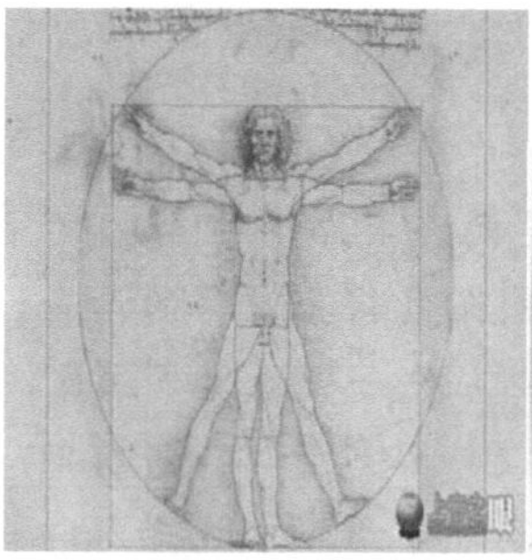

达·芬奇绘制的人体解剖图

达芬奇绘制的直升机

达·芬奇绘制的滑翔机

图 7-24

教师过渡：16 世纪文艺复兴出现了又一个伟大的天才：剧作家莎士比亚。他的代表作品《哈姆雷特》。这哈姆雷特是古丹麦王国王子，哈姆雷特求学回国后，发现父亲已被叔父害死，叔父篡夺了王位，还强娶了他的母亲。哈姆雷特决心复仇，杀死奸王……最终与敌人同归于尽。在这部作品中，莎士比亚借哈姆雷特之口，表达对人的赞美和人性反思。现在，我们来体会一段哈姆雷特的经典独白：

人，是一个多么了不起的杰作！多么高贵的理想！多么伟大的力量！多么优美的仪表！多么文雅的举动！在行为上多么像一个天使！在智慧上多么像一个天神！宇宙的精华，万物的灵长！

教师请一位同学有感情地朗读以上文字。

教师：通过刚才的朗诵，你们觉得莎翁眼里的人是怎么样的？

学生：人至高无上（教师板书“人至高无上”）。

教师：下面，请同学们根据课本和黑板上的内容，总结一下，什么是人文主义？

学生：人文主义是提倡人性、反对神性，主张人生的目的是追求幸福，而不是教会提倡的升入天堂，提倡个性解放，反对盲从盲信的愚昧思想。

教师：请同学们进一步思考：人文主义在当时那个时代还有什么作用？请联想当时的经济因素、资产阶级的出现，以及未来的时代走向。

学生：人文主义是资产阶级反对中世纪神学世界观的思想武器。

三、回味文艺复兴

教师提出要求：请同学们动笔写下你们自己对文艺复兴的最深刻的感受。首先请看老师的示范。

示例：老师对文艺复兴的感受。

文艺复兴的伟大在于人的精神觉醒，它使欧洲人从以神为中心过渡到以人为中心，在思想上，为新时代的到来开辟了道路。

学生开始各自书写对文艺复兴的感受，教师巡查后进行个别点评。

学生甲：文艺复兴，一个时代的旅程，一个时代的辉煌，一幅辉煌灿烂的时代画卷。

学生乙：文艺复兴唤醒了对人性的尊重，意识到了人的价值，并矢志不渝追求自由和真理。

教师：很有文采，见解深刻！

学生丙：文艺复兴解开了人的思想束缚，对文化生活产生了深刻影响，成为反封建的有力武器。强调了人的作用，对人性膨胀有不利的一面。

教师：好，我首先要肯定这位同学。今天学习文艺复兴，我们看到大师们对前代思想敢于反思、批判，这位同学就学到了大师的精髓，指出了文艺复兴的不利的一面。

结语：由于时间关系，下面老师把制作好的封面交给班长，请他把全班同学刚刚写的作品装订起来，作为我们这节课的学习成果，同时这也是我们共度了 40 分钟的愉快学习旅程后，老师送给大家的礼物，谢谢大家！

7.3.3　案例点评与分析

历史教学中，学生往往缺乏对历史的直接经验，所以在教学中把历史图片引入课堂，为学生的感官提供丰富素材，是非常有利于历史教学的。《文艺复兴》这一课有着较为丰富的图片资源，在教学中适当运用可以增强教学的趣味性，比单纯的文字资料起到更好的教学效果。

在这个教学案例中教师用图 7-19《拉奥孔》雕塑来作为全课导入，该雕塑是古希腊时期作品，在 15 世纪初于意大利出土。它反映的是《荷马史诗》中特洛伊战争期间，希腊军队把士兵藏在木马中攻入了特洛伊城，在战争之前特洛伊的预言家拉奥孔曾警告当地人不要轻信木马，因而受到神的惩罚，天神放出了两条毒蛇，咬死了拉奥孔和他两个年幼的儿子。这尊雕塑就是根据《荷马史诗》中的这一传说所作。教师在展示图片后，又介绍了米开朗基罗对此雕塑的高度评价："最不可思议的作品。"这里教师敏锐地将米开朗基罗的评论与学生的真实感受联系起来：在我们今天的人看来，这幅雕塑尽管有很高的艺术价值，但也不至于是"最不可思议"。借此教师导入下一个教学环节：要理解文艺复兴，就必须了解中世纪。

教师在这里选择的开场导入图片并非随意选择，而是有明确的目的：即导入到中世纪的背景介绍，因此教师选择的并非文艺复兴作品，而是备受意大利人赞叹的古希腊时期作品，顺利完成了导入。由于雕塑造型生动、故事情节离奇、画面冲击力强，因此作为开场导入，能给学生以巨大的视觉冲击，起到了很好的吸引学生兴趣的作用。但教师在精心选择了这幅图片后，却未能对图片背景进行任何说明，也没有对图片的特征进行任何解析，因此从学生的角度看，有些意犹未尽的感觉。这也导致教师在放完中世纪的视频后，再回头来总结这幅雕塑，说它展现了人的力量、人性的光辉，在学生听来就略显突兀。如果之前能略加几句介绍铺垫，则会显得舒畅得多。

在放完关于中世纪的视频之后，教师显然希望能够由学生各抒己见，来谈谈对中世纪的认识，进而总结出中世纪的时代特征，但这个时候就会出现一种难以控制的局面：即学生所说的答案往往会天马行空、自由发挥，而且关于中世纪的知识内容课本中没有涉及，学生回答的语言肯定也不太精准规范。教师如果任由学生发挥，再逐渐引导归纳，则会花去大量的课堂时间，而中世纪的特征毕竟不是本课的主干知识，只是一个背景介绍，费时太多会打乱课堂节奏，因此教师采取了一个很便捷的做法：把预设好的一组词语呈献给学生，然后让学生直接从中选出能反映中世纪特征的词语。这样既能体现学生的主动性，又能有效地控制学生的回答范围和语言。因此只用了短短几分钟就完成这个环节的教学任务。

可谓是非常有效的一个教学设计。

在讲授文艺复兴的主要内容时，如果按照课本的顺序，就是先给出人文主义的主要内涵，然后再来依次介绍文艺复兴的主要作品，而这节课例中教师则是先逐步呈现文艺复兴的主要作品，让学生通过感受作品，最后顺理成章地总结出这一时期人文主义的内涵，这样的教学过程符合学生的认知心理，也符合建构主义学习理论。

在本课例中，如果仅仅用图 7-20 单纯呈现拉斐尔的作品，那么在今天的学生看来，仅仅会觉得这是一幅普通的人物画像，并无太多感触，毕竟在今天这种写实的人物油画太常见了。考虑到学生的这种认知背景，教师另给学生呈现了一幅中世纪的圣母圣子图（图 7-21），两相比较之下，学生很容易自己感知到出拉斐尔的圣母更加温柔、温暖、更加富有人性，从而更能体会到，在中世纪的神学背景下，艺术人物也被神性光环所笼罩，都失去了人格特征，显得高高在上、难以亲近。而文艺复兴的伟大之处正在于恢复了人性的应有地位，尽管仍然是宗教题材，但人物都显得平易近人，实际是借神的形象来彰显了人性的光辉。

但值得注意的是，当代史学界对中世纪的认识有了很大改变，越来越多的史学家不再认为文艺复兴是凭空出现的，而应是在中世纪就有了其萌芽的基础。中世纪的经院哲学、绘画艺术都有其进步之处，例如，本课例中所引用的图 7-22 就是绘画界公认的中世纪伟大绘画艺术作品，因此教学中教师不应只为了对比而一味贬低中世纪绘画，应认识到各个时期的艺术作品都有其特殊的时代意义和存在价值，在艺术价值上不应有高下之别。

达·芬奇是文艺复兴时期的一个重要而复杂的人物。他流传于世的绘画作品很少，但其在艺术史上的地位却无人能及，他本人在解剖学、工程学、机械方面的造诣也很受人瞩目。对于这样一个人物，教学中不可回避，但如何让学生在短时间内理解其深奥的作品，这是对教师的一大挑战。在本课例中，教师比较好的解决了这个难题。首先教师展现了图 7-24：达·芬奇和《蒙娜丽莎》，给予学生一个直观的印象，对于这幅众说纷纭、神秘莫测的肖像画，教师并没有笨拙地展开自己专业并不擅长的艺术分析，而是提问："你认为女主人公的身份是什么?"在学生提出不同观点后，教师并未给出一个最终的标准答案，而是顺势引导学生：这个主人公的身份似乎是游离不定的，但无论如何，她都应该是我们生活中常常能见到的"普通人"。这时，教师眼看就能从这幅作品引到"人文主义"的内涵上。但是非常可惜的是，教师讲到这里就停住了，并没有趁机引入"人文主义"的内涵，如果教师能顺势再深入一点："将普通人而非宗教、政治人物作为绘画的主人公，这在当时还是一个首创，这正体现了人文主义的又一个特征：重视人、重视普通人的现实生活。"那么教学设计就会显得更加完整。

对于达·芬奇的科学研究，其实相关史料还是比较丰富有趣的，他在生物学、人体解剖、飞机，甚至机器人的研制上都称得上是开山始祖，但也许是出于时间关系，教师在这里处理得相对简略，仅仅是呈现了几幅达·芬奇的科研草图，然后用比较诙谐的现代语言评价他："太有才了。"最后借用达·芬奇的名言"真理不在宗教中，而在科学之中。"引导学生得出了人文主义的又一个重要内涵："追求真理。"这样的处理固然简略，但也能很好地突出了重点，而且整个环节所用的课堂时间不过 1 分钟，体现了较高的课堂效率。

本课例的最后一个环节是"回味文艺复兴"，要求学生动笔写下自己对于文艺复兴的感受。这个环节凸显了学生的主体性，鼓励学生放下课本等一切束缚，自由表达自己的观点，是全课的升华和点睛之笔。

这个环节在操作上并不十分容易，首先由于这个环节对学生的束缚较少，有很大的主观性和随意性，很可能学生不太了解教师的要求，或者根本不知道该如何下手，对此教师采取了一个很有效的办法：作出示范。教师首先给出了自己所写的一段关于文艺复兴的感悟文字，让学生能迅速明白大致的要求和格式，也给了学生一个思路。另外，教师在备课时做了充分的预设：在短短的课堂时间内，不可能点评所有学生的作品，因此教师在课前就预想了学生有可能会写到的观点，并做好打算点评其中两种有代表性的正反两种观点。在学生书写的过程中，教师不断巡视，找出了两个持对立观点的学生，然后分别让其朗读。其中第一个学生的观点是比较大众化的，即充分肯定文艺复兴的进步意义和巨大价值。而另一个学生则提出，文艺复兴过分强调人的作用，引起私欲的膨胀，教师明显对后一个学生的观点给予了盛赞，认为她敢于打破常规，提出与众不同的意见，充分体现了文艺复兴的创新精神。但可惜全课到此戛然而止，教师并没有对此观点进行更多的评述，这也许是出于时间的关系，但不能不说是一个小遗憾。

这一环节之所以令人印象深刻，还因为它用一个很直观的方式显示了课堂教学的有效性。一节课40分钟下来，学生究竟学到了多少，我们习惯于在课后用考试的方式去测量，但其实对于文科生来说，比做题能力更重要的是学生的思维能力和表达能力，而这个环节用一个类似小作文的方式充分展示了学生的课堂学习成果，我们可以在这里看到学生们独立睿智的思想闪光，看到他们挥洒文字、直抒胸臆、下笔成章，这不能不让我们深切体会到了有效教学、有效课堂的真实成果，它比分数更能令人信服。

教师在教学中常常会选用一些文艺家的头像图片，但一位历史教育专家说的好："课堂中使用历史图片应牢记：看得懂、找得到、连得起、说得出。"教师如果只是单纯放映一张精美的图像，而不做进一步的讲解说明，那么可以说这个图片在课堂上的运用是无效的。

复习与思考

1. 教学中历史图片选择与应用的原则和策略有哪些？你认为如何操作更有效？

2. 通过两个案例分析，你认为哪些图片应用的效果较好？围绕这两课内容，你还能找到什么更好的图片？图片应用与教学内容处理、教学过程设计的关系如何协调？

拓展资源

1. 莱茨．剑桥艺术史：文艺复兴艺术．南京：译林出版社，2009.
2. 罗曼·罗兰．巨人三传．天津：天津社会科学出版社，2004.
3. 王军，徐秀云．意大利文学史——中世纪和文艺复兴时期．北京：外语教学与研究出版社，1997.
4. 刘明翰．世界通史·中世纪卷．北京：人民出版社，1992.
5. 周春生．文艺复兴史研究入门．北京：北京大学出版社，2009.

第 8 章 历史课堂教学评价与学业评价

学习目标

1. 了解教学评价、学业评价和课堂观察的基本标准与方法。
2. 正确处理教学评价与教学改革的关系，提高教学的有效性。
3. 学会达标测试卷的编制，正确认识学业评价与高考选拔的关系。

关键词 教学评价；学业评价；课堂观察；编制达标测试卷

8.1 中学历史课堂教学评价

8.1.1 中学历史课堂教学评价的含义

评价，是从特定的目的出发，根据一定的标准，通过特定的程序对已经完成或正在从事的工作（或学习）进行检测，找出反映工作（或学习）进程的质量或成果的水平的资料或数据，从而对工作（或学习）的质量或成果的水平作出合理的判断。

教育评价，它是根据一定的教育目标，运用一定的科学手段，收集、整理并分析信息资料或数据，对教育活动、教育过程和教育结果进行价值判断，从而为教育决策提供依据的过程。它有四个基本特征：①教育评价＝事实判断＋价值判断；②教育评价是对教育过程及其结果的评价；③教育评价必须以教育目标为基准；④教育评价是评价者与被评价者的双边合作活动。教育评价的内容极其宽泛，包括教学评价、学校管理评价、教师评价、学生学业评价、课程评价等。

教学评价是教育评价的一个方面，它是以教学为对象的教育评价。教学评价是对教学工作质量所作的测量、分析和评定。它包括对学生学业成绩的评价，对教师教学质量的评价和进行课程评价。它在我国中学历史教学界的出现是 20 世纪 80 年代，之前，通常被称为“听课评课”，其任务侧重于“课程管理”，主要是用于检查教师的教学行为是否达标，达到什么水平，其目的是监督、规范和指导。80 年代以后，这一词被广泛运用，就其评价标准而言，主要是强调学生的学习主体性、能力和效果。

历史教学活动主要包括教学目标、教学过程和教学评价三个环节，三者之间相互依赖、相互制约，其中，教学评价能起到调控和反馈历史教学，并能帮助判断历史教学目标是否正确、可行的功效，历史教学评价可分为教师的授业评价和学生的学业评价两部分。教师的授业评价是根据一定的标准对教师的教学活动所进行的价值判断，目前，尚无一个完善的教师授业评价的标准、体系及机制，在具体的实践评价过程中，对教师授业的评价往往被教师学历、学生考试成绩、发表的论文、所获得的奖励等共性因素所取代。当然，随着课程改革的推进，大多数教师已经认可了在新课程理念下，教师的课堂授业应具备四个特征。

（1）课堂授业应是课程创生与开发的过程。课程不是死的，而是能被师生切身感受、体悟的。师生不是课程之外的，他们应是课程的必要组成部分，他们也应参与课程的创造和开发。教学不仅仅是课程的传递过程，更应是课程的生成与开发的过程。

（2）课堂授业应是师生交往、积极互动、共同发展的过程。课程改革要求师生互动交流、相互沟通。师生关系是平等的，教师是“平等中的首席”。通过教学，师生要形成一个互教互学、彼此相依的“学习共同体”。

（3）课堂授业应强调学生探索新知的经历和获得新知的体验。学习的过程是一个发现问题、分析问题、解决问题的过程，这一过程展示了学生的聪明才智、独特个性和创新成果。

（4）课堂授业一定要以人的发展为本，服从、服务于人的全面健康发展。课程改革极大地体现了人文关怀，为学生的终身发展奠基是课程改革的核心理念，教师的教学要关注每一位学生，关注学生的情感体验，关注学生的道德生活，促成学生高尚人格的修炼。

8.1.2 历史课堂教学评价的作用

历史课堂教学评价与其他学科一样都是包含一系列评价步骤与方法的动态过程，这一过程指向预定的评价目标。评价者依据目标收集资料，经过对资料的分析后，形成定性与定量的价值判断。其作用包括以下几点。

第一，从教学管理的角度来看，历史课堂教学评价可以为决策者提供政策依据，并形成对教师的激励机制。国家对中学生在历史教育方面的目标要求，主要是通过历史课堂教学这一学校教育的主渠道来实现的。管理部门（如学校、教研单位）通过评价能了解教师的教学效果和学生的学习成绩。评价对教师和学生具有监督和强化作用。其意义在于促使历史教师按照课程标准的要求开展教学工作。这里的评价则具有评价与激励的双重作用。

第二，从教学研究的角度看，历史课堂教学评价具有研究收集信息，调控课堂教学过程的作用。课堂教学研究是教学研究的重点，通过评价课堂教学活动，可以探讨有关教学的许多重要问题，如课堂教学中的人际互动、教学媒体的使用，教学模式的实施或创建等。评价发出的信息可以使师生知道自己的教和学的情况，教师和学生可以根据反馈信息修订教学计划，调整教学行为，从而提高教学效果。

第三，对教师自身来说，能够起到提高自身业务水平的作用。历史课堂教学评价是每一个教师了解自己教学水平和特点，及同行之间相互促进以及选择教学方法、模式的过程。教师在参加自评与互评的过程中，学到的还有一种教学体验，即从一个新的角度观察与分析教师在课堂教学中的一切教学行为，从而为发现与纠正自身弱点，改进教学工作提供依据。

8.1.3 历史课堂教学评价的类型与内容

1. 课堂教学评价的类型

课堂教学评价依据不同的标准可以分成不同的类型，根据布鲁姆的分类标准，按照评价的作用可将教学评价分为形成性评价、诊断性评价与总结性评价三种。

第一，形成性评价。是指在日常教学进行过程之中，为引导该项教学达成预定目标，而对教学方法与程序及教师的教学行为进行的鉴别与分析。其目的在于及时指导教师改进教学方法，提高教学效率。

第二，诊断性评价。诊断性评价是通过适当的措施使教和学在各方面得到最佳结合的评价。主要是帮助教师检查教学过程中出现的问题，克服阻碍教学目标达成的困难，探讨教学效率不高的成因。诊断性评价可以看成是形成性评价的一种。

第三，总结性评价。总结性评价是以预先设定的教学目标为基准，对评价对象达成目标的程度即教学效果作出评价。其目的在于对教师的教学技能、态度与效果进行全面的、等级性评定。它是学校教学管理的重要内容，一般以一学年为时间单位进行评定。

2. 历史课堂教学评价的基本要素

评价作为教育教学过程的重要组成部分，对历史教学的意义重大。评价对教学过程的其他阶段有着或明或暗的指导作用，有什么样的评价方式和评价标准，就会有相应的教学方式，教学评价已被人看做教学的指挥棒。许多国家对教学评价的内容有着不同的理解。对我国当前影响较大的依然是原苏联教育家的评价理论，如巴班斯基将评价的指标分为八类：

(1) 对新事物的接受（相当于新课题的引入）；

(2) 教育分寸（主要指师生关系中的人际处理）；

(3) 本学科知识处理；

(4) 发展学生的思维能力；

(5) 培养学生的一般学习技能；

(6) 培养学习本学科的兴趣；

(7) 以个别方式对待学生（即学生个性化发展的要求）；

(8) 课外活动组织。

在当前的课程改革中，一些历史教育专家和历史教师借鉴国外先进的理论，并结合国内历史教学现状，对历史教学评价改革做了一些有益的尝试，当前，历史课堂教学评价一般包括下列要素：

(1) 教学目标（目标的科学性与可行性、学生对目标的理解以及教学活动的目标指向性）；

(2) 教学内容（对课程标准的理解、教科书分析、教学内容编排与设计等）；

(3) 教学过程（课堂教学环节的整体设计、教学方法、教学手段的选择与使用、活动安排是否合理等）；

(4) 教学活动氛围（课堂气氛要严肃而不呆板，要活跃而不杂乱）；

(5) 教学效果（学生学习的积极性与主动性、教学目标达成情况）；

(6) 教师的基本素质（教学态度、语言运用、媒体运用）。

学界视点

一堂优秀历史课的标准是什么？[①]

其一，要看是否符合《历史课程标准》的要求。

其二，要看是否正确处理了主体与主导的关系。

其三，要看是否把知识与能力、过程与方法、情感态度与价值观三维目标的关系处理得紧密融洽。

① 张显传．一堂优秀历史课的标准是什么．历史教学（中学版），2007，(3)：21-23.

其四，要看是否运用了最有效的教学手段。
其五，要看是否发挥了自身的特长与优势。
其六，要看是否把过程性评价充分贯穿于教学过程之中。

8.1.4 有效的历史课堂教学的几个基本维度

随着课程改革的深入推进，人们越来越深刻地认识到，课堂教学的改革是改革成败的关键因素之一。与课堂教学相关联的有三个不可回避的概念：教学效率（教学效果与所付出的成本大小之间的关系）、教学效益（教学活动的收益、教学活动价值的实现）和教学效果（教学结果中与预期教学目标相符的部分，它考察的重点是学生，是对教学活动结果与预期目标吻合程度的评价），有效的课堂教学提倡的是效率、效益、效果三者并重的一种教学观，它对应三个问题：①所发生的教学行为是否有意义？是否让学生真正学到了有用的东西？②所传授的教学内容是否能够被学生高比例接受？是否最大限度地使学生投入学习任务中去？③所占用的教育资源是否得到了最大程度的利用？是否在最短的时间内使学生掌握了尽可能多的知识和能力？课堂教学的有效性是教学效率、教学效果、教学效益三者的有机整合。① 具体到高中历史学科，要充分把握这样的五个维度："教学目标"是否科学、具体、可操作？"教学活动"是否最大限度地调动了学生的内驱力？"教学能力"是否围绕着培养学生良好的各种习惯来展开？"教学管理"是否始终尊重学生发展的需要？"教学效果"是否能让不同层次的学生都有收获？

（1）教学目标。教学目标首先是针对学生而言的，脱离了学生的具体实践而设定的目标是没有意义的。新课标下的高中历史教科书的每课容量都非常大，我们在制定教学目标时，不能只考虑把教科书的内容讲完，而应该首先考虑让学生如何能有效地吸收。所以，作为学生的学本之一的历史教科书，教师在设定教学目标时，可以对它进行重组，以适合学生的需要。一方面，要充分考虑到三维目标的统一。知识与技能、情感态度与价值观、过程与方法，三个方面同等重要，缺一不可。另一方面，要兼顾好、中、差三个层次，根据因材施教原则因人而异，不同层次的学生要求达到的目标也各不相同，要避免一概而论。

（2）教学活动。由于历史学科的特殊性，历史学习必须弄清楚历史事件的背景、过程、意义、影响等。传统的课堂教学过程中，过于强调对上述现象的接受和掌握，忽略了发现和探究，学生学习成了纯粹被动地接受、记忆的过程。尽管每节课也提一些问题，学生看书后或概括、归纳或总结、分析，但这一切仍是在教师的操纵下，按教师的思路进行着，学生的思维受到极大地限制，学生学习的兴趣和热情得不到激发。

新课标下的高中历史教科书改变了教材的编写体例，由通史体例转变为专题体例，试图改变原来的历史教材太重视历史的连贯性而忽略历史丰富多彩、有血有肉的特点，由此来激活学生对未知的探究，激发学生对历史的兴趣。

一节课可以没有导言，因为导言虽然能引起学生的注意和兴趣，但每节课都必有的导言会使学生产生厌烦感；一节课也可以没有小结，因为"人们无法预料教学所产生的成果的全

① 孙亚玲．课堂教学有效性标准研究．北京：教育科学出版社，2008.

部范围。没有预料不到的成果，教学也就不成为一种艺术了”（布卢姆）。历史学科具有既往性、多样性，其丰富的内容包罗万象，涉及世界各地，既有政治、经济、文化，也有社会生活、风俗人情，任何学生都会对此或多或少地产生兴趣。在具体的教学活动中，围绕着某个专题，引入鲜活的历史资料，创设全新的历史情境，师生互动、生生合作，把学习过程中的发现、探究等认识活动凸显出来，充分调动学生的主动性、能动性和创造性，使学习过程更多地成为学生发现问题、提出问题、分析问题、解决问题的过程。

（3）教学能力。新课改形势下，一个优秀的历史教师，不能再仅仅满足于有良好的口才、敏捷的思维、渊博的知识、超群的记忆，也不能仅仅满足于及时吸收历史学界的科研成果并力所能及地参与历史学术研究，更应该具备现代教育的价值观、人才观和质量观。

陶行知先生曾指出：“我以为好的先生不是教书，不是教学生，乃是教学生学。”所以，作为历史教师，应尽可能地运用各种教学手段，在“三维目标”的统帅下，帮助学生掌握科学的认知方法。我们要鼓励学生敢于质疑，要给学生质疑的时间和空间，变“学会”为“会学”。在“授之以渔”的过程中，引导学生参与合作探究，让老师的“教”与学生的自主学习完全融合到一起。

（4）教学管理。在教学活动中，教师面对几十名学生能否以平等的身份、平和的心态看待和处理师生关系是教学能否顺利开展的前提。可是，在历史教学的课堂上，曾经常出现教师充分精细地讲授、学生被动安静地跟着教师的思维走的现象，这样的课堂管理也曾被认为是好的课堂。现在应该到了改变这种现象的时候了。

在组织课堂教学的各环节中，学生才是课堂教学的中心，而课堂教学的有效性，最终还是要体现在学生身上的。因此，在历史教学中，教师应采用多样化的有利于学生学习的教学方式，努力创建一种健康、有益的学习氛围，尊重和相信学生，并鼓励学生获取成功。学生在这样的氛围中，心态开放、个性张扬，通过其亲身实践和领悟而获得知识与能力，最终会终身受益。

（5）教学效果。考试曾经是评估教学效果的主要方式，学生的成绩高低被作为判定学生学习好坏，也是教师平时课堂教学是否有效的主要标准。考试成绩虽然可以比较客观地反映学生对历史基础知识的掌握程度，也能反映学生一定历史思维能力和理论水平，但是由于受试题和答题形式的制约，试卷还无法在考查能力上达到与考查知识同等的功效，同时在考查德育目标上也无法保证较高的区分度。这就要求教学效果的评估不应是单一的闭卷考试，而应当是灵活的、多样的，其中，一个标准是要坚持的：该评估方式是否有利于以促进学生学习历史的主动性、创造性，提高学生的学习历史的兴趣。

同时，我们还应高度关注，这节课是否让不同层次的学生都能参与到教学活动中来？学生是否有自主学习的时间？学习的过程是否是发展、探究的过程？……唯其如此，我们才会说这节课是“有效”的。

学界视点

建立历史课堂教学评价的管理机制[①]

（1）学校学科教研组的经常性评价。教研组要鼓励教师互相听课、评课。教研组

① 张桂芳．构建符合素质教育要求的中学历史课堂教学评价体系．中学历史教学参考，1998，(7)：14.

每学期至少要组织一轮集体评课活动，每一位教师都要参评。教研组评课最有益于发挥教学评价的改进功能。

(2) 区县教研部门的管理性评价。听课评课是区县教研员对教师进行业务管理的直接方式，因此可称之为管理性评价。三类评价应落实到位：摸底评价、骨干教师的跟踪评价、研究性评价。

(3) 市级教研部门的督导性评价。学科教学评价是市教研部门对本学科教学进行监督和导向的重要手段，这种评价也可称为督导性评价。要将督察性评价制度化，具体方法是分类抽样。

科学的评价指标体系和实施办法、正确的评价思想方法论原则、有效的评价管理机制这三者的有机结合，构成了中学历史课堂评价体系。

总之，关于历史课堂教学评价的有两个基本出发点：一是如何遵循教学规律，回归教学本质，是否有利于学生的全面发展和终身发展？二是如何落实新的课程理念，遵循基本的学科规范，是否真正转变了学生的学习方式？有效的历史课堂是多方面综合下的产物，单看某个或几个方面是不全面、不科学的。但是，不管怎样，只要是有效课堂，其过程应该是师生在民主融洽的氛围中展开的，其结果应该是用最少的时间圆满完成既定的教学目标，其效果应该是有利于学生健康地终身成长的。

8.2 中学历史学业评价

8.2.1 历史学业评价的含义

学生学业评价是根据一定的课程目标，对学生个体的学习进展和发展变化作出的价值判断，其内容包括基础知识和基本技能、学习过程和方法、情感态度价值。历史学业评价，是指根据历史课程目标，对学生历史学习活动及其效果进行价值判断的过程，它能判断学生是否达到历史教学目标，为历史教师和与历史教学有关的方面提供教学状况的信息，提供改进、完善与探究建议的课程改进和开发活动，是历史教学评价的重要内容，也是衡量历史教学是否有效的重要指标。

历史学业评价可从不同角度分类，按评价主体分类，有学生自我评价、小组学生间互评，教师评价或教师与学生评价相结合；按评价目的可分为选拔性评价、水平性评价、反馈性评价；从功能上将学业评价分为形成性、诊断性和终结性三类；按认知维度的不同可分为知识评价、技能评价和能力评价。不管是哪一种评价方式，我们都应注意评价的科学性，要以促进学生能力提高和综合素质发展为目的。当前，我们用得比较多的就是形成性评价、诊断性评价和终结性评价。

诊断性评价是指在教学活动开始前，对评价对象的学习准备程度作出鉴定，以便采取相应措施使教学计划顺利、有效实施而进行的测定性评价。诊断性评价的实施时间，一般在课程、学期、学年开始或教学过程中需要的时候。诊断性评价采用的方法一般有问卷法、测试法、面谈法、设问法。在平时的历史教学中，教师对学生设置问题，学生作答，这是我们常用的一种方法，它能方便、快捷、有效地检测学生对所学知识的掌握程度。

形成性评价是指教师在教学中，为获得学生掌握知识的信息，改进教学，调节和完善教学活动，实现教学目标而进行的系统性评价。它能贯穿于整个教育活动，一学年、一学期、一单元、一课时、一个学习系列等，都可以进行形成性评价。它具有四个特点：一是重视评价过程；二是教师既是评价的客体，也是评价的主体；三是评价的结论服务于教师专业发展，是教师教学指导方向、调整教学进度、改进教学方法、积累终结性评价的依据；四是形成性评价具有很强的民主性。

终结性评价是对一个学段、一个学科教学的教学质量进行的评价，其目的在于给学生进行分等，评判学生的达标程度，如期末考试、结业考试等。终结性评价内容包括知识理解、学习技能及学习方法、知识认识与社会认识。

8.2.2　历史学业评价的方法

在历史课程标准中，对历史学业教学评价从评价的指导思想、评价方法建议两方面进行了阐述。它认为，历史教学评价分为以下几种：课堂教学评价、单元教学评价、学期教学评价、学年教学评价等。不同教学阶段的评价，应有相应的评价目的、评价范围和评价方法，如课堂教学评价主要针对一节课的学习目标，而学期教学评价则是系统考查学生一学期教学目标的达成情况。对学生历史学习业绩的评判应该灵活采用各种评价方法，避免以笔试作为主要的甚至是唯一的评价方法。当前有五种值得借鉴的评价方法：

（1）个人代表作品档案法。收集学生个人的历史学习作品，建立档案，对学生的历史学习进行评价。个人作品档案通常收集经过学生选择的历史作品，也可以收集和历史学习有关并能反映学生成就的材料。每件作品最好有教师、家长、同学和自我的评语，评语应该突出学生历史学习的特长和优点。师生在建立此类档案时应确定起止时间，一般按一个单元或一个学习主题为单位收集历史作品。档案可以保留在相应的文件夹或档案袋内，也可以保留在学生作业本里。学生本人是建立档案的主要参与者，教师应提出要求并给予适当指导，师生通过协商来确定档案内容，并让学生自己管理档案。学生以评价对象和评价者的双重身份参与评价过程，充分发挥学生的主体作用；同时，让家长参与评价过程，调动家长的积极性，是一种可以广泛推行的评价方法。

（2）观察法。通过有目的、有计划地观察学生在日常学习中的表现并加以记录，对学生历史学习的成效作出较为全面的评价。观察法有自然观察、选择观察和实验观察等几种。观察记录也有各种方法，如设计观察表格来记录整个学习过程中学生在知识、技能、行为和情感等方面的变化，观察的项目可以预先设计在表格里，也可以随时择取。表格可以与学生档案放在一起，也可以挂在教室的墙上，让学生了解自己的进步。例如，对学生在抗美援朝专题讨论会上的各种表现，如探究问题、语言表达、人际交流、参与活动的积极性和方式方法、对抗美援朝的态度等，进行观察，及时提取有价值的信息记入表格，作为整体评价学生历史学习成绩的依据。

（3）活动法。通过活动评价学生学习效果的方法。在教学过程中，可根据学习内容、学生特点和教学条件等，以学生自主活动、直接体验为基本形式进行活动，如历史知识竞赛、制作历史图表、参观考察、社会调查等。通过活动，可以了解学生对历史的直观认识，考查学生综合运用历史知识分析和解决实际问题的能力，从而提高学生历史学习的兴趣，加强学生的综合能力以及发展学生的良好个性。

（4）学生自我评价法。学生在教师指导下，对自己的历史学习成绩进行评价。学生在历史学习过程中，对自己的进步、成果及不足等加以记录，通过自我评价，对自己历史学习的特长及不足等状况有较为清楚的了解，可以加深学生对自己作为学习者的理解，有助于学生认识学习目标以及控制学习进程，增强历史学习的责任感。

（5）测验法。对学生历史学习成果进行数量测定，并对测定结果进行解释、分析和评论，是历史教学中最常使用的一种评价形式。测验法可以评价一个教学单元、一个学期或一个学年历史教学目标的达成情况。要把历史知识和历史能力有机地结合起来加以考查，不但要考查学生再认再现历史知识的能力，更要考查学生综合运用所学知识分析解决问题的能力。同时，测验要充分体现历史课程的综合性特点和独特的情感教育功能。测验的形式应多样化，如在教学过程中进行的形成性测验，就可采取自主测验的形式，让学生分组命题、编制试卷、组织测验、评价总结，使历史测验和学生的学习、活动融为一体，真正成为学习过程的有机组成部分。

8.2.3 课堂教学与高考测量

2010年秋“新课改后高考调研”的历史学科调研报告指出：目前中学历史教学遭遇重大挑战，最关键的是师生们对课标、考试大纲与教材三者关系把握不到位，疑惑很多。历史学科高考内容改革的方向是凸显学科能力的考查，强调学科思维与学科素养的关注、注意测量内容与测量结果的衔接。深化改革的具体内容有三点：一是厘清教学内容范围与深度的区别，解决教师心中考什么的疑惑，提醒师生实现从考什么到考到哪个程度的转变；二是理清教学效果与测量结果之间的关系，解决师生心中怎么答的疑惑，启示师生实现从答什么到可以怎么答的转变；三是看清学科能力培养的阶段性与整体性，解决师生心中为什么学、学什么的根本性疑惑，要求师生实现能力学习与素养提高的统一。①

《历史教学》编辑部曾在2010年秋专门组稿，讨论新课标文综的40题。从历史测量立意角度来看，该题所考查的内容、教学内容和学术内容之间的关系值得重视。明清资本主义的发展、西欧工业革命、历史唯物主义史观是本题考查的基本内容。中学历史教学能够明确教学内容的是明清经济发展、西欧工业革命。围绕此题可能涉及的学术热点有明清中国资本主义发展、资本主义萌芽、工业革命、中西经济发展比较、唯物史观等。因此，三者的内容范围和深度存在一定的距离，考查内容最集中，学术内容最宽泛。但是，三者有着天然的共同之处，就是该题立意的主旨所在，讨论明清时期中西经济发展的比较问题。很多教师认为“资本主义萌芽”讨论已经过时，现在的史学研究成果难以普及，有关考查立意随意等观点应声而来。本题带给我们的启示是，旧的史论可以推翻，但是所针对的问题无法回避。历史测量并非考查对学术热点的熟悉程度。历史测量需要给各个答案提供空间，让各种能力都有足够的空间展示。因此，考查的内容可以既是教学重点，也是学术热点。对师生来说，考什么内容，不仅仅包括知识的范围，更包括能力的程度。对同一知识，同一教学重点，可以测量不同层次的能力。

从历史测量效果角度来看，该题第一问、第二问提供比较固定的标准答案，而第三问提供了一个比较开放的答案，要求学生展开论述。这样呈现梯度的测量设计得到部分老师的肯

---

① 吴四伍．深化历史学科高考内容考查改革的思考．历史教学（中学版），2011，(7)：43.

定，但更多老师对于这种开放性试题表示很大的忧虑。怎样控制主观题的开放度，怎样合理展示学生的学科思维层次，始终是历史测量的核心问题所在。本题答案之所以力图开放，最重要的考虑是怎样合理地完整地展现学生学科思维的差异。对一个有材料、有中心的史学命题怎样论述，怎样做到甄别史料、选裁史料、史论结合，这是开放性试题的魅力所在。

从历史测量目标角度来看，学科能力与学科素养始终是测量的重点目标。本题旨在考查学生对材料的处理能力，对史论的提炼与归纳能力，以及史论结合的基本素养。对学生来说，本题中所涉及的各种知识点需要重点复习，达到熟练掌握的程度，但是，对史论结合、处理材料、提炼观点，这些学科的基本素养，需要长期培养。就这题而言，了解学术动态，能够提出新观点，固然可以成为本题的出彩之处。同时，对学术状态不甚了解，能够熟练掌握知识，深刻理解历史唯物主义史观，同样能够出色作答。从这个角度来看，历史材料及其利用只是给学生提供一个可以展示自己学科思维能力的场域（或平台）。这样场域的提供，应该考虑不同层次、不同种类个体的展示，而不是应该简单的规定可以展示的结果。就如同作文一样，对这样的一个主题，你可以选择不同的主题，不同文体，而不是提供唯一的范本，在这一层次，历史学科大型主观题的开放度与思维层次的考查值得认真探讨。我们不仅要考查基本知识、具体知识，更重要的考查学生长期培养或者形成的特殊的学科能力，这样才能达到历史测量的真正目标。

可见，研究高考的变革趋势，能够深化推进教、考的两方反思与共同实践，才能切实完整学科能力培养体系。能力体系的学科化是整个考试内容改革的关键所在。历史学科最本质的能力的实质与内涵怎样确定？怎样在历史教学中探讨与推广？怎样通过教考两方面共同探索，怎样共同实践，最终实现学科能力的健康培养与考查？这些问题都需要在教学实践和测量实践中反复讨论和验证。

8.3 历史教学中的课堂观察与评价
——以《从“师夷长技”到维新变法》一课为例

8.3.1 《从“师夷长技”到维新变法》内容分析

1. 课程标准的要求

了解鸦片战争后中国人学习西方、寻求变革的思想历程，理解维新变法思想在近代中国社会发展进程中所起的作用。

2. 各版本高中历史教科书的具体安排

人民教育出版社高中历史教科书必修二第五单元第一课《从“师夷长技”到维新变法》；

人民出版社高中历史教科书必修一专题三第一节《“顺乎世界之潮流”》；

大象出版社高中历史教科书必修三第三单元第八课《近代的维新变法思想》；

岳麓书社高中历史教科书必修三第五单元第 21 课《西学东渐》。

3. 本课重点内容分析

伴随着鸦片战争的隆隆炮声，无情的现实逼迫着中国人不得不对国家民族的处境与前途重新进行思考。如何对待新来的西方文化问题，如何对待本国的固有文化，如何对待中西文化的关系的问题，成为寻求救国方案的仁人志士们思考的重大时代课题。林则徐、魏源开眼看世界，再次掀起“经世致用”的学风，自觉地号召要在“洞悉夷情”的基础上“师夷长技”，从而达到“制夷”的目的，有学者指出：“作为‘制夷’的应急对策来看，‘师长’之说并未能受到当局的采纳而生实效；作为中国近代认识西方与学习西方的文化思潮的兴起来看，‘师长’之说却是最初的萌动、有力的催发。”从思想文化史的角度来看，林则徐、魏源的“师夷长技”开了中国近代向西方学习的先河。①

在英法联军直逼北京与太平天国运动席卷东南这一内外交迫的形势下，旧的文化营垒中分化出主张向西方学习科学技术的洋务派。在“中学”和“西学”思想的碰撞和抵牾下，洋务运动未能使中国富强，但中国工业化正式启动了。民族资产阶级登上历史舞台，承续着早期维新思想的康有为毅然发出要抑君权、伸民权、开国会、定宪法的呼声。严复翻译的《天演论》敲响了国人如不发愤图强即将亡国灭种的警钟。康有为、梁启超的“新学”开了中国近代资本主义思想潮流的先河。

从“师夷长技以制夷”新思想的萌发到康有为、梁启超的维新思潮的涌动和实践，贯穿了晚清五十年的时间，其间经历了从器物变革到制度变革的历程，但是无论是器物变革的思想还是制度变革的思想，都未能真正改变中国落后的现状。从思想史的角度上来说，从“师夷长技”到维新思想是前后继承和发展的关系。

8.3.2 案例展示与分析

1. 案例展示（第 14 课《从“师夷长技”到维新变法》）

本课重新整合为千年变局、苦苦求索、以史为鉴三部分。

千年变局。播放一段中西实力地位易位的视频，伴以问题：人类社会发生了前所未有的巨变指什么？（预期效果：学生回答——西欧资本主义崛起。）（多媒体展示数轴，列明发展轨迹）崛起后的西方为了获取更广阔的原料产地和商品、资本市场，纷纷把侵略矛头指向中国，先后发动了鸦片战争、第二次鸦片战争、甲午战争、八国联军侵华等一系列侵华事件。一个天朝大国被一个个蛮夷小邦打败，震惊之余，一批先进的仁人志士开始从天朝大国的迷梦中惊醒，掀起一股向西方学习以强国御侮的潮流，一浪高过一浪。

苦苦求索——“开眼看世界”

自主学习：阅读课本第 68 页填写学案相关内容，并找出疑难点。点拨“开眼”指什么？有何意义？

最后，在多媒体课件的数轴上强调坚船利炮、开眼启迪这几个知识点，并导入下一部分——由于统治者的愚昧和“贵华夏贱夷狄”观念的根深蒂固，林则徐向西方学习的思想并未付诸实践，第一代探索者的声音显得这样微弱。直到危机再次降临：

1856 年清朝皇帝咸丰帝可谓坐立难安，为什么？

1856 年当太平军闹得正凶时，英法联军发动第二次鸦片战争，内外交困下的清政府为挽救封建统治又一次掀起向西方学习的潮流——洋务运动。

创设情境：展示洋务运动实践的四幅图片。

提问：洋务运动向西方学的是哪个层面？（预期效果：学生回答——器物或技术。）这恰

---

① 丁伟志，陈崧．中国近代文化思潮（上卷）·中体西用之间——晚清文化思潮述论．北京：社会科学文献出版社，2011：32.

恰体现了洋务运动的指导思想——中体西用。

学生齐读："中学为体"是以中国的纲常名教作为决定国家命运的根本；"西学为用"是采用西方资本主义国家的近代科技，仿效西方国家在教育、武备等方面的一些具体措施举办新政，来挽救江河日下的封建统治。

合作探究：中体西用自近代以来备受争议，众说纷纭，搜集部分学派或史学家的看法，看看赞同哪种看法还是另有其他见解，并说出理由。

洋务派：中国文武制度，事事远出西人之上，独火器不能及。中国欲自强，则莫如学习外国利器，欲学习外国利器，则莫如觅制器之器，师其法而不必尽用其人。（李鸿章）

顽固派："立国之道，尚礼义不尚权谋，根本之图，在人心不在技艺"，"以忠信为甲胄，礼义为干橹"。（倭仁）

早期维新派："余平日历查西人立国之本，体用兼备。育才于书院，议政于议院，君民一体，上下同心，此其体也。练兵、制器械、铁路、电线等事，此其用也。中国遗其体而求其用，所以事多扞格，难臻富强。"（郑观应《盛世危言》）

维新派：严复斥笑中体西用论为风马牛不相及："有牛之体则有负重之用，有马之体则有致远之用，未闻以牛为体以马为用者也。"

现代史学界：要正确评价洋务运动，首先必须搞清楚洋务运动的起因和目的。洋务运动目的主要是为了挽救和维护摇摇欲坠的清朝封建统治，对付当时爆发的太平天国和捻军等农民起义军。洋务派认为太平天国和捻军起义是"心腹之害"，外国列强只不过是"肘腋之忧""肢体之患"，故"灭发（指太平军）捻为先"。洋务派所标榜的"自强""求富"是自强不强、求富自富。（党德信《对洋务运动的评价要恰如其分》）

"中体西用"是在维护"中体"的名义下采纳西学的，久被判为包庇封建罪。须知那个时候的中国，要在充斥封建主义旧文化的天地里容纳若干资本主义的新文化，除了"中体西用"还不可能提出更好的宗旨来。如果没有"中体"作为前提，"西用"无所依托，它在中国是落不了户的。因此，"中体西用"毕竟使中国人看到了另外一个陌生的世界，看到了那个世界的部分，并设法把这部分引进到中国来。（陈旭麓《论"中体西用"》）

西方史学界：应该说，张之洞及其支持者在理论上（"中学为体，西学为用"之说）误用了理学的二元论，因为"体"和"用"作为一个统一体的互相关联的两个方面，是不可分割的。不过这种说法具有心理意义，因为它便于中国实行现代化，而不致丧失其文化特性。尽管其效力令人怀疑，但它象征着中国对西方的矛盾态度。

预期效果（学生讨论）：

观点一：洋务派以中体西用为指导思想，把西方先进的科技嫁接到中国落后的制度上，是不可能成功的，甲午战争的战败就说明了这一问题，在世界资本主义潮流下洋务派维护清朝封建统治的初衷就决定了这一结局。

观点二：我赞成陈旭麓先生的观点，"如果没有'中体'作为前提，'西用'无所依托，它在中国是落不了户的"，中体西用的提法冲击了传统"夷夏之辩"的保守观念，为西学在中国的传播创造了良好的舆论环境。

观点三：我赞成西方史学界的观点，虽然中体西用体用不统一，但在它指导下洋务派毕竟迈出了近代化的第一步，在中国近代化征程上作出了不可磨灭的贡献。

教师总结：我想无论哪一方观点在以下诸点能达成共识，洋务派在中体西用指导下仿造器物，为西学在中国更广泛地传播奠定了基础，使师夷长技的思想付诸实践，我简称西学落户。继续在累积式结构图上展示“仿造器物西学落户”等要点。

教师过渡：但正如你们今天的分歧一样，在19世纪70年代随着洋务运动的开展，伴随着民族资本主义的产生和西方资本主义思想文化的传入，一批积极参与或与洋务有密切联系的有识之士开始质疑并觉察到仅局限于器物层次是远远不够的，这些人就是以王韬、郑观应为代表的早期维新派。阅读课本69页，看看早期维新派与洋务派相比有哪些进步之处？

此处只要突出早期维新派进步之处——要变革制度，实行君主立宪，但并未付诸实践。

教师过渡：那么是什么促使主张变革制度的维新思想得以实践呢？

预期效果：学生回答——甲午中日战争中国战败，民族危机加深。

中华民族到了亡国灭种的紧要关头，于是以康有为、梁启超为代表的民族资产阶级继续踏上求索之旅。

屏幕显示：

（1）结合材料归纳康有为、梁启超的主张。

材料1　东西各国之强，皆以立宪法开国会之故……伏乞上师尧舜三代，外采东西强国，立行宪法，大开国会，以庶政与国民共之，行三权鼎立之制，则中国之治强，可计日待也。（康有为《请定立宪开国会折》）

材料2　变法之本，在育人才，人才之兴，在开学校；学校之立，在变科举；而一切要其大成，在变官制。（梁启超《变法通议》）

预期效果：学生归纳出立宪法、开国会、实行君主立宪，必须进行政治制度变革等要点。

（2）结合康有为的著作解析康有为宣传维新变法的特点及成因。

特点：把西方资产阶级政治学说与儒家思想相结合。

顽固派指责康有为“其貌则孔也，其心则夷也”。

思考：康有为为什么采用这个办法宣传西学？（提示：结合时代背景和康有为自身因素作答）

成因：①民族资本主义发展不充分，民族资产阶级力量弱小（此深层因素需引导学生，可以尝试用原理引导，即一定思想是一定社会的政治经济在意识形态的反映这一原理，也可以类比西方。）②儒家思想仍居正统地位，可以减少变法阻力。③与康有为的个人经历、学问素养也有一定的关系。

（3）结合《点石斋画报》上一幅图片《裙钗大会》（图8-1）思考维新思想的传播在中国近代社会发展中起什么作用？继续在累积式结构图8-2展示要点“变革制度、思想解放”。

至此本课基础知识已进行完，故设计“学以致用，巩固提高”（此处将六位代表人物图像顺序打乱）。从向西方学习的内容和实践程度将以上人物排序并阐明理由；总结近代中国向西方学习的特点。

由学生讨论，最后教师总结：①层次性、渐进性、连续性（器物—制度）；②中国人学习西方、寻求变革的思想历程是与中国的民族危机紧密相连的；③在东西文化碰撞交融下，中国文化经历了一个痛苦的嬗变过程。

以史为鉴。我们学习历史就是要汲取历史的经验教训，以史为鉴。今天重温历史，当新兴工业文明与落后的农耕文明产生激烈碰撞时，无论是林则徐、魏源还是曾国藩、李鸿章，

图 8-1　裙钗大会

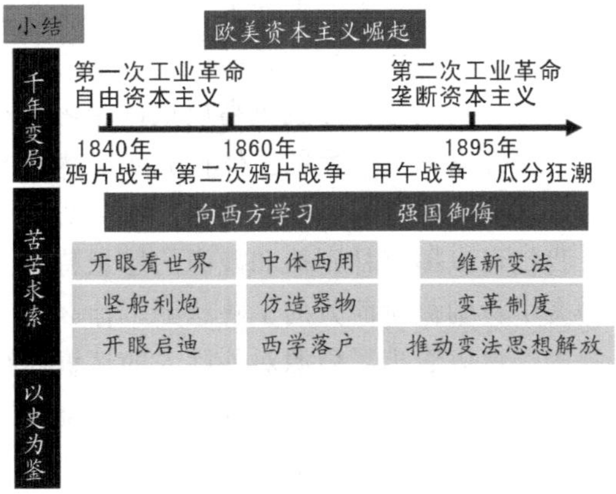

图 8-2　累积式结构图

还是康有为，这些自身拥有浓厚传统文化的中国人为了救亡图存能放开心胸、睁开眼睛关注世界，学习先进，勇于变革，这种精神是值得每一个人学习的。当今在全球化的大潮下，仍然面临着如何处理传统文化与外来文化的关系问题，仍然面临着如何解放思想、富强国家的问题，你认为我们应该怎么做？

预期效果：学生回答——我们应努力学习一切民族的先进之处；——在向外来民族学习的过程中，注意传扬本民族的优良传统；——不断解放思想、开拓创新……

2. 案例分析

课堂观察是教师获得实践知识的重要来源，也是教师用以搜集学生资料、分析教学方法的有效性、了解教学与学习行为的基本途径。《基础教育课程改革纲要（试行）》指出：“强调教师对自己教学行为的分析与反思……使教师从多种渠道获得信息，不断提高教学水平。”课堂观察，是通过观察课堂的运行状况，进行记录、分析和研究，在此基础上谋求学生课堂学习的改善、促进教师专业发展的深层次教研活动。与传统的听评课不同，课堂观察是由明确观察目的、选择观察对象、确定观察行为、记录观察情况、处理观察数据、呈现观察结果等一系列不同阶段的不同行为构成。同时，课堂观察将研究问题具体化为观察点，再对观察结果进行反思、分析、推论，以此改善教师的教学行为，促进学生的学习。

案例注重“情境”——通过图片、视频等方式创设历史情境；注重“协作”“对话”——师生、同学之间的互动交流，共同构建完整的知识结构；注重“意义建构”——通过课堂讨论交流形成正确的价值观，引导学生从历史发展中汲取智慧。采用多种灵活的教学方式进行教学：简单易解的部分自主学习、质疑解疑；难点重点教材解读，拓宽视野；基础知识，当堂巩固；结合现实，畅谈想法。

在教学过程中，执教教师将教材重新编排为三大部分，即千年变局、苦苦求索、以史为鉴，体现出执教教师对于教材的创新意识，以全局观统摄近代思想史的教学，在“千年变局”的讲授中，执教教师用视频导入，用情境再现的方式将学生带回一百多年前的中国，感受当时的世界大势以及中西实力对比的具体氛围。这一教学设计有助于学生理解中国近代思想变迁的根本动因。在“苦苦求索”这一部分，执教教师采取了多种形式处理三个不同时期的思想史变化的过程。

在“开眼看世界”这一环节，主要以学生自学、质疑解疑为主。倡导自主学习、合作探究性学习是新课程改革的核心内容之一。在新课程下，学生本身看做是一个个潜在的课程资源，这种由教师引导、学生相互交流为主的探究式的课堂教学方式，不仅能够解决学生学习中存在的问题，同时还可以引发新的问题，形成更高层次的学习动机和研讨的能力。正是借助这样的自主性、探究性、合作性学习，学生的主体性有了极大发挥。这一环节的知识相对来说是好理解的，但是因为好理解，却容易忽视一些深层次的思考，执教教师没有对这一时期思想界的特点拓展深入。我们可以围绕林则徐和魏源的思想特点，提出以下问题：

（1）在东西方最初的冲突中林则徐对西方的了解达到了什么样的程度？

（2）从“师夷长技以制夷”可以看出了魏源对外国人的认识尚存在什么偏见？

（3）魏源的《海国图志》为什么在中日两国形成不同的“境遇”？

我们强调，“教师在教学设计上比较注重对历史问题的探究；教学过程的进行，教学活动的展开，经常是围绕、伴随着对具体的历史问题的研讨。无论是教师的讲，还是学生的议，很多是在研究和解决问题。一些教师还注重引导学生去思考重大的历史问题，以及较深层次的社会问题。”① 因此，新课程背景下的历史教学对教材知识应更注重拓宽历史知识的内涵与外延，使学生能全面立体地把握历史知识，打破学生固有的历史观念，从而全面把握近代中国向西方学习的历程。

在“中体西用”这一环节的教学中，执教教师为学生提供了中西史学界的部分观点，让学生自由讨论。对中体西用的认识众说纷纭，让学生通过阅读史料形成自己的认识，并相应地掌握了一些评价的标准，如生产力标准、全面分析的标准等。学生的活动是值得肯定的，但是执教教师在总结这一环节讨论的时候，结论过于简略和单一。执教教师本意是希望引出不同立场的材料供学生讨论，但是最后的结论却是“无论哪一方观点在以下诸点能达成共识”，很明显，顽固派和党德信的观点并未赞同“中体西用”有助于推动中国近代化。因此，在这种情况下，执教教师要表明自己的观点和立场，本着科学公正的角度评价“中体西用”，引导学生对“中体西用”有全面的认识。在总结时，可以结合当今学者观点，用如下的材料总结。

① 叶小兵．中学历史课堂教学改革的进展及需要解决的问题．历史教学，2002，(10)：42.

材料 1　“正是在它的庇护下，先进的西方资本主义文化，才得以排除顽固势力的重重阻挠，插足于传统文化的世袭领地，渐渐地扎下根来，并不以人们意志为转移地对于‘中体’、‘中学’以强烈的对比、影响，并且最终卓有成效地改变了它们的面貌”。①

材料 2　“中体西用”是洋务运动中兴起的一种旨在提倡西学的独特的文化观念形态。综观它在洋务运动的全程中所起的作用，“中体西用”论无疑是一种反对守旧排外、提倡文化革新的文化新论。它以“体用”、“本末”的关系，努力论证着中西文化可相容、可以互补，努力论证着中国固有文化可以通过采纳西学而增益新知、焕发生机。因此，可以说，“中体西用”论在洋务运动时期，对于传播西方近代文明，对于中国文化的近代化，起的是标新立异的积极作用。不过，随着国家危机的日益加深，随着人们对于中国贫弱症结所在认识的加深和对于资本主义国家富强成因认识的加深，“中体西用”这种论式的局限性便日益显露出来……事实证明，对传播西方近代文明起了积极作用的“中体西用”文化观，因其自身的局限性和内在的矛盾，无法构成一种严整的新型的文化观念体系。这也恰恰表明，中国社会发展的实际，需要创造一种既符合时代进程又符合中国国情的新文化观的时代使命，已经提上了中国近代历史发展的日程。②

材料 3　历史上反复表明，制度层次的变革非有思想上的变革和启蒙作用支持不可，而李鸿章他们面对的敌人是一群无知的对手，一切有理有据的论证对他们都是无的放矢……更要命的是，包括李鸿章在内的洋务派也逃脱不了“无知”二字。他们虽然呼吁变法，自己并不清楚所谓西方文明、所谓近代工商业究竟是怎么一回事，办起洋务来错误百出。③

在第三部分“维新变法”部分，对早期维新思想不必展开，执教教师在这里的过渡衔接是可以的。康、梁维新思想是教学重点，执教教师用传统的史料教学法，从预期效果来看，学生掌握了康、梁维新思想的要点，也明白了康有为宣传维新变法的特点和成因。但是，执教教师对维新变法的处理稍显单薄，没有更好地体现新课程标准中对这一部分内容的要求。在康有为维新思想特点的教学时，执教教师恰恰并未展示史料来引导学生分析，对梁启超以及严复的思想更是简单带过或者根本未曾提及，因此，从课堂观察来看，执教教师教学设计的不足制约了学生思维的发展，唯一有新意的就是通过《点石斋画报》上的图片《裙衩大会》思考维新思想传播在中国近代社会发展中起到的作用，但是仅凭这一张图片很难完全说明问题。对这一环节的处理，还是应该围绕戊戌变法的措施展开分析维新思想的特点比较好，如可以设问：当光绪帝接受康有为变法主张的时候，维新派的主张悄然发生了变化，激进的主张取消了，取而代之的是保守的思想。为什么会发生变化？通过这一设问，让学生更清楚康有为早先的维新思想在其具体实践中的形成差异的社会文化根源。此外，还应强调严复的思想。教材中严复主张国家属于人民，王侯将相是人民的公仆的观点，这一观点并不是严复最重要的思想。严复真正在思想界引起社会震荡的是他翻译的《天演论》，即严复将达尔文的进化论学说引进中国，激励国人发奋图强，奋起直追。

---

① 冯天瑜．中华文化史．上海：上海人民出版社，2005：774.

② 丁伟志，陈松．中国近代文化思潮（上卷）·中体西用之间——晚清文化思潮述论．北京：社会科学文献出版社，2011：148，149.

③ 刘大椿，吴向红．科学苦旅——科学·社会·文化．南昌：江西高校出版社，1995.

最后一个环节“以史为鉴”是本节课的升华。“读史明智”，学生的感悟可以使所学知识的记忆更为持久。执教教师引导学生从历史中汲取智慧，激励学生为建设繁荣开放的新中国而博采众长、奋发图强。历史知识和综合能力存在着依存和递进的关系，符合学生认知—理解—运用的学习规律，这种学习规律也是我们在教学中一直积极贯彻的方法。但是，在最后这一环节中，学生感悟有些空泛，缺乏实际意义，这一设计并未实现原本预期的学生积极感悟的效果，仿佛更像是为了整节课的完整而设计的无足轻重的环节，因此这一环节的设计应该有更好的方式，或者说，除了让学生得到现实的感悟之外，还能够提出一些较有深度的话题供学生思考，比如，可以设计如下话题：“世异时移，今非昔比，来势迅猛的欧风美雨，迫使中国的文人学士们再也无法照旧陶醉在往日的辉煌中。从此，关心国事、关心国学的人，便不得不认真考虑在西方文化冲击下中国文化的命运这个时代课题。众多有识之士开始严肃思考和苦苦索解：中西文化的大交流，对于中国文化来说，究竟是祸事还是幸事？是凄惨的劫难，还是发展的良机？”这一问题不需要学生当堂作出回答，但是可以让学生在课后通过查阅中西文化交流的书籍得到启示。这一问题的设计关注的不仅仅是历史，也是现实，而且其深度比执教教师最后的以史为鉴更具有可思考的价值，对于文科基础好的学生而言，可以激发其进一步关注中西文化的求知欲。

如何形成良好的课堂教学，对这节《从“师夷长技”到维新变法》而言，教学的方式和手段是多样，如何引起学生对课堂形成活跃，有教师有如下的教学设计。

以人物为导向讲述中国近代思想变迁：从“师夷长技”到维新思想。

导入设计：从谷歌退出中国市场的事件导入本课内容。

两面的林则徐：

（1）我们熟悉的林则徐：英雄（史料略）；

（2）你不知道的林则徐：明哲保身的士大夫（史料略）。

不一样的李鸿章：

（1）先进的李鸿章：学西方的技术，实行变革（史料略）；

（2）彷徨的李鸿章：顽固派的阻挠（史料略）；

（3）传统的李鸿章：维护清王朝的统治（史料略）。

变法的康有为：

（1）强烈救世的康有为：学习西方的制度（史料略）；

（2）无奈的康有为：推行变法的务实（史料略）。

教师小结：（略）

以上的设计比较容易达到《历史课程标准》要求的“在掌握基本历史知识的过程中，进一步提高阅读和通过多种途径获取历史信息的能力”，而且对更深层次的能力的培养，即“通过对历史事实的分析、综合、比较、归纳、概括等认知活动，培养历史思维和解决问题的能力”也能比较轻松实现。但是在上述案例运用史料的过程中，可能会出现科基础好的学生对史料的分析比较准确，但是文科基础差的学生却显吃力，学生的辩证思维能力能否得到充分展现，在上课之前无法准确预期。从课堂观察，教学设计不仅仅要求教师备教材，同时也需要备学生，设计适应不同层次学生需要的问题。

8.4　达标测试卷的编制——以《古代中国的政治制度》单元为例

8.4.1　《古代中国的政治制度》的内容分布

1. 课程标准的要求

（1）了解宗法制和分封制的基本内容，认识中国早期政治制度的特点。

（2）知道“始皇帝”的来历和郡县制建立的史实，了解中国古代中央集权制度的形成及其影响。

（3）列举从汉到元政治制度演变的史实，说明中国古代政治制度的特点。

（4）了解明朝内阁、清朝军机处设置等史实，认识君主专制制度的加强对中国社会发展的影响。

2. 各版本高中历史教科书的具体安排

人民教育出版社高中历史教科书必修一第一单元《古代中国的政治制度》；

人民出版社高中历史教科书必修一专题一《古代中国的政治制度》；

岳麓书社高中历史教科书必修一第一单元《中国古代的中央集权制度》；

大象出版社高中历史教科书必修一第一单元《古代中国的政治制度》。

3. 达标测试卷分析的说明

《古代中国的政治制度》在现行各版本高中历史教材中均属开篇之作——都是必修一模块的第一个单元，各版本教材的内容编写上虽有差异，但无不符合和体现了课程标准对这一单元的要求。以下引用的《古代中国的政治制度》达标测试卷针对的是 2011 年广东省所用的岳麓版教材，该版本教材在新课程标准的宏观指导下，将古代中国的政治制度整合为《夏商制度与西周封建》、《大一统与秦朝中央集权制度的确立》、《古代政治制度的成熟》、《专制集权的不断强化》等四课内容，重点讲述了夏商两代的政治制度、周朝的封邦建国、宗法制度、秦朝的统一、“始皇帝”与三公九卿、郡县制、三省六部制、选官制、监察与谏议制度、汉唐的地方割据与集权措施、明清皇权的不断强化等历史史实。由于其符合课程标准要求，该达标测试卷应同样适用于新课程标准下的其他版本教材的适用省份，故在此引用分析应具有普遍性。

8.4.2　《古代中国的政治制度》的达标测试卷

古代中国的政治制度

1. 秦汉的三公九卿制中，政府官员明显具有皇帝家仆性质；隋唐的三省六部制，把皇帝家仆正规化、权力化；明清取消宰相制，皇帝直接指挥六部，把家族式统治扩大到整个国家机器。这一过程主要体现了

A. 中央集权不断加强　　　　B. 君主专制不断强化

C. 宗法制度不断加强　　　　D. 郡县制度不断强化

2. 有人将“分封制”称为“封建制”，是指古代帝王列土封疆、封邦建国的制度，被封

诸侯拥有自己的领地。按照上述定义，下列现象不属于分封制的是

A. 周天子封功臣姜尚于齐地　　B. 汉高祖封侄子刘濞为吴王

C. 明太祖封四子朱棣于燕地　　D. 康熙封四子胤禛为雍亲王

3. 宋仁宗年间，有官员反映，那些应该穿皂衣的仆役小吏，居然也穿戴儒巾大袖，混杂于士流；民庶的妻小，头冠也插满珠翠，俨然贵族。这现象表明

A. 宋代经济繁荣人民富庶　　B. 宋代贵族门阀制度松动

C. 宋代中央集权制度加强　　D. 宋代君主专制制度强化

4. 中国早期政治制度的特点是“家”和“国”紧密结合在一起，在古代中国的政治制度演变过程中，对这种家国一体的政治造成冲击的有

①宗法制　②郡县制　③三省六部制　④科举制

A. ①②③　　B. ②③④　　C. ①③④　　D. ①②④

5. 有学者经研究发现，宋代经常出现县官职位空缺，无人愿意履职的现象，即使在江南富庶之地也同样如此。出现这一现象最可能的原因是

A. 中央集权过度，地方权力衰弱　　B. 文化教育落后，官僚人才缺乏

C. 商品经济发达，弃官从商普遍　　D. 经济重心南移，文人弃北趋南

6. 清代独创密折陈奏制度。所谓“密折”，其实就是“密奏”，一般只有皇帝和陈奏人知道。这主要表明

A. 清代皇帝更体恤民情　　B. 清代皇帝较历代开明

C. 君主专制进一步加强　　D. 清代已出现民主萌芽

7. 斯塔夫里阿诺斯在《全球通史》中说：中国人的姓总是位于个人的名字之前，而不像西方那样，位于个人的名字之后。中国人重视姓氏的现象主要反映出

A. 男尊女卑思想严重　　B. 家族宗法观念浓厚

C. 个人观念的淡薄　　D. 专制王权的强大

8. “摆尾摇头，便道是圣门高第。可知道三通、四史是何等文章，汉祖、唐宗是哪一朝皇帝?”此语讽刺的可能是

A. 九品中正制　　B. 察举制　　C. 世卿世禄制　　D. 八股取士

9. 据成书于清代的《华西邹君记》记载，苏州有一邹姓富户立下遗嘱将名下一千亩土地交给儿子，其余三千亩捐给义庄，以接济族人。这表明

A. 重农思想影响工商业发展　　B. 宗族在古代有存在的必要性

C. 租佃经营成为主要的经营方式　　D. 清代土地公有制缓慢发展

10. 围绕中国古代是否属于专制政体，西方学者曾进行了长期的论战。阅读下列材料，结合所学知识回答问题。

材料 1　虽然我们已经说过中国的政府形式是君主制……它还在一定程度上是贵族政体……我已做过彻底的调查研究，可以肯定下述情况是确凿无疑的，那就是：皇帝无权封任何人的官或增加对任何人的赐钱，或增大其权力，除非根据某个大臣提出的要求这样做。

——摘编自利玛窦、金尼阁《利玛窦中国札记》

材料 2　我们的传教士们告诉我们，那个幅员辽阔的中华帝国的政体是可称赞的，它的政体的原则是畏惧、荣誉和品德兼而有之……是不是我们的传教士们被秩序的外表所迷惑了

呢？是不是因为在那里，不断地行使单一的个人意志，使他们受到了感动呢？

——摘编自孟德斯鸠（1689—1755）《论法的精神》

（1）利玛窦与孟德斯鸠的观点分别是什么？

（2）结合材料分析，你认为谁的观点更可信？请结合作者表达的观点的依据及所处的时代背景，阐明你的理由。

（3）据清华大学侯旭东教授研究，“中国专制说”在欧洲萌生，代表的是西方人的中国观，这种观点在近代传入中国，短时间之内便被广泛传播。请结合时代背景，简析“中国专制说”在近代中国得以广泛传播的原因。

11. 阅读下列材料，结合所学知识回答问题。

自古帝王临御天下，（皆）中国居内以制夷狄，夷狄居外以奉中国，未闻以夷狄居中国制天下也。自宋祚倾移，元以北狄入主中国，四海以内，罔不臣服，此岂人力，实乃天授。彼时君明臣良，足以纲维天下；然达人志士，尚有冠履倒置之叹。自是之后，元之臣子，不遵祖训，废坏纲常，有如大德废长立幼，泰定以臣弑君，天历以弟鸩兄，至于弟收兄妻，子烝（淫）父妾，上下相习，恬不为佐（怪），其于父子、君臣、夫妇、长幼之伦，渎乱甚矣！夫人君者，斯民之宗主；朝廷者，天下之根本；礼义者，御世之大防；其所为如彼，岂可为训于天下后世哉！及其后嗣沉荒，失君臣之道，又加以宰相专权，宪台（御史台）报怨，有司（官吏）毒虐，于是人心离叛，天下兵起，使我中国之民，死者肝脑涂地，生者骨肉不相保，虽因人事所致，实乃天厌其德而弃之之时也。古云“胡虏无百年之运”，验之今日，信乎不谬（错）。

当此之时，天运循环，中原气盛，亿兆之中，当降生圣人，驱逐胡虏，恢复中华，立纲陈纪，救济斯民。今一纪于兹，未闻有济世安民者，徒使尔等战战兢兢，处于朝秦暮楚之地，诚可矜闵……

予恭承天命，罔敢自安，方欲遣兵北逐胡虏，拯生民于涂炭，复汉官之威仪。虑民人未知，反为我雠，挈家北走，陷溺尤深，故先谕告……

——摘编自《朱元璋北伐檄文》（1367 年）

（1）朱元璋在檄文中利用了哪些思想论证其北伐合理性？

（2）元代出现“宰相专权”的制度因素是什么？其后朱元璋是如何解决这一问题的？

（3）朱元璋提出北伐目的是“驱逐胡虏，恢复中华，立纲陈纪，救济斯民”，这与孙中山三民主义有何本质不同？

（4）某学者采用这篇檄文来论证元代政治混乱、社会凋敝的观点，对此你有何看法？

[参考答案]

1. B　2. D　3. B　4. B　5. A　6. C　7. B　8. D　9. B

10.（1）利玛窦认为中国古代并不是严格意义上的专制政体（或一定程度上是贵族政体）。孟德斯鸠认为是专制政体。

（2）利玛窦的观点更可信。理由：利玛窦曾经长期生活在中国，获得的是第一手史料；利玛窦没有强烈的政治目的。孟德斯鸠依据的是第二手史料，根据来华传教士传递的信息推导出来的结论；孟德斯鸠处于反专制的启蒙时代，带有强烈的政治目的。

（3）经济：民族资本主义的产生与发展；政治：民族资产阶级希望建立资产阶级民主政体；思想："专制说"有利于宣传西方启蒙思想，是抨击清政府统治的有力工具。

11.（1）夷夏大防思想，儒家仁政思想，儒家伦理道德思想，宗法思想，天人感应和君权神授思想，阴阳五行说。

（2）元代废除三省制，只保留中书省，统领六部，集决策权和执行权于一体，对皇权构成威胁。朱元璋废丞相，皇帝直接统领六部，加强专制皇权。

（3）不同：朱元璋这一思想的核心是恢复汉族及儒家文化的统治地位，达到夺取政权建立专制统治的目的；而三民主义的核心是通过推翻清政府的专制统治建立民主共和国，在本质上是不同的。

（4）该檄文属于第一手史料，要注意作者的立场，应谨慎使用。①

8.4.3 案例点评与分析

本案例试题命制的能力立意较高，重在考查学生多方面、多层次的知识与技能，而且也非常重视对学生"过程与方法"的考查，符合新课标的要求。全卷围绕着《古代中国的政治制度》单元展开多方位、多视角的考查，既考查了分封制、宗法制、历代专制集权制度的强化等重要的史实知识，也考查了多种能力。以主观题为例，第 10 题第（1）问考查了获取和解读信息的能力、描述和阐释事物的能力，第（2）问重点考查了论证和探讨问题的能力，也隐性地考查了调动和运用知识的能力。仅仅两问就涉及四种能力的考查，这与试题的立意与考查目的无不相关，体现了新课标下试题命制的方向与趋势。全卷在考查知识与技能的同时，高度关注对学生"过程与方法"的考核与引导。例如，第 10 题第（2）问（要求学生回答谁的观点比较可信）、第 11 题第（4）问（要求学生对学者引用朱元璋檄文论证自己观点来发表看法）等就是对历史学习"过程与方法"方面的考查。要求学生对历史史料的分析、甄别、应用等有正确科学的方法与态度，这是在过去重知识轻能力、重结果轻过程的传统试卷中是较少看到的试题，是本套测试卷的一大亮点。在该卷的引导与示范下，学生就会重视不同能力的培养，关注历史学习的方法与过程，以加强人文素养。

学界视点

命题的第一步是要确定命题的立意，所谓立意，是指试题所确立的主题，试题围绕哪个主题展开，引导学生关注何种现象，体现怎样的能力考查主旨。试题的立意是试题设计的核心，统率着试题设计的各个步骤。一般来说，立意要尽量向高考的范题靠，立意要高，尽可能凸显时政热点，体现国家意志，体现新课程所倡导的新史学观。②

可能是受题量的限制与影响，此套测试卷对于新课标要求的部分重点内容考查较少、较浅，例如，认识中国早期政治制度的特点、了解中国古代中央集权制度的形成及其影响、说明中国古代政治制度的特点、认识君主专制制度的加强对中国社会发展的影响等新课标要求

① 任永民，朱命有．《古代中国的政治制度》的达标测试卷．中学历史教学参考，2011，(8)：56.

② 祝旭东．高中历史试题的命制．历史教学，2006，(7)：59.

的内容上涉猎不足。主观题更多地在跨模块、跨单元地进行古今中外的综合考查，但对本单元应完成的教学要求的考查明显不足。

以教育的目的和课标的要求而言，本案例侧重于“知识与技能”、“过程与方法”，但是对“情感态度与价值观”的考查则不太明显和到位，甚至有所忽视。我们今天的历史教育，要求学生“通过历史学习，进一步了解中国国情，热爱和继承中华民族的优秀文化传统，弘扬和培育民族精神，激发对祖国历史与文化的自豪感，逐步形成对国家、民族的历史使命感和社会责任感，培养爱国主义情感，树立为祖国现代化建设、人类和平与进步事业作贡献的人生理想。”① 如果忽视这一目标，显然是对历史教学作用和意义的弱化，也无法帮助学生建立正确的情感态度与价值观。本案例对封建社会后期——明清时期考查较多，提供的负面史料较多，更多地强化了中国古代政治制度专制、腐朽的印象，不能帮助学生正确全面地认识古代中国的政治制度的特点及作用。本套测试卷应该适当增加部分从秦到唐的相关试题（许多政治制度是有利于国家统一、有利于人才的选拔、有利于提高行政效率等），既显试题考点分布的合理，又能帮助学生形成对古代中国政治制度特点及作用的正确掌握，有利于培养学生的情感态度与价值观。的确，直接通过试题考查学生的“情感态度与价值观”是不好操作的，但完全可以将“把情感态度与价值观”作为试题的立意，融入试题中，使考试测量成为在情感态度与价值观方面再教育的过程，也可以改变以往从知识和能力来制定评分标准的方法，把情感态度与价值观列为评分标准之一。由于本测试卷针对的古代史内容离现代社会很遥远，很难在试题上凸显时政热点、体现国家意志，但完全可以渗透新课程所倡导的新史学观，如文明史观、全球史观。特别是将中国统一多民族国家的发展与古代政治制度进行联系，从中找到很多闪光的因素，从而从积极面引导学生思考，即使是消极面也应引导学生多反思，从中得出有益于时代发展的启示。

学界视点

如何给历史情景题下定义呢？笔者认为，历史情景题的构成一般由创设情景的题干（透露时间、人物、事件、观点等有效信息）、驱动问题探究开展的设问（提出要解决的历史问题）、备选项（需要依据所学知识对其理性辨析，去伪存真。非选择题不要此部分）三部分组成。其基本特征表现为：通过图表、史料、故事、生活情景等构筑具体生动的特定历史情景，将教材考点融入其中，使学生能够跨越时空“身临其境”体验鲜活有趣的历史，同时在解题过程中考查学生的思考和探究能力。

历史情景题在教学过程和教学评价中具有重要作用。首先，它有利于培养学生学以致用的生活思维方式。将学生融入“活生生的历史”中去，加强了学生与生活经验、社会实际的联系，培养了他们用历史知识解决实际问题的意识，体现出新课标背景下教学和评价要“有利于学生学习方式的转变，倡导学生主动学习，在多样化、开

① 中华人民共和国教育部．普通高中历史课程标准（实验）．北京：人民教育出版社，2003：5.

放式的学习环境中，充分发挥学生的主体性、积极性与参与性”。其次，历史情景题有利于培养学生的探究和分析问题的学习能力。在解题过程中，学生不能单纯靠死记硬背，而要学会从历史情景中提取有效信息，运用所学知识进行合理缜密的梳理、分析和整合，学生把解题当成发现问题、解决问题、获取知识的途径，这也正是研究性学习和新课程改革的宗旨所在。再次，历史情景题还扩大了命题空间。以往考试命题完全依纲据本不易发挥，试题答案大多在教材中，很多学生靠死记硬背应付历史考试。而通过创设新颖的情景，充分发掘了教材中的趣味因素，能有效避免历史教学中猜新题做老题的弊病，真正做到培养学生分析和解决问题的能力。最后，设计历史情景题有助于提升教师自身的综合能力。教师收集历史材料提炼有效教学信息、运用材料创设情景编写试题，既是对学生进行有效教育评价，培养学生学习能力，也是教师在教学实践中的自我反思和能力提升，进一步提高驾驭运用教材实现教学目标的能力。①

正如美国著名心理学家布鲁纳所说：“学习的最好刺激，是对学习材料的兴趣。”新颖的情境能让学生在强烈求知欲驱动下怀着愉悦的心情探究历史，培养创新思维。本案例则体现了新课程背景下测试卷的一个重要特点——情景创设。全卷的 9 道客观选择题与 2 道主观材料问答题中除第 4 题的情景创设不太明显外，其余 11 道题均是通过丰富的史料、故事、生活情景等构筑了具体而生动的特定历史情景去进行对学生能力的考查，这是该测验卷成功的一个重要方面。例如，第 3 题的情景创设：“宋仁宗年间，有官员反映，那些应该穿皂衣的仆役小吏，居然也穿戴儒巾大袖，混杂于士流；民庶的妻小，头冠也插满珠翠，俨然贵族。”通过该情景的展现，让学生仿佛看到宋仁宗年间民间的服饰变化，从而身临其境，也自然而然地产生了强烈探究的要求。第 5 题创设的情景类似于第 3 题：“有学者经研究发现，宋代经常出现县官职位空缺，无人愿意履职的现象，即使在江南富庶之地也同样如此”，这一新的研究史料的展现让学生无不产生了疑问与好奇，加大了探究思考的吸引力，成功地达到了考查的效果。

该案例的情景创设的成功不仅体现在题干上，在备选项的设计上也颇花心思、匠心独运。例如，第 2 题，虽然题干引用的只是分封制的定义，并无故事、史料或生活情景，但四个备选项（A. 周天子封功臣姜尚于齐地/B. 汉高祖封侄子刘濞为吴王/C. 明太祖封四子朱棣于燕地/D. 康熙封四子胤禛为雍亲王）则像四幅历史画卷，交代了不同画卷中的时间、人物，甚至地点，而且措辞表达严整精准相似，让学生的解题过程既有如入历史画卷之真实，又有判断比较之困惑，情景创设让学生解题充满了乐趣与挑战。又如第 5 题要求学生探究宋代官职空缺的原因，四个备选项（A. 中央集权过度，地方权力衰弱/B. 文化教育落后，官僚人才缺乏/C. 商品经济发达，弃官从商普遍/D 经济重心南移，文人弃北趋南）的情景创设各有侧重，有经济方面的，有政治方面的，还有文化方面的，其中有真实信息，也有虚假信息，在文字表述上文体格式也力求一致，真真假假、虚虚实实的情景罗列在一起大有“乱花渐欲迷人眼”之势，极大地提升了该题的命题水平与考查力度。

---

① 徐继宽．让历史试题充满吸引力——以《破解生命起源之迹》命题实践为例．教学与管理，2011，(01)：64.

可以说，好的情景创设是试题成功的基础，往往起到了事半功倍的效果，不仅让试卷活泼丰富、引人入胜，而且引导学生去体验分析、思考探究，对学生的能力要求高于机械的死记硬背和简单的应试选择。从测试的形式、内容、目的而言，情景创设题的这些优点是传统试题刻板地考知识点、教条地考历史现象、机械地考历史思维等无法比拟的。

但需要指出的是，该达标测试卷在情景创设上也存在以下不足。

一是对图表的使用欠缺，仅局限于历史史料、生活情景、故事类的文字情景创设。我们知道，图片和表格的特点与优点是文字资料无法替代的，图片的效果能引起直观、真实、活化历史的效果，使卷面图文并茂、新鲜生动、活泼美观，做题时仿佛置身于历史情境之中和历史一起潮起潮落。对图片和表格的使用不仅会丰富试题的展现形式，还能给学生更多渠道的信息、展现更多文字资料无法展现的情景，并通过设问去考查学生看图、读表、分析甄别等能力。如果能补充一些图表情景题，这套测试卷将会更丰富多元，考查更有力到位。

二是主观题的情景创设略显沉闷、简单。例如，第 11 题共有 4 道问题，而题干只引用了朱元璋的一段篇幅较长、文意较难的引文作为背景资料。学生艰难地将材料读懂读完后，一口气要回答后面的 4 个问题，其中有的问题与材料并无关系，极大地降低了背景材料的价值与信度。不如将材料精简压缩，删除一部分与本题关联不大的材料，添加一些更有价值的情景资料。第（3）问要求学生将引文中的一句话与孙中山三民主义进行对比，提问突兀和直接，不如在材料背景中添加一段有关三民主义的引文或图片，从而引导学生思考二者相似语句下的不同实质，更具比较性与探究性。

三是个别情景创设的科学性、严谨度不够。例如，第 11 题第（4）问的情景创设立意很好，旨在考查学生的历史研究方法的掌握，很符合新课标精神。但是将“学者”作为这一情境的主角则有些欠妥，不如换成“某位历史系学生”或“某一高中历史研究小组”更为真实合理，否则会给学生造成历史学者研究不严谨和不可信的印象。又如第 6 题（关于清代“密折”），其四个备选项（A. 清代皇帝更体恤民情 B. 清代皇帝较历代开明 C. 君主专制进一步加强 D. 清代已出现民主萌芽）中除 C 项外的其他三项情景创设与题目内容相差太远，迷惑性低，不能实现科学考查学生的目的，意义不大。

本案例《古代中国的政治制度》作为高中备考复习的测试卷，并未标注清楚其适用范围及阶段，究竟是单元复习还是最后综合复习的测试卷，直接决定了试卷受测者的水平能力，也决定了该套测试卷的难度要求等测量指标的标高。

由于本案例并未标明其适用阶段，就无法对其难度、区分度等进行测量比较。如果该卷是针对高一学生第一轮学习复习的单元测试卷，那么这套试卷应更多地考查学生对基础知识与技能的掌握情况，对新课标中要求的“始皇帝”、清朝军机处等重要知识应涉及，尽量避免超出学生的认知范围（如第 10 题第（2）问、第（3）问和第 11 题第（3）问）的试题，否则无法进行正常的考查与比较。如果该卷是针对学生专题复习的测试卷，此套测试卷则应尽可能接近和模拟高考试题，提高试题难度和信度，尤其在选择题上要提高备选项的干扰性，甚至更多地进行政治、经济、文化的综合考查，并适当加大题量。

既然是达标测试卷，学生到达何种水平称为达标？笼统地判定显然没有量化的分数合理且易操作。全卷应该注明测试时间（一个小时还是一个半小时）、总分（满分 60 分还是 100 分）、每题分数（选择题分数和主观题小分），还应在答案的具体赋分标准上力求科学、合理，只有这样才能更客观反映不同学生不同能力的水平，才能真正达到测试的效果和意义。这套达标测试卷无疑忽视了这一重要方面。

所以一套试卷必须得有它的评分标准，不管是绝对化的客观赋分，还是分层判定的赋分，都有评定的必要，否则与课堂练习题无异，从而起不到评定的作用。

针对以上对案例的研讨，总结出以下的完善改进建议：

(1) 宏观把握本单元欲考查的考点、目标、难度等，避免出现某些重要考点不涉及、而有的考点反复出现的情况（如第 7 题、第 9 题都是针对宗法制的考核)。确保整套测试卷的考点分布的合理科学、覆盖面宽，考查目标符合国家课程标准的精神，尤其要重视对学生情感态度与价值观的引导与影响。

(2) 对部分情景创设题进行修改，力求情景创设的科学性、有效性、简练性。例如，第 11 题的情景材料过长，应该将与本题无关的材料进行压缩删除；第 11 题第 4 问将“某一学者”作为情景创设的主角有失严谨，应改为“某一学生”或其他。例如，第 6 题将四个备选项难度提高，增加迷惑性，从而增加试题情景创设的有效性。例如，第 10 题创设的是“围绕中国古代是否属于专制政体，西方学者曾进行了长期的论战”，紧接着给出了利玛窦与孟德斯鸠的两段材料，很容易让学生联想到二人激烈争论的情景（其实两人生活的时代不一样，第 2 问也有涉及)。要么将材料 1、材料 2 的作者都标上生卒年代，要么在题目中给学生一个更为准确的信息。如“西方不同时代的学者针对中国古代是否属于专制政体发表过不同的看法”则更为恰当，不要为了创设情景而忽略了历史史实。

(3) 将全卷的测试时间、分数、适用阶段标注在试题上，例如，高三第一轮单元复习《古代中国的政治制度》达标测试卷（时间：50 分钟 满分：100 分)，除了标注每题的分值，还要在参考答案中尽可能地将评分标准写出来。例如，第 11 题第 1 问答案要点较多，学生很难答全，应在参考答案中稍加设定，可以规定答出一种思想理论得 2 分，答出 4 种即可得 8 分，这样既有操作性也更具人性化。

(4) 修改部分试题的设问方式，对照高考题的要求力求严谨科学。“设问是试题的呈现形式，关系着立意的实现程度。一般来说，命题要求围绕立意、根据情境选编设问，设问一定要根据情境准确和明确表达立意的意图，体现其内在含义，这是成功设问的主要标志；设问要针对重点内容并涵盖其他内容，提问针对性强，提问形式避免呆板；设问方式应新颖、巧妙、灵活，避免生硬，要贴近测试对象的生活实践和对问题的认识；设问还要求语言准确、简明、通俗，避免出现影响答题的含义不清的设问。”①

例如，将第 11 题第 1 问“朱元璋在檄文中利用了哪些思想论证其北伐合理性?”改为“根据材料和所学知识，概括朱元璋在檄文中利用了哪些中国古代的思想理论来论证其北伐合理性?”这样的修改使得设问更加明确清晰，指出了思考范围（材料和所学）和答题方式（概括，而非摘抄)，避免引起歧义和误解。

下面就以案例中的第 11 题为例进行了修改，修改后的题目和答案如下：

阅读下列材料，结合所学知识回答问题。

材料 1 自古帝王临御天下，(皆) 中国居内以制夷狄，夷狄居外以奉中国，未闻以夷狄居中国制天下也。自宋祚倾移，元以北狄入主中国，四海以内，罔不臣服，此岂人力，实乃

---

① 祝旭东．高中历史试题的命制．历史教学，2006，(2)：59.

天授。彼时君明臣良，足以纲维天下；然达人志士，尚有冠履倒置之叹。自是之后，元之臣子，不遵祖训，废坏纲常，有如大德废长立幼，泰定以臣弑君，天历以弟鸩兄，至于弟收兄妻，子烝（淫）父妾，上下相习，恬不为佐（怪），其于父子、君臣、夫妇、长幼之伦，渎乱甚矣！夫人君者，斯民之宗主；朝廷者，天下之根本；礼义者，御世之大防；其所为如彼，岂可为训于天下后世哉！及其后嗣沉荒，失君臣之道，又加以宰相专权，宪台（御史台）报怨，有司（官吏）毒虐，于是人心离叛，天下兵起，使我中国之民，死者肝脑涂地，生者骨肉不相保，虽因人事所致，实乃天厌其德而弃之之时也。古云"胡虏无百年之运"，验之今日，信乎不谬（错）。

当此之时，天运循环，中原气盛，亿兆之中，当降生圣人，驱逐胡虏，恢复中华，立纲陈纪，救济斯民……

——摘编自《朱元璋北伐檄文》(1367 年)

材料 2 孙中山先生及其书写的同盟会十六字纲领

图 8-3

(1) 根据材料 1 和所学知识，概括朱元璋在檄文中利用了哪些中国古代的思想理论来论证其北伐合理性？

(2) 出现材料 1 中元代"宰相专权"现象的制度因素是什么？朱元璋建立明朝后是如何解决这一问题的？

(3) 请填写出材料 2 中同盟会十六字纲领所缺失的内容。对比材料 1 和材料 2 指出二人在其斗争目的上有何相似的表述？结合时代背景指出二者的本质差异。

(4) 某高中历史学习小组的同学正在撰写一篇关于元代社会的论文，打算采用材料 1 来论证元代政治混乱、社会凋敝的观点，对此你有何看法？

[参考答案]

(1) 夷夏大防思想，儒家仁政思想，儒家伦理道德思想，宗法思想，天人感应和君权神授思想，阴阳五行说。

(2) 元代设中书省替代前代的三省，中书省的长官行使宰相职权，统领百司，权势很大，对皇权易构成威胁。朱元璋废丞相，皇帝直接统领六部，加强专制皇权。

(3) 缺失的内容：恢复中华。相似的表述：驱逐鞑虏（胡虏），恢复中华。不同：朱元璋这一思想的核心是恢复汉族及儒家文化的统治地位，达到夺取政权建立封建专制统治的目的；而三民主义的核心是通过推翻清政府的专制统治建立资产阶级民主共和国，在本质上是不同的。

（4）材料1中的檄文属于第一手史料，但要注意作者的立场，应谨慎使用。

通过原题和新题的对比，主要改动有以下几处：为试题赋分，并在参考答案中标出了得分标准；将原材料压缩精简，增加有关孙中山十六字纲领的相关图文材料；斟酌提问方式，明确答题范围及方法，第3问具体提问有所调整；第4问的情景创设将“学者”改为“某高中历史学习小组的同学”。

通过以上分析和实践可知，教师要命制一套高质量的达标测试卷不是件简单的事情，除了在命题过程中反复地设计、构思、操作、修改等，其实更需要教师具有一些重要的专业素养和视野。

（1）多研究课堂教学与学生学情，在课程标准的要求下通过测试卷对课堂教学或复习环节进行有效地测评和修补，对学生易错的知识点与薄弱的技能进行考查和引导。一定要打破过去传统试题的命制框架和思维定式，不能简单地考知识、考课本，在测试卷的形式到内容上进行有意义的创新与发展，从而有利于科学评价学生，有利于有效推动教学，有利于学生终身发展。

（2）情景创设题要注意科学性、新颖性、有效性、简练性原则，其中有效性原则是很重要的而又容易被忽视的，“有效性是衡量学生解答历史情景题的结果与预定要达到的考查目标相符合的程度，试题太难或过于容易都会降低有效性，只有解题结果基本反映学生平时整体学习情况才是最有效的。情景题考查目标必须是历史新课程标准规定的学习要点，收集材料、提炼信息、创设情景、设计问题都要以此为驱动力，做到有的放矢。甚至为了考查的有效性，一些来之不易的珍贵情景材料，有时也只能忍痛割爱”①。为了能命制高质量的测试卷，创设科学高效新颖的情景试题，需要教师平时多积累收集历史资料信息，翻阅大量的历史书籍和专著，了解历史研究的学术动态，为历史教学和命题做长期的储备，这是历史教师的长期课题。

（3）多研究不同省份近几年的学业达标测试卷和高考试卷，从命题思路、命题形式、命题内容、命题难度以及阅卷标准等多个角度展开深入探讨和总结，将非常有益于教师平时命题水平的提升。例如，通过对新课改区试题的研究中我们不难发现试题的开放度进一步增强，无论是命题选材视角的开放度，还是答案的多元性、思维的开放度，以及注重学生的选择度，都对我们的命题是很好的启示与引领。例如，新课改区试题非常注意三维目标的统一是否在命题中得到落实：知识和能力结合贯穿始终，突出实践过程和方法的呈现，更加关注情感态度与价值观目标的考查。

（4）适当研究考试测量学的相关知识（如难度、信度、效度、区分度等），将这些指标纳入命题中去，让试卷真正从科学的角度起到测评的效果。可以在命题之前制作一份“双向细目表”，将考试范围、考点分布、分值、考查能力层次、难易度等进行一个预先的宏观设计，更能保证整套测试卷的平衡、合理、有效。

---

① 徐继宽．让历史试题充满吸引力．教学与管理，2011，(1)：65.

复习与思考

1. 教学评价、学业评价与课堂观察的基本策略与方法有哪些？你心目中理想的评价标准是怎样的？结合教学实际，条款式地拟出几条标准。

2. 你怎样认识教学评价、学业评价与目前高考选拔间的关系？怎样做好协调？

3. 编制一份科学有效的达标测试卷要注意哪些问题？尝试着规范地编制一份单元达标测试卷。

拓展资源

1. 何成刚．智慧课堂：史料教学中的方法与策略．北京：北京师范大学出版社．2010.
2. 冯天瑜，何晓明，周积明．中国文化史．上海：上海人民出版社，1990.
3. 丁伟志，陈松．中国近代文化思潮．（上下卷）．北京：社会科学文献出版社，2011.
4. 黄牧航．历史教学与学业评价．广州：广东教育出版社，2005.
5. 崔允漷，王少非，夏雪梅，等．基于标准的学生学业成就评价．上海：华东师范大学出版社，2008.